KB244473

# 봉사 활동과 중고등 학생 전도 전략

모든 인간은 하나님의 형상을 닮은 존엄한 존재입니다. 전 세계의 모든 사람들은 인종, 민족, 피부색, 문화, 언어에 관계없이 존귀합니다. 예영커뮤니케이션은 이러한 정신에 근거해 모든 인간이 존귀한 삶을 사는 데 필요한 지식과 문화를 예수 그리스도의 사랑으로 보급시킴으로써 우리가 속한 사회에 기여하고자 합니다.

**봉사 활동과 중고등 학생 전도 전략**

엮은이 · 은천노인복지회관
초판 1쇄 찍은날 · 2003년 2월 10일
초판 1쇄 펴낸날 · 2003년 2월 15일
펴낸이 · 김승태
편집장 · 최창숙
편집 · 엄지연
표지디자인 · 최설란
등록번호 · 제2-1349호(1992. 3. 31)
펴낸곳 · 예영커뮤니케이션
　　　　110-616 서울 광화문 우체국 사서함 1661
　　　　출판유통사업부 T. (02)766-7912 F. (02)766-8934
　　　　　　　　E-mail: jeyoungsales@chollian.net
　　　　출판사업부 T. (02)766-8931 F. (02)766-8934
　　　　　　　　E-mail: jeyoungedit@chollian.net

ISBN 89-8350-257- 6　　　03330

copyright ⓒ 2003, 은천노인복지회관

**값 10,000 원**

# 봉사 활동과 중고등 학생 전도 전략

은천노인복지회관 편

예영커뮤니케이션

# 추 천 사

"봉사 활동과 중고등 학생 전도 전략"이 발간되어 대단히 기쁘게 생각합니다.

은천노인복지회관을 통해서 각 교회가 실시한 봉사학교는 한국 교회 중고생 전도 전략을 위해 반드시 필요한 프로그램이라고 생각됩니다.

교육청에서는 중고생들에게 연 18시간 이상의 봉사 활동 의무를 규정하고 있으나, 학생들이 개인적으로 봉사 활동 장소를 찾아야 하는 어려움이 뒤따르고 있습니다. 이에 각 교회가 지역복지관과 연계하여 봉사 활동을 할 수 있는 기회를 줌과 동시에 많은 학생들을 교회 안으로 오게 함으로써 자연스럽게 전도의 기회를 가질 수가 있었다고 봅니다.

본 교재의 내용은 강남대학교 김영호 사회복지학 교수의 '교회 복지 사역을 통한 전도 전략'과 덕수교회 손인웅 목사의 '교회 중심의 봉사 활동 그리고 복지관과 지역 사회의 연계 봉사 활동' 등의 이론과 은천봉사학교에서 지역 교회와 연계하여 실시한 1기부터 6기까지 활동을 정리한 것으로 구성되어 있어 한국 교회 중고등부 사역에 현장 중심의 유용한 자료가 될 것으로 판단하여 추천하는 바입니다.

모쪼록 중고등 학생을 지도하시는 모든 사역자분들에게 주님의 은총이 함께하시기를 기원합니다.


2003년 2월
칼빈대학교 총장 김의환 박사

# 격 려 사

하나님의 창조 세계의 구성은 하나님을 중심으로 인간의 삶의 터
전(환경)인 자연과 인간과 인간들의 이웃공동체로 이루어졌다. 이와
같은 창조 세계는 유기적인 생명공동체로, 하나님을 중심으로 인간이
하나님의 창조 세계(자연)를 잘 다스리며 이웃과 생명을 나누는 삶을
각자가 살아갈 때 하나님의 축복을 받으며 행복한 삶을 영위할 수 있
다는 하나님의 법을 인간에게 주어 순종하게 하셨다.

하나님의 법은 다음 세 가지의 연속적 차원에서 이해될 수 있다.

첫째, 하나님은 인간에게 생명공동체를 허락해 주었다. 하나님의
창조의 최대 관심사는 생명이었다.

둘째, 하나님이 주신 생명공동체는 반드시 사랑의 공동체로 보존
되어져야 한다는 것이다.

셋째, 생명공동체에 사랑의 공동체가 봉사(사역)하도록 섬김의 공
동체가 이루어져야 한다는 것이다.

다시 말해서 생명을 사랑으로 섬겨야 하나님의 창조 세계가 인간
의 구원과 행복한 삶을 유지해 나갈 수 있다는 것이 창조 신학의 기본

을 이루고 있다.

예수님의 사명은 이러한 하나님의 뜻을 인간에게 알리기 위함이었다. 그러므로 예수님은 하나님께로부터 보내심을 받은 자신을 가리켜 생명, 사랑, 섬김의 실체로 나타내셨다. 그리고 그를 따르는 사람들에게 자신이 친히 보여 주었듯이 하나님의 생명들을 그리스도의 사랑으로 인간들이 서로 섬겨야 한다는 최대의 계명을 인간에게 주셨다.

예수님의 몸된 교회는 하나님의 창조의 섭리와 예수님의 인간 구원의 사역을 본받아 인간의 생명을 사랑으로 십자가에서 죽기까지 섬긴 예수님의 복음을 땅끝까지 전함으로써 이 세상이 하나님의 뜻대로 구원을 받고 영생 가운데서 행복한 삶을 얻도록 함으로써 하나님의 나라를 이 땅에 세우는 책임을 감당하고 있다.

이러한 교회의 선교는 종합적(통전적)으로 볼 때 다음 네 가지 요소로 구성된다.

첫째, 하나님의 복음을 선포한다(전도).

둘째, 예수를 믿게 된 사람에게 말씀으로 양육한다(교회 교육).

셋째, 예수를 믿어 말씀으로 양육된 믿는 사람들이 사회에 나가 하나님의 말씀을 실천하는 봉사 사역을 실시한다.

넷째, 교회는 이런 과정을 통해 말씀과 양육과 섬김의 나눔과 평화의 공동체를 이룩한다. 이와 같은 선교의 통전적 정의는 곧 생명을 사랑으로 섬김을 핵심적 요소로 하는 기독교의 본질을 말해 준다.

근대 사회에서 논의되는 복지 사회, 복지 국가의 이념은 특별히 서구 사회에서는 기독교 이념에 그 근거를 두고 있으며, 왜 그렇게 되었는가는 지금까지의 논의에서 보면 쉽게 이해될 수 있을 것이다. 하나님의 창조의 섭리, 예수 그리스도의 구원 사역, 그리고 교회의 선교적 사명은 곧 우리가 말하는 복지 사회 건설을 위한 가장 기본적인 이념과 철학 그리고 정책 수립과 실현의 핵심적 근거를 제시해 준다. "하나님의 나라가 이 땅에 임하옵시며"라는 기도는 복지 사회 건설을 통한 행복의 추구와는 비교될 수 없는 보다 더 완전한 "하나님 나라 속의 복지적 삶"을 바라볼 수 있게 해 준다.

하나님은 모든 인간들이 하나님이 원하시는 대로 행복한 삶을 살수 있도록 다음 네 가지 "생명을 사랑으로 섬기는 제도"를 인간 사회에 두셨다. 첫째는 가족 제도, 둘째는 국가 제도(정부), 셋째는 시민 사회 제도(민간 단체 제도, NGO 등), 그리고 넷째는 교회 제도이다. 인간 생명의 복지적 보장은 먼저 가족을 통해, 그리고 그곳에서 탈락되는 생명은 국가의 사회 보장 제도를 통해, 그리고 이 제도에서조차 탈락되는 경우 민간 사회의 복지 제도에 의해 최소한의 복지가 보장되도록 하였다. 여기에서조차 탈락되는 생명에 대한 최후의 보장책으로 하나님은 교회를 이 땅에 세우셨다고 본다.

사회에서는 이것을 사회안전망이라고 하나, 기독교의 입장에서이것은 생명안전망으로 봄이 타당할 것이다. 이렇듯 교회의 선교는근대 사회 복지에서 국민의 생명을 지켜주는 최종의 파숫군이라고본다.

여기에는 우리는 인간의 생명을 지켜주는 일은 가족이 가장 큰 책임을 지게 되고, 그 다음 국가의 사회 보장 제도, 그리고 민간(사회 복지) 단체가 보조적인 기능을 담당하게 된다.

우리 나라와 같은 자유 시장 경제 체제 하에서의 복지 정책은 국민의 복지 책임을 가정이 일차로 책임지고, 최저 소득층 가운데 생활 보호 대상자를 중심으로 국가의 복지적 보호 정책이 제한적으로 실시되고 있으며, 이런 국가의 복지 정책은 주로 민간 사회 복지 단체에 위탁하여 실시되고 있다.

이런 공공·민간 단체의 복지 사업은 오늘날 우리 나라의 4천 600

여만 국민의 복지 문제를 해결하기에는 역부족인 것이 현실이다. 사실 어느 나라를 막론하고 정부의 세금을 갖고 국민의 복지 문제를 해결한다는 것은 불가능하며, 여기에서 국민이 정부와 함께 국민의 복지 문제를 자원하여 해결하는 복지 동반자가 되어야 사회가 더불어 함께 사는 복지 사회가 되는 것이다. 이런 이론적 입장은 이미 언급한 성경의 복지관과 같은 맥락을 이루며, 기독교인의 자원 봉사는 곧 하나님의 선교, 교회의 전도를 수행하는 것으로, 일반 세속 사회의 자원 봉사와는 다른 신앙적 맥락을 이루게 되는 것이다.

이런 의미에서 기독교인의 자원 봉사는 통전적 선교의 틀에서 볼 때 그리스도의 복음을 세상에서 실천함으로써 복음 선포(전도)를 하는 "행함이 있는 믿음"의 사역이 된다. 엄밀한 의미에서 예수 그리스도의 인간 구원의 사역은 전부 "자원 봉사 사역"이었다. 그가 가르치고, 치유하며, 하늘 나라의 복음을 전파한 모든 사역은 값없이 우리에게 주는 하나님의 선물로 그리스도인의 참다운 자원 봉사의 본을 보여 주신 것이다.

자원 봉사는 그러므로 "봉사 사역"이라는 신앙적 표현이고, 어떤 의미에서 모든 그리스도인의 소명 헌장이며, 이것이 구체적인 복음 사역으로 프로그램화되어 지역 주민의 실질적인 문제를 해결해 주도록 교회와 기독교계 복지 관련 기관이나 시설이 자원 봉사 활동을 조직하고 운영해 나가야 한다. 이것이 곧 본 저서의 제목 「봉사 활동과 중고등 학생 전도 전략」의 신학적 배경을 제시해 준다고 본다.

본 저서의 특징은 기독교계 사회복지기관인 "은천노인복지회관"에서 기독교 사회 복지의 맥락을 유지하면서 그리스도인들이 구체적으로 어떻게 자원 봉사를 함으로써 복음을 전파하는 전도(선교)의 효과를 얻을 수 있는지를 다루고 있다.

이 책의 특징은 다음 몇 가지로 집약될 수 있다.

첫째, 본 저서의 목적은 연구 기관이나 학술 단체의 학자들이 학문적 연구 결과를 발표하는 이론 중심의 책이 아닌 임상 중심의 실질적인 방법을 제시하는 책이다. 그러므로 자원 봉사를 하려고 하는 모든 그리스도인들이 쉽게 읽고 활용할 수 있는 그리스도인의 자원 봉사 프로그램 지침서와 같은 성격을 갖고 있다.

둘째, 본 저서는 다양한 필자들이 기독교 자원 봉사에 관여하면서 이룩한 이론과 프로그램 운영 등에 관해 임상에서 얻은 문제점의 제시와 해결책을 제시하려고 노력했다. 저자들의 배경은 기독교 사회복지학자, 기독교 사회복지실무자, 목회자, 교회학교 교사 등으로 이루어져 독자들이 겪고 있는 문제점들과 해결의 방향을 잘 제시해 주고 있다.

셋째, 한국 교회의 중고등 학생들이 봉사 활동을 통해 그들의 신앙을 실질적으로 체험하고 기독교적 성숙을 심화시키는데 도움이 될 수 있는 구체적인 자료들이 소개되어 있어서 교회 중고등 학교 교사가 자원 봉사 프로그램을 조직함에 있어서 큰 도움이 될 것이다.

넷째, 여러 지역 사회 내에서 봉사 활동을 하고 있는 지역 교회들의 자원 봉사 프로그램을 실례로 수록하고 있어서 지역 교회 지도자들이 자원 봉사를 통한 전도 활동을 계획함에 있어서 실질적인 도움이 될 수 있다.

다섯째, 본 저서의 내용에는 치매 노인에 대해서 교회가 어떻게 자원 봉사를 할 것인지를 계획함에 도움이 될 만한 기초 자료가 수록되어 있어서 교회의 노인 사역에 도움이 될 것이다.

결론적으로 본 저서는 학자들이 이론이나 실제를 체계적으로 정립한 전문 서적이나 교과서는 아니다. 그러나 기독교인 자원 봉사 기관과 봉사자들, 그리고 자원 봉사를 실시하는 교회들의 구체적인 "현장의 소리"와 "프로그램들"을 독자들과 함께 나누고자 하는 열정에서

이 책을 출판하게 된 데 대하여 교계는 감사한다. 이 책을 통해 교회 복지 사역을 통한 전도 전략을 개발하는데 크게 공헌되기를 바라며 격려사에 가름한다.


2003년 2월
월드비전 회장
숭실대학교 명예교수
박종삼 목사

# 서 문

은천노인복지회관은 기독교 이념을 바탕으로 1986년 10월 15일 주간 보호 사업과, 가정봉사원 파견 사업을 시범 실시하였습니다.

1987년 12월에 어린이들이 홀로 사시는 할머님 댁을 방문한 것이 계기가 되어 1988년 1월 14일 가정봉사원 파견 사업의 단일 프로그램으로 어린이 자원봉사대를 구성하고 교육 실시하여 제1기 새싹회(전동초등학교 6학년)와 사랑회(장평초등학교 5·6학년)가 조직되어 지금까지 지속되고 있습니다.

2000년 7월 19일 창대교회 중고등 학생들을 주축으로 제1기 중고등 학생 자원봉사학교를 시작하여 올해 제7기에 이르러 감회가 새롭습니다.

이 책은 교회에서 중고등 학생들에게 봉사 활동 프로그램을 제공하여 학생들이 자연스럽게 교회에 참석하게 함으로써 그 학생들에게 전도의 기회를 갖도록 하기 위한 목적으로 만들었습니다.

교수님의 이론과 현장에서 실천한 사례를 모아 다양하게 적용할 수 있도록 복지 기관과 지역 교회가 연계하여 활동한 봉사 활동 사례, 교회 중심으로 활동한 봉사 활동 사례, 중등부 교사 중심으로 활동한 봉사 활동 사례입니다.

　본서는 각 교회의 형편에 따라 실천할 수 있게 세부 계획까지 첨부되어 있습니다. 봉사 활동과 중고등 학생 전도에 관심 있는 분들에게 권하고 싶은 책입니다.

　이 책을 발간하며, 바쁘신 중에도 시간과 노력을 기꺼이 제공하여 주신 지역 교회의 중간 지도자님들과 장안4동 동사무소, 주민자치위원회, 자원봉사자, 은천노인복지회관 직원들에게 진심으로 감사 드립니다.


2003년 2월
은천노인복지회관 관장  이 병 만

# 차례 ————————

# 1장

# 교회 복지 사역을 통한 전도 전략

# 교회 복지 사역을 통한 전도 전략

김영호
강남대 사회복지학부 교수
한국기독교자원복지협의회 자문교수

## I. 서언

강남대학교회에서는 2000년 8월 3일부터 5일까지 전 교인을 위한 "샬롬 공동체 수련회"를 개최한 바 있다. 수련회 과정의 하나로 여수에 있는 애양원과 고 손양원 목사 순교 기념관을 방문하는 프로그램이 있었다. 선교지 탐방은 손양원 목사의 삶을 통하여 예수님께서 가르쳐 주신 진실한 사랑의 위력과 새로운 선교 방법에 대하여 두 가지 측면에서 새로운 것을 깨닫는 기회가 되었다.

첫째로 손양원 목사는 자신의 두 아들을 살해한 자를 용서하고, 더 나아가 그 살인자를 아들로 삼음으로써 초인적인 사랑을 실천하였으며, 한센(Hansen)병 환자들의 환부를 입으로 빨아 치유하면서 예수님처럼 참 사랑의 삶을 살았다. 이러한 모습은 필자에게 감당할 수 없는 감동을 주었고, 부족한 필자의 이웃 사랑에 대해 큰 부끄러움을 느끼게 했으며, 새로운 도전의 계기가 되었다.

둘째로 애양원에서 깨닫게 된 다양한 교훈은 새로운 선교 방법에 대한 것이다. 외국 선교사들이 1902년 여수 지역에서 선교 활동을 시작할 때도 처음부터 말씀 선포만으로 시작한 것이 아니었다. 선교사들은 가난하고 불쌍하게 죽어가는 나환자의 귀한 생명을 살리기 위해 그들과 만나고 병을 치료하여 주었다. 고통과 외로움에 빠져 있는 나환자들의 친구가 되어 주고, 그들에 대해 이웃들의 관심을 불러일으켰으며, 나환자 전문 병원인 애양원을 세워 운영하였다. 나환자들을 멸시했던 지역 주민들이 그리스도인들의 헌신적인 삶의 모습을 지켜보면서 감동을 받아 자연스럽게 마음이 열리게 되었다. 선교사들은 지역 주민들과도 친구가 되었고, 그들을 제자로 삼아 예수를 알게 만들어 가는 방법을 사용한 것으로 생각된다.

이처럼 초기의 한국 선교는 의료 사업, 교육 사업, 구제 사업을 중심으로 시작되었다. 선교사들은 다양한 이웃과 만나면서 친교하고, 친교와 대화를 통하여 교육하고, 지도자를 육성하면서 복음을 전파하는 지극히 인간적이고 한국적인 선교 방법을 택했다. 필자는 이와 같이 교회가 사회 봉사를 통하여 복지(福祉)로 접촉점을 만들고, 친교와 교육(教育)을 통하여 인재를 육성하면서, 선교(宣教)로 발전시켜 가는 한국적이고 미래지향적인 선교 전략(사회 복지 선교)을 보다 적극적으로 발전시켜야 한다고 생각한다.

이러한 선교 방법은 예수님께서 사랑으로 우리에게 본을 보이시며 가르쳐 주신 방법이기도 하다. 또한 한국인의 정서적 특성과 문화적 특성을 고려해 볼 때 사랑으로 더불어 사는 복지 공동체 사회로 나아가야 하는 시대적 변화 요구에 부응할 수 있는 하나의 방법으로 제시할 수 있을 것이다. 고 우원 이호빈 목사는 예수님의 삶을 닮아가면서 사랑을 실천하고 예수 그리스도의 복음을 전하는 것이 최선임을 깨닫고, 100년 앞을 내다보면서 다양한 복지, 교육, 선교 프로그램을 전적

으로 가르치는 강남대학교(구 중앙신학교)를 세워 인재 양성의 길을
열었다.

이상의 시사점들을 바탕으로 우리의 시대적 사명인 "21세기 새로운
선교 방법은 무엇일까?"를 생각해 본다. 필자는 39년 동안 사회 복지
와 자원 복지(봉사) 현장에서 어려운 이웃을 돕는 실천 체험과 연구 및
교육 훈련 체험을 해 왔다. 그리스도인으로서 현장에서 체험하면서 새
롭게 깨우친 것은 **"복지 · 교육 · 선교"에 연계하여 계획적이고 전문적
이며 통합적인 선교 방법을 연구 개발해야 한다는 것이다. 필자는 그 효
과적인 방법의 하나가 바로 자원 복지 활동(自願福祉活動;Voluntarism)
을 병행한 "복지 · 교육 · 선교 방법"이라고 생각한다.**

이에 자원 복지 활동의 기초를 소개하고, 이를 활용한 교회들의
"복지 · 교육 · 선교 방법"을 소개하기로 한다.


## Ⅱ. 자원 복지의 가치창조적 목표와 기본 철학

### 1. 자원 복지란?

필자가 말하는 자원 복지는 공동체 혹은 지역 사회에서 주민들이 다
양한 지역 사회 문제를 해결하거나 예방하고, 전인적 인간화와 복지
공동체 문화를 형성하며, 공동의 복지 목표(생명 존중과 사랑 · 정의 ·
자유 · 평화 · 행복)를 달성하기 위하여 무보수로 자발적으로 참여하거
나 지원하는 가치창조적이고 사회적인 조화 노력임과 동시에 인간의
질적인 삶과 복지적인 삶 그 자체이다. 이러한 개념은 자원 복지를 다
음과 같은 개념들을 종합한 총체적인 관점에서 파악한 것이다.

다시 말해서 자원 복지(voluntarism)는 첫째로 서로 사랑(人間相

愛)을 기반으로 하는 자발적인 정신이고 자유 의지이다. 이와 같은 자원 복지 정신(volunteerism)은 서로 사랑의 에토스(ethos) 또는 하나님 사랑의 은혜와 감사의 정신을 기반으로 하고 있는데 한민족의 홍익인간(弘益人間在世理化) 정신과 불교의 자비(慈悲), 유교의 인(仁)과 기독교의 박애(博愛, 아가페-agape적인 사랑)가 그 극치이다.[1] 또한 민주 복지 철학과 공동체 감정(community sentiment)[2]을 기반으로 하고 있다. 둘째로 자원 복지는 자원 복지 활동(volunteer activity)으로 인간의 자기 성숙과 공동의 복지 생활(사랑·평화·행복)을 위한 자발적인 참여 노력이다. 셋째로 자원 복지는 자원 복지 기관(自願福祉機關;volunteer organization=volunteer community center)을 포함한다. 이것은 바람직한 자원 복지 활동을 보다 효과적으로 추진하기 위한 전문적이고 체계적인 지도·지원 체계를 통합한 개념으로 이념과 실천 행동 및 지원 체계의 지도와 지원이 조화를 이루는 삶의 정점을 의미한다.

**결론적으로 자원 복지란 첫째로 자원 복지의 가치체계 (volunteerism)인 인간의 서로 사랑을 기반으로 하는 자발 정신, 둘째로 자원 복지 활동(volunteer activity), 셋째로 자원 복지기관 (volunteer organization)을 조화·융합한 개념이며, 인간 생활에 있어서 본질적이고, 가치창조적이며, 공익적인 목표 개념이라는 특징을 갖고 있다. 이러한 자원 복지(voluntarism)의 특성은 복지성(福祉性), 자발성(自發性), 무급성(無給性), 공익성(公益性), 창조성(創造性), 조화**

---

1) 金泳鎬,『韓國における自願福祉(ボランティア)活動の活性化方法に關する硏究』, 日本上智大學校 博士學位論文, 1995, pp. 57-72.
2) R.M. MacIver & C.H.Page, 「Society : An Introductory Analysis」, New York, Farrar & Rinehart, 1949, 부분역 若林敬子·武內淸驛,「コミュニティと地域社會感情」(松原治郎編,『コミュニティ, 現代のエスプリ』No. 68), 至文堂, 1973, pp. 26-27.

성(調和性), 책임성(責任性)을 가치로 받아들이는 데 있다.

## 2. 자원 복지의 보편적 가치

자원 복지는 그 실천 과정에서 다음과 같은 보편적 가치(자원 복지 철학)를 신념으로 받아들이고 주민과 더불어 사회적 책임 의식을 갖고 협동 노력할 것을 강조한다.

(1) 인간의 가치와 존엄성에 대한 확신
(2) 인간의 잠재적 가능성에 대한 신념
(3) 인간은 기본적 욕구와 개인적 특성을 갖는 주체적 존재임을 확신
(4) 인간의 자유권과 자기 결정권 인정
(5) 인간의 평등권과 기회 균등권의 인정
(6) 인간 상호간의 사회적 책임 등을 신념으로 받아들일 것

자원 복지는 이상의 보편적 가치에 정의가 선행될 때 진정한 의미의 가치로서 인정되는 것이다.[3]

이와 같은 사회복지의 보편적 가치가 자원 복지의 기초가 되고 있음은 재론할 필요가 없다. 이러한 사회 복지 철학은 1990년 9월 국제 자원 복지 협회(IAVE : International Association for Volunteer Effort)가 마련한 세계자원복지활동 선언문(Universal Declaration on Volunteering)에 분명하게 제시되어 있다. 선언문에 의하면 자원 복지 활동을 실천함에 있어 자원 복지 활동원은 다음과 같은 기본 원칙

---

3) Noel Timms, 「Social Work Values : An Enquiry」, Routledge & Kegan Paul, London & Boston, 1983, pp. 45-65.

을 준수해야 한다.

　(1) 모든 인간은 남녀노소 할 것 없이 그들의 인종과 종교 혹은 신체적, 사회적, 경제적 조건에 관계없이 자원 복지 활동원으로 자유롭게 참여할 권리가 있음을 인정한다.

　(2) 자원 복지 활동원은 모든 인간의 존엄성과 그들의 문화를 존중한다.

　(3) 자원 복지 활동원은 상호 협력하에 혹은 공동의 정신으로 자원 복지센터(기관·단체)에 소속하여 보수 없이 공헌한다.

　(4) 자원 복지 활동원은 지역 사회의 요구들을 찾아내고 주민들이 자신들의 문제를 해결 및 예방하는 과정에 참여할 수 있도록 유도한다.

　(5) 자원 복지 활동을 통하여 바람직한 인간으로 성숙하고, 새로운 기술과 지식을 익히며, 잠재력과 자립심, 그리고 창조적 능력을 향상시켜 문제 해결과 예방에 적극적인 역할을 감당한다.

　(6) 사회적 책임을 통감하고 가정과 사회 및 세계 공동체의 발전을 도모한다.

　자원 복지 활동은 이와 같은 헌법 정신과 사회 복지 철학(자원 복지 철학)을 전제로 할 때 바람직한 것이라 할 수 있다.

## 3. 자원 복지 활동의 가치창조적 목표(4단계 목표)

　자원 복지 활동은 봉사가 의미하는 '주는 자와 받는 자'의 관계와 같은 일방적이고 일시적인 자혜심이나 감상주의 또는 값싼 영웅주의의 발로가 아니다. 한 인간으로서 스스로 타인과 더불어 생활하며 선한 활동을 함으로써 자기 실현과 자아 초월을 지향하는 것이다. 여기에서 말하는 자기 실현은 자신을 찾는 일임과 동시에 자기를 성취하는 것이다. 진실된 자기의 궁극적인 표현인 무사무욕(無私無欲)의 달성을 지향하여 계속적인 성장과 자기 회복(self-renewal)을 꾀하는 과정이다.[4]

필자가 말하는 자원 복지 활동은 어떤 특정한 사람이나 집단, 그리고 시간과 물질의 여유가 있는 사람만이 행하는 것이 아니다. 또 좁은 의미의 사회 복지 분야에서 행해지는 활동만도 아니며 자선 활동 혹은 구빈활동만을 의미하는 것은 더욱 아니다. 그것은 보다 넓은 의미의 복지(和愛와 행복) 활동, 즉 인간성을 회복하고 본질적인 의미에서 민주 복지 공동체를 실현하기 위하여 귀중한 한 사람 한 사람의 마음과 마음을 엮어 가는 활동이며, '만남과 사랑과 나눔의 활동' 이다. 언제나, 어디서나, 누구나를 막론하고 자발적으로 참여하는 '사랑의 복지 활동' 이며, 민주 복지 시민의 자질을 생활 가운데서 몸에 익혀 가는 평생복지교육훈련이다. 자원 복지는 '공동 참여에 의한 공동의 복지'를 이룩하기 위하여 존엄성 · 자발성 · 자율성 · 상호성 · 연대성 그리고 창조성과 책임감을 갖고 무보수로 참여하고 민주적인 방법에 의하여 실천해 가는 '사랑의 복지 활동' 이라는 점에 그 가치를 둔다.[5][6]

이러한 자원 복지 정신(volunteerism)을 기반으로 하는 활동은 권력이나 외부의 강제 또는 체면 때문에 행하는 것이 아니다. 그러나 자신의 삶을 긍정적이고 감사하는 마음으로 받아들이는 바람직한 인간

---

4) Malcolm S. Knowles, "Motivations in Voluntarism : Synopsis of a Theory", Voluntary Action News(Vol.31, Sept, 1982), Voluntary Action Center, p.3.
5) 金泳鎬(1995), op.cit., pp. 28-72.
6) 一番ヶ瀬康子,「新しい社會福祉システムの構築と展望」,『社會福祉研究』, 第62號, 1995, 4, p. 12.

(人間)으로서, 지역 사회의 진정한 일원으로서 이웃인 공동 사회(가정과 우리 마을)의 개선과 향상 발전에 책임감과 공동체적 유대감을 갖고 자발적으로 참여함으로써 보람과 가치창조적 삶을 찾는 생활 그 자체이다.

요약하면 자원 복지 활동의 본질적 가치는 '일방적으로 주는 복지'가 아니라 인간 상호간에 평등한 관계 속에서 '더불어 생활하면서 함께 참여하는 복지', 그리고 '서로 나누는 복지'에 있다. 이러한 가치에 입각한 자원 복지 활동은 경제적 효용을 초월하는 것이며, 새로운 복지 사상과 교육 사상에서 말하는 '정상화 혹은 평상화', '통합화', '사회화(社會化), 및 '공동 참여와 평등'을 통한 공동의 복지 증진을 목표로 한다.

다시 말하면 자원 복지 활동의 가치창조적 목표(4단계 목표)는 다음과 같다.

제1단계 : 도움이 필요한 사람들 보호(caring)하는 단계
제2단계 : 치유와 재활(curing and rehabilitation) 단계
제3단계 : 사회 정화와 개혁(social reform) 단계
제4단계 : 사회 통합과 정상화(social integration and normalization ) 단계를 통한 공동의 복지 목표 달성(사랑으로 더불어 사는 복지공동체 실현)

'공동 참여에 의한 공동 복지'를 이룩하기 위하여 자원 복지 활동원은 복지성(福祉性)·존엄성(尊嚴性)·자발성(自發性)·자율성(自律性)·상호성(相互性)·연대성(連帶性)·창조성(創造性)을 기반으로 사회적 책임감을 갖고 무보수(無報酬)로 참여하며, 민주적인 방법으로 그가 속한 사회의 조화를 추구하는 '따뜻한 사랑(相愛)의 복지

활동'을 지향한다. 이러한 점이 자원 봉사를 넘어 자원 복지의 가치를 갖게 되는 것이다.

이처럼 자원 복지의 관점에서 볼 때, 매일의 생활을 긍정적이고 감사한 마음으로 받아들이고, 지역 사회의 일원(一員)으로서 이웃이라는 공동 사회의 개선과 향상 발전에 책임감을 깨닫게 된다. 이를 바탕으로 공동체 안에서 유대감이 생겨나고, 자기 성숙에 따라 사회적 연대감, 선의, 이웃 사랑 등으로 자연스럽게 발전하는 것이다.

이상과 같은 자원 복지 정신의 보편적 가치는 한국의 역사 속에서 면면히 계승되어 우리의 삶을 지탱해 주는 원동력으로 작용하여 왔다. 그 원류가 바로 한국의 건국 이념인 "홍익인간(弘益人間)"이다.[7]

결론적으로 가치 개념에 입각한 자원 복지 활동(자원 봉사)의 가치 창조적 목표는 4단계로 나누어 정리할 수 있다.

첫째 목표는 자원 복지 활동이 이웃의 도움을 필요로 하는 사람을 돕는 선의의 활동에서부터 시작하지만 단순히 그들에 대한 보호(caring)의 차원을 넘어서도록 이끌어 그 가치를 더욱 높이는 것이다.

둘째 목표는 치유와 재활(curing and rehabilitation)에 있다. 여기서 말하는 치유와 재활은 도움을 필요로 하는 사람이 도움을 받는 과정을 통하여 치유되고 사회 재활을 이룰 수 있도록 하는 것이다. 이와 함께 활동원과 클라이언트(client)가 소그룹 활동을 함께 함으로써 인간의 존엄성, 가치, 사랑의 중요성에 대하여 새롭게 깨닫는 기회를 가지며, 이를 통하여 성숙한 민주 복지 시민의 가치 있는 삶으로 변화하고 발전하는 계기를 만드는 것이다.

셋째 목표는 시민의 사회 정화와 사회 개혁(social reform)이다. 다시 말해 지역 사회의 다양한 욕구를 충족시키면서 사회가 발전하기

---

7) 金泳鎬,「自願福祉活動의 活性化 方法」, 學文社, 1997, PP.80-87.

위해서는 시민의 의식 변화를 기초로 가정의 기능을 회복하고, 해체되어 가는 공동체를 재생시키며, 지역 사회 생활 환경을 정비하고 정화시킴과 동시에 제도 개혁과 주민(기관)의 협동 참여 능력을 향상시키는 사회적 노력을 활성화하여 서로 믿고 상부상조할 수 있는 바람직한 사회로 발전시키자는 것이다.

넷째로 자원 복지 활동의 궁극적 목표는 다양한 지역 사회 주민들이 있는 자와 없는 자, 장애인이나 건강한 자, 또는 남녀노소가 차별 없이 정상화(normalization)와 통합화(social integration)[8] 이념에 따라 공동의 복지를 위해 사랑으로 더불어 참여하며(full participation), 더불어 살아갈 수 있는 복지 공동체를 창출하는 데 있다.


## III. 자원 복지(봉사) 교육 훈련의 방법

자원 복지 활동은 단순히 어려운 사람을 돕는 자선 활동만은 아니다. 이것은 인간의 인성 교육과 사회성 개발의 기초이며 해체되어 가는 우리 가정과 지역 사회를 "민주 복지 시민 사회로 육성하고 이를 기반으로 하여 더불어 사는 복지공동체"로 발전시키는 인간의 가치 창조적이며 복지적인 삶 그 자체이다.

자원 복지 교육은 지식 교육만으로는 별 의미가 없다. 어릴 때부터 체험 학습을 하도록 하여 그 본질적 의미를 스스로 깨닫고 자신을 돌아보면서 일상 생활 가운데서 바람직한 삶을 창조해 나가도록 유도해야 한다. 이와 함께 가정과 교회 · 학교 · 지역 사회를 연계한 가치창

---

8) 부성래, "기독교 사회 복지 개념화를 위한 서설", 「기독교와 사회 복지」, 도서출판 예안, 1995, p. 95.

조적인 삶으로 변화하고 발전할 수 있도록 교육 훈련을 해 나가는 것이 중요하다.

이러한 교육 프로그램은 필자가 39년 간의 교육 훈련 경험을 통한 결론으로 정리한 것이다. 필자는 1979년에 강남대학교 사회사업학과에서 우리 나라에서는 처음으로 대학 교육 과정에 자원 복지(voluntarism) 교과목을 개설하여 지도자 교육을 시작하였고, 1995년 이후 급속도로 발전되어 2002년 5월말 현재 154여 개 대학에서 교양(필수 혹은 선택) 및 전공(필수 혹은 선택)으로 교육하고 있으며, 교회를 비롯한 다양한 기관(단체)에서도 교육 훈련에 관심을 갖고 발전시키고 있다.

특히 경기도에서는 1997년부터 2000년도까지 매년 여름 방학 기간을 활용하여 학교 교사, 공무원, 사회복지사 등 다양한 민간 단체 지도자(매년 1,200여 명)를 위한 자원 복지(봉사) 선도자 교육을 강남대학교 사회복지대학 김영호 교수팀이 위탁받아 실시하였다. 또 1998년부터 2002년 현재까지 서울시가 '서울시 자원봉사학교'를 개설하여 연 4~5회(3시간씩 13회 과정) 실시하여 왔고, 각 구청별로도 구민(동민)을 대상으로 한 교육 훈련을 하고 있다. 그리고 경기도 초·중·고교 교원을 대상으로 한 자원 복지(봉사) 전문 지도자 교육 과정(1999년 1월, 8월, 2002년 1월, 8월, 2003년 1월에 각각 62시간의 직무 연수 과정)을 개설하였고, 인천광역시의 "인천시 자원봉사대학"(3시간씩 13회 과정)을 개설 운영하면서 그 필요성과 교육 훈련 방법의 효과를 입증할 수 있었다.

필자는 오랫동안 자원 복지 현장에서 일을 하면서 많은 분들로부터 다양한 형태의 자료 요청을 받아 왔다. 그때마다 위와 같은 실험 연구와 교육 경험, 그리고 여러 학자들의 이론을 참고하여 필자의 이론을 체계화시킬 필요성을 느껴왔다. 이에 따라 필자는 지역 사회를 중심으로 한 5단계 과정(원리)과 소그룹 과정을 기초로 하면서 점차 여러 기능 집단들을 협력하게 만들어 가는 현상학적 교육 훈련 방법 (現象學的 敎育訓練方法)을 제시하게 된 것이다.

## 1. 정규 교육 훈련의 5단계 과정

우리 나라에서는 자원 복지(봉사) 활동원 교육을 할 때 일반적으로 먼저 이론 강의부터 시작하는 것으로 되어 있으나 필자는 그와 반대로 시청각 교육과 체험 학습부터 하고, 그 후에 소그룹으로 모여 체험 내용을 토론한 뒤에 이론적인 내용을 정리하도록 유도하고 있다. 이것은 필자의 장기간의 교육 훈련 경험 및 실험 연구에 의한 것이다. 특히 초·중·고 학생인 경우 이러한 방법이 더욱 효과적이다. 그래서 그 방법을 다음과 같이 5단계 과정으로 나누어 요약 정리하기로 한다.

제1단계 : 만남과 인식 단계(認識段階) - 시청각 교육 및 체험 학습

자원 복지 활동을 하고자 하는 사람들이 다양한 사회 문제 현상을 보면서 문제 의식을 느끼고, 노숙자나 사회 복지 기관(시설)에서 지원 받는 사람들과의 만남의 기회를 가지며(체험 학습), 장애인 체험이나 시청각 교육을 통하여 마음에 깊은 감동이나 깨달음을 얻게 되면 자연스럽게 자신의 삶에 대한 은혜와 감사하는 마음이 우러나게 된다. 이와 같이 첫 단계는 자기 자신과 다른 사람의 존엄성과 존재의 의미, 그리고 공생적 삶의 가치를 깨닫는 과정이다. 즉 가족과 이웃, 그리고 사랑의 근원이신 예수 그리스도의 은혜와 감사를 깨닫고, 인간 존중 (人間尊重), 인권 사상(人權思想)에 관심을 갖게 되고, 이를 계기로 자기 성찰(自己省察)을 통하여 생의 의미를 발견하게 된다. 이 과정을 소그룹으로 진행하면 더욱 효과적이다.

### 제2단계 : 상호간의 관심 단계(關心段階)

제1단계의 시청각 교육과 체험 학습을 거친 후 학생인 경우 소그룹 과정을 거치면서 감상문을 작성케 하고, 성인인 경우 즉시 소그룹 모임을 갖게 하여 시청 및 실천 소감을 발표하고 토의하도록 함으로써 회원상호간에 자기 성찰과 깨달음의 기회를 갖게 한다. 동시에 다른 사람과 함께 사회 문제와 교회(신앙)에 대한 관심을 갖게 하며, 지금까지 깨닫지 못했던 인간의 본질적이고 숭고한 내면의 가치와 타인에 대한 이해와 수용이라는 새로운 인간 관계와 인생관(人生觀)에 눈을 돌리도록 하는 단계이다.

### 제3단계 : 문제 발견과 협의 단계(協議段階)-실천 과제 협의 단계

활동원들의 협의 과정을 통하여 가치 있는 삶의 의미를 깨닫게 된다. 가정과 지역 사회 문제를 발견하고 그 문제를 더불어 생각하며 사회적 책임을 깨닫게 된다. 가정, 학교, 교회, 지역 사회, 직장 등에 대하여 자신들이 할 수 있는 실천 과제를 협의하게 하는 단계이다.

### 제4단계 : 문제 해결을 위한 계획과 실천 단계(實踐段階)-생활 단계

활동원 자신들(각자 혹은 소집단)이 실천해야 할 과제를 스스로 선택하게 하고, 그 선택 과제를 계획적으로 실천하면서 점차 가치를 인식하여 질적인 삶을 추구하는 단계이다. 이 단계에서는 지역 사회 문제 해결과 예방을 위하여 연구와 논의를 거치고, 스스로 얻어낸 해결 방법에 따라 다양한 실천 계획을 세우게 된다. 필요할 경우에는 다른 집단과 더불어 실천해 나가기도 한다(net working).

### 제5단계 : 평가와 발전 단계(發展段階)

문제 해결을 위하여 실천한 노력(생활)을 돌이켜 생각해 보고 반성하며 가족원과 지역 사회 주민(기관)과 더불어 연구하고 발전하는 단계이다. 소그룹 활동을 통하여 자신들의 활동과 그 결과에 대하여 평가하고, 이러한 자기성찰 과정을 통하여 새로운 것들을 깨닫게 될 것이다. 이러한 과정을 거치면서 자원 복지 철학을 생활화하고, 그 실천 과정에서 기쁨, 보람, 감사, 그리고 신바람을 불러일으키게 될 것이다. 즉 이 단계에서는 자기 평가를 통하여 가정과 지역사회 주민(집단)의 새로운 공동의 복지 목표를 정립하고, 이를 전 지역사회 프로그램으로 확대 발전할 수 있도록 계획하고 전개해 나가는 것이다. 또한 이 단계에서는 다양한 소그룹이 연합하도록 유도하고, 나아가 점차 다른 기관이나 단체들과 협력 체제를 구축하여 확대된 활동으로 발전할 수 있는 기틀을 다지는 것이 바람직하다. 특히 이 과정에서 유의해야 할 것은 자원 복지 활동의 단계적 목표를 생각하면서 가정 · 학교 · 교회 · 지역 사회를 연계시킨 교육 계획이 마련되고 추진될 수 있도록 하는 것이 바람직하다는 것이다.

이상의 5단계 과정은 필자가 제시한 현상학적 교육 훈련 방법과 맥을 같이 하는 것이다

## 2. 정규 교육 훈련의 내용과 순서의 개혁

한국에서 자원 복지 활동원을 대상으로 초기에 일반적으로 교육 훈련을 하는 내용을 보면 다음과 같다.

(1) 자원 복지 활동의 기본 철학을 기초로 한 이론 교육
(2) 분야별 프로그램 내용
(3) 실천 방법

(4) 실천시 주의 사항

(5) 기관의 사업 내용 및 사업 목적 소개


대부분 이러한 순서로 진행하고 있으나 필자의 오랜 기간의 교육 훈련 경험과 정보화 시대의 특성, 그리고 한국인의 정서적 특성을 고려할 때 교육 프로그램은 다음의 내용과 순서를 고려하는 것이 효과적이다.

기본적으로 자원 복지에 관한 이론적인 내용은 교육 프로그램의 앞부분에 배열하지 말고 후반부에 배치함이 중요하다. 왜냐하면 초기의 피 교육생들은 긴장 상태이므로 교육 내용을 받아들이기에는 부담감이 있으며, 이해력이 부족하다. 그래서 초기에는 부담감을 없이 할 수 있고 서로가 친밀감이나 안정감, 그리고 이해력이 향상되도록 할 필요가 있다.

그러기 위해서는 처음부터 참여 대상자의 특성을 고려하여 그들의 입장에서 호감이 가고 안정감이 생길 수 있으며, 즐거운 분위기를 조성할 필요가 있다. 서로 마음을 열 수 있도록 분위기 조성을 위한 노래를 부르고, VTR을 시청하거나 장애인 체험 · 체험 학습 · 지역 사회 답사 등의 프로그램을 진행하면서 소그룹 과정을 거치면서 마음의 준비를 할 수 있도록 하는 것이 중요하다.

특히 지역 사회 중고등부 학생을 위한 교육 프로그램을 교회가 계획할 때에는 이러한 사항을 참고할 필요가 있다. 또 소그룹을 편성할 경우에는 연령과 지역 사회 주민의 거주지(동, 통, 반 단위)등을 고려하여 가능하면 인접 주민들이 함께할 수 있도록 소그룹을 편성하는 것이 바람직하다.

## 3. 교육 프로그램의 내용과 순서

이 교육 과정의 특징은 체험 학습과 소그룹 과정 및 이론을 연계시켜서 깨달음과 삶으로 이어지게 하는 교육 훈련 방법이다. 그러므로 이 교육 과정을 익히고자 하는 사람들은 고정 관념을 깨고 새로운 마음으로 실천할 준비를 하고 임하기 바란다. 또한 이 과정을 마친 후에도 계속하여 실천하고 전파하면서 책임 있는 삶을 살 수 있도록 기도로 다짐하기 바란다. 본 교육 과정은 전기한 제III장 1절 정규 교육 훈련의 5단계 과정을 기초로 하는 것으로 전도 전략과 연계한 교육 과정으로 활용할 수 있다. 만약 전도 전략으로 활용하기 위해서는 먼저 교인(성인 · 대학생 · 초 · 중 · 고등부 학생 등)을 대상으로 1차 교육하고 교인들로 하여금 전도자로서 준비케 하고 나서 다음과 같은 교육 과정을 지역 사회 일반인(학생)과 1차 교육 받은 교인과 혼합한 교육 과정으로 발전시킨다.

아래에 교육 과정을 간단히 소개한다.

(1) 다같이 노래 부르기 : 복음성가, 캠프송, '사랑으로' 등 교육 대상이 좋아하는 것을 선택한다. 냉랭한 분위기를 화기애애한 분위기로 변화시키기 위해 필수적이다.

■ 레크리에이션(recreation) : 노래 부르기와 레크리에이션은 교육 과정의 전 과정에서 시간 시작 전에 잠깐씩 추진한다. 종강 직전에 종합 정리한다.

(2) 소그룹 편성 : 같은 학급, 같은 구역, 같은 동민(이웃), 부서별 등 (전도 목적인 경우는 교인과 믿지 않는 주민(학생)을 동비율로 구성)

(3) 개회식 : 교회 담임 목사의 기도와 인사

(4) 본 교회 자원 복지(봉사) 교육 사업의 목적과 프로그램 내용 및

일정 소개

(5) 교육 과정 시작: 첫 번째 교육 VTR 테이프를 활용한 자원 복지 활동의 감동적인 내용 소개 및 종합 토의

(6) 노래, VTR 테이프를 활용한 시청각 교육, 장애인 체험이나 장애인 시설 방문을 통한 체험 학습, 소그룹별 토의, 종합 토의와 발표 (OHP를 활용한 발표)

(7) 사랑의 건강 마사지 교육 훈련

(8) 지역 사회와 특수 분야별 기관, 시설에서의 실천 체험 학습 기회 마련, 소그룹에서 정리하고 각 소집단별로 정리된 내용 발표. (예 : 장애인 생활 체험, 장애인 및 노인 복지 시설이나 가정 방문 또는 서비스 체험, 지역 사회와 직장이나 학교, 교회 등에서 자신이 할 일을 선택하는 기회 마련 등)

(9) 자원 복지 활동 분야별 프로그램 내용 및 구체적인 실천 방법 (예: 가정 방문시 대화 방법, 인간 관계 방법, 프로그램 개발 방법, 실천 방법 등)

(10) 실천시 주의 사항(교재에 소개)

(11) 소그룹 과정의 목적, 정규 모임, 추진 방법과 내용, 또는 프로그램 개발 방법, 소그룹 실습

(12) 자원 복지(봉사)의 기본 개념과 실천 방법에 대한 교육 훈련 : 자원 복지의 필요성 및 국내외 동향, 기본 철학, 목표, 실천 방법 혹은 기술 등의 이론과 실천 교육 훈련

(13) 자원 복지 역할극(소그룹별로 연습 및 발표)

(14) 4회의 소그룹 과정을 통해 각자(소그룹별)의 실천 과제를 선택하고 실천하게 한다. 즉 교육이 끝날 무렵이면 자신도 모르게 사랑의 삶으로 이어지게 변화시키는 교육 훈련인 것이다. 첫 번째 소그룹 모임부터 묵상 기도를 하며 현장 체험한 내용을 생각하게 한다. 자신

과 가정, 교회와 구역 지역 사회와 연계하면서 '내가(우리가) 할 일이 무엇일까?'를 정하고 실천을 위해 결단할 수 있는 계기를 만든다. 가정과 교회 및 지역 사회를 중심으로 사랑의 삶을 구체적으로 실천하도록 계속 권한다. 끝으로 3~4회째까지는 가정에서, 혹은 소그룹 과정에서 "사랑과 평화의 편지"를 작성하여 발송하게 한다.(특히 전도를 목적으로 할 때는 믿지 않는 소그룹 회원들과 활동 대상에게 발송하고 친교의 기회를 만든다. 복지선교방법)

(15) 전체의 교육을 종합 정리한다.

(16) 소그룹 대표들이 모여 전체 교육생 대표를 선출케 하고 교육 과정을 마친 후에도 계획적인 모임과 실천이 이루어지게 한다.

(17) 수료식(수료증 수여 및 시상) 및 자원 복지 활동원 선서

(18) 찬송가 혹은 '사랑으로' 노래(본 교육 과정의 교가로 정함) 등의 순서를 참고하여 각 기관이 하는 내용을 추가하여 수료식장 분위기에 맞게 선택적으로 추진한다.

(19) 교육 후에도 지역 사회를 중심으로 소그룹별로 활동하면서 친교하고, 전도 대상과 전화 · 초대 · 등산 · 방문 · 사랑과 평화의 편지 등을 통하여 전도한다. 본 교육 과정에서 소그룹 과정은 핵심적 과정이다.

## 4. 소그룹 운영의 전문화

(1) 소그룹 운영(과정)의 목적

　1) 자원 복지 활동원이 소그룹 과정에 참여하면서 만남과 친교를 기초로 인간 관계를 형성하고, 자기 성찰과 자아 실현을 경험하게 한다. 이러한 실천 과정을 마친 후 소감을 정리하고 발표할 수 있는 능력을 향상시키고, 계획적인 실천 과제 등을 결정할 수 있는 계기를 만든다.

2) 인간상호간의 존엄성과 가치 및 사랑의 중요성을 깨닫게 하고, 사랑의 삶으로 더불어 살아갈 필요성을 스스로 깨닫게 한다.

3) 자원 복지 활동의 본질적 의미를 깨닫게 하고, 기쁨과 보람, 은혜와 감사, 자신감, 책임감으로 실천하게 하며, 교회와 생활 현장에서 가치창조적인 삶으로 발전하게 한다.

4) 문제 해결을 위한 창조적인 능력과 서비스 능력을 향상시킨다.

5) 민주적이고 공동체적인 삶의 지혜와 능력을 체득하게 한다.

6) 한국인 고유의 정신적 근원인 로고스적 성향(이상적이고 이성적인 이념-홍익인간)과 파토스적 특성(현실적이고 감성적인 정감-신바람), 즉 이념과 감성적 신바람의 순기능적 힘을 창조적으로 조화·발전시켜 자원 복지 활동의 에너지원으로 삼아 "사랑으로 더불어 사는 복지 공동체 구현"의 기초 확립에 그 목적이 있다.

7) 1차적인 목표가 달성되면 다음 단계의 목표를 향하여 계획하고 실천할 수 있도록 한다.

8) 예수의 제자로서 준비하게 하고 전도 사역을 감당할 수 있게 하는 공동의 준비 과정으로 정착시킨다.

(2) 소그룹 구성과 운영 방법

1) 자원 복지 활동의 활성화를 위해서는 소그룹 과정은 필수적이다. 그러나 소그룹 구성이 연령별, 지적 수준별로 상호 조화되지 않을 경우 소그룹 운영상에 다양한 문제가 발생할 수 있다. 예를 들어 회원들의 의사 소통이 순조롭게 진행되지 못한다든지 대화가 이루어지지 못함으로 인하여 소그룹의 의미를 정상적으로 구현할 수 없다든지 하는 이유로 출석률이 저

조하게 된다.

2) 소그룹 집회 일정은 소그룹 회원과의 합의를 통해 결정하는 것이 바람직하다.

3) 소그룹 회원 수는 소그룹 대표를 포함하여 8~10인이 적당하다.

4) 초기의 소그룹 모임에는 담당 지도자 혹은 전문 교수가 동참하여 지도·지원하는 것이 바람직하다.

5) 소그룹은 초기에는 전문 교수 혹은 담당 지도자의 지도와 지원에 의해서 회원들의 안목과 능력을 향상시키게 되지만, 어떤 단계(소그룹의 능력에 따른)가 지나면 회원의 주체적이고 자율적이며 민주적 방법에 의하여 운영되는 것이 바람직하다. 따라서 기관장과 담당 지도자는 이러한 점을 고려할 필요가 있다. 왜냐하면 소그룹의 안목과 능력은 그 소그룹의 독자적 철학과 의지로 승화되어야 영구적인 발전을 기할 수 있기 때문이다.

6) 소그룹은 조직으로서의 목적과 기능, 그리고 독자적 프로그램을 갖고 계속 발전할 수 있도록 이끌어져야 한다. 첫 번째 소그룹 모임을 가질 때에는 전체가 묵상하고 기도하는 심정으로 자신을 정화시켜 현장 체험을 생각하게 하고, 자신과 가정, 교회와 지역 사회에서의 삶과 연계시켜 생각해 보도록 하며, 최종적으로 국가와 연계하여 혼자서 정리하도록 한다. 그후에 소그룹별로 종합 정리하고 소그룹 대표가 발표할 수 있도록 준비한다.

7) 교회인 경우는 신앙교육적 효과를 생각하면서 소그룹을 지도할 수 있어야 한다. 초기에는 현장의 활동 내용을 중심으로 논의하면서 실천을 충실히 할 수 있도록 지도하는 것이 기본이다. 점차 자신, 가정, 학과, 교회(신앙) 등과 연계한 토의를

유도하고, 이러한 자아 성찰과 평가 과정을 거치면서 발전적으로 학교, 교회, 지역 공동체의 일원임을 자각시켜 사회에 대한 책임감과 부름받은 자로서의 사명감을 깨닫게 한다. 더 나아가 지속적이고 체계적인 협동 활동으로 발전시켜 가치창조적인 전도의 삶으로 이어갈 수 있도록 지도하는 것이 바람직하다.

8) 끝으로 소그룹별로 토의하면서 정리한 내용을 발표하고, 지도자(지도 교수)가 조언을 하여 전도와 연계한 프로그램을 개발할 수 있도록 제시할 수 있어야 한다. "조별로 할 수 있는 일이 무엇일까"를 생각하고, 가정, 학교, 교회, 그리고 지역 사회 등에서 전도와 연계하여 할 수 있는 자원 복지 활동을 계획해 본다.(본 교육 과정은 실천을 중시한다).

(3) 소그룹 과정을 통한 실천 프로그램 개발시 참고 사항

1) 소그룹 과정은 자원 복지 철학과 자원 복지 활동의 목표(4단계)를 생각하면서 추진하는 것이 바람직하다.

2) 자원 복지 활동원이 일을 추진함에 있어서 교육 과정에서 터득하고 체험한 내용 등을 생각하면서, 소그룹 회원들이 자신 있고 100% 성공할 수 있는 쉬운 일에서부터 시작하는 것이 바람직하다.

3) 각자(그룹)가 어떤 실천 프로그램을 시작하든지 그것을 기초로 하면서 점차 가정, 학교, 교회, 지역 사회(다른 집단)와 협력하여 "더불어 사는 복지 공동체" 구현을 목표로 한다.

4) 교회인 경우 궁극적으로 전도 사역과 연계한 프로그램으로 발전하도록 지도할 수 있어야 한다.

(4) 자원 복지 활동 실천 과제(프로그램) 개발 방법

1) 교사 및 지도자가 과제 개발 추진 방법에 대한 자료를 배포하고 설명한다.

2) 먼저 8~10인 1조를 구성하게 한다.

3) 일정한 시간 내에 팀별로 자신이 사는 학교, 교회, 지역 사회나 복지기관을 돌아다니거나 또는 장애인 체험을 하면서 자신들이 할 수 있는 일을 찾아 기록하고 정리한다.

4) 체험 학습을 한 후 회의실 혹은 세미나실로 돌아와서 팀별로 모여 토의하면서 과제별로 다시 정리한다. 이때 사회자와 기록자를 선정해야 한다.

5) 전체가 모인 자리에서 팀별로 대표가 정리한 내용을 발표한다.

6) 전체가 종합 토의 과정을 거친 후 팀별로 다른 팀의 발표 내용을 참고로 다시 정리할 수 있는 기회를 준다.

7) 이러한 과정을 통해 각자 혹은 그룹이 하고 싶은 과제(일)를 선택하게 하고 그 일을 실천하기 위한 계획을 세우게 한다. 이때 서면으로 계획서를 작성하도록 한다.

8) 각 팀별로 토의 과정을 거쳐 할 수 있는 과제(일)를 선택하게 하고, 그 과제의 목표와 그 실천을 위한 구체적인 계획을 세우게 한다. 처음의 실천 과제와 목표는 자신들이 하고 싶은 일로 100% 성공할 수 있는 쉬운 과제와 목표를 선택하게 한다.

9) 지도 교사와 전문 지도자의 지도를 받는다.

10) 실천 계획 과정에서는 반드시 시설(기관)과 지역 사회의 다양한 관련 기관(혹은 지도자)과 협의하여 역할 분담과 실천 계획(예산 포함)을 세우고 실행한다.

11) 제1차 목표에 따른 실천 과정에 대한 정기적인 평가와 실천

결과에 대하여 종합 평가를 한다.

12) 제2차, 제3차 목표에 따라 다른 소그룹이나 기관과 협력하여 전문 영역별로 혹은 지역 사회를 중심으로 확대시킨 프로그램으로 발전시킬 수 있어야 한다.

13) 교회인 경우 궁극적으로 전도 전략으로 발전할 수 있도록 하기 위하여 주민과 다른 그룹과 협력하여 더불어 실천하는 프로그램으로 발전시키면서 친교하고 사랑과 평화의 편지와 초대·방문·전화 등으로 친구를 만들고 자연스럽게 전도와 연결시킨다(복지 선교 방법).

이상과 같이 자원 복지 활동의 기초를 소개하였다. 그렇다면 "이것을 어떻게 복지, 교육, 선교와 연계시킬 것인가?" 하는 것이 다음의 연구 과제가 된다. 그래서 먼저 교회 자원 복지 활동의 당위성에 관한 성경적 근거와 기본적 실천 방법에 관한 성서적 근거를 생각하고 미래지향적 실천 방법을 연구하기로 한다.

## IV. 교회 자원 복지 활동의 당위성

### 1. 성경적 근거

(1) 하나님이 자기 형상 곧 하나님의 형상대로 사람을 창조하시되 남자와 여자를 창조하시고, 그들에게 복을 주시며 그들에게 이르시되 생육하고 번성하여 땅에 충만하라, 땅을 정복하라, 바다의 고기와 공중의 새와 땅에 움직이는 모든 생물을 다스리라 하시니라 (중략) 하나님이 그 지으신 모든 것을 보시니 보시기에 심히 좋았더라(창 1:27~31)

(2) 내가 너로 큰 민족을 이루고 네게 복을 주어 네 이름을 창대케 하리니 너는 복의 근원이 될지라 (중략) 땅의 모든 족속이 너를 인하여 복을 얻을 것이니라(창 12: 2~3)

(3) 여호와 하나님이 가라사대 사람의 독처하는 것이 좋지 못하니 내가 그를 위하여 돕는 배필을 지으리라 하시니라(창 2:18). 이러므로 남자가 부모를 떠나 그 아내와 연합하여 둘이 한 몸을 이룰지로다(창세기 2:24, 마태복음 19:5). 이러한즉 이제 둘이 아니요 한 몸이니 그러므로 하나님이 짝지어 주신 것을 사람이 나누지 못할지니라 하시니(마 19:6)

이와 같이 인간(人=서로 의존하면서 서로 책임지는 모습이 人間의 삶)은 홀로 살 수 없는 존재로 창조되었다. 하나님께서는 인간이 서로 돕고 서로 책임지면서 더불어 사는 복지 공동체로 살도록 명령하셨고, 창조하신 모든 것을 건강하고 복된 삶을 위하여 보기에 좋은 환경으로 관리하도록 책임을 지워주셨다.

(4) 이스라엘아 들으라 우리 하나님 여호와는 오직 하나인 여호와시니, 너는 마음을 다하고 성품을 다하고 힘을 다하여 네 하나님 여호와를 사랑하라. 오늘날 내가 네게 명하는 이 말씀을 너는 마음에 새기고, 네 자녀에게 부지런히 가르치며 집에 앉았을 때에든지 길에 행할 때에든지 누웠을 때에든지 일어날 때에든지 이 말씀을 강론할 것이며 (중략) 네 미간에 붙여 표를 삼고, 또 네 집 문설주와 바깥문에 기록할지니라(신 6:4~9)
이 말씀은 하나님 공경에 대한 가르침이다.

(5) 원수를 갚지 말며 동포를 원망하지 말며 이웃 사랑하기를 네 몸과 같이 하라 나는 여호와니라(레 19:18).

결국 우리가 삶으로 지켜야 할 것은 "경천애인애토(敬天愛人愛土)"인 것이다.

(6) 사랑하는 자들아 우리가 서로 사랑하자 사랑은 하나님께 속한 것이니 사랑하는 자마다 하나님께로 나서 하나님을 알고, 사랑하지 아니하는 자는 하나님을 알지 못하나니 이는 하나님은 사랑이 심이라 (요1 4:7~9)

(7) 너희는 세상의 소금이니(마 5:13~16). 너희가 전에는 어두움이더니 이제는 주안에서 빛이라. 빛의 자녀들처럼 행하라. 빛의 열매는 모든 착함과 의로움과 진실함에 있느니라.(엡 5:8~9). 내 형제들아 만일 사람이 믿음이 있노라 하고 행함이 없으면 무슨 이익이 있으리요 그 믿음이 능히 자기를 구원하겠느냐 (중략) 이와 같이 행함이 없는 믿음은 그 자체가 죽은 것이라(약 2:14~26),(약 1:22~27). 자녀들아 우리가 말과 혀로만 사랑하지 말고 오직 행함과 진실함으로 하자(요1 3:18). 사람이 선을 행할 줄 알고도 행치 아니하면 죄니라(약 4:17). 욕심이 잉태한즉 죄를 낳고 죄가 장성한즉 사망을 낳느니라(약 1:15). 무엇보다 열심으로 서로 사랑할지니 사랑은 허다한 죄를 덮느니라(벧전 4:8)

(8) 너희가 하나님의 성전인 것과 하나님의 성령이 너희 안에 거하시는 것을 알지 못하느뇨 누구든지 하나님의 성전을 더럽히면 하나님이 그 사람을 멸하시리라 하나님의 성전은 거룩하니 너희도 그러하니라(고전 3:16~17)(고전 6:19)

(9) 인자의 온 것은 잃어버린 자를 찾아 구원하려 함이니라(눅 19:10, 눅 15:4~7)

(10) 교회는 그의 몸이니 만물 안에서 만물을 충만케 하시는 자의 충만이니라(엡 1:23). 너희는 그리스도의 몸이요 지체의 각 부분이라(고전 12:27, 롬 12:4-5)

예수 그리스도의 몸된 교회(신앙공동체로서의 교회 ; 에베소서 2:19~22)와 그 지체들인 우리는 서로 역할을 분담하면서 협력하여 사랑의 삶으로 본을 보이며 사랑을 교육 훈련하고, 더 적극적으로 사랑을 전파하면서 더불어 사는 복지 공동체를 만들어갈 책임을 감당하여야 한다. 예수님은 그 본이시며 지극히 인간적인 볼런티어(volunteer)이다.

(11) 교회에서의 자원 복지 활동은 예수 그리스도의 복음을 드러내고, 복음을 실천하며, 복음 전파의 수단으로 삼아야 한다. 이러한 활동이 영혼 구원을 위한 공동의 책임이라는 차원에서 그리스도인(교회)에게는 당연한 가치창조적인 삶으로 정립되어야 한다(행 2:38~47). 이것을 우리들에게 가르쳐 주시기 위해서 예수 그리스도가 그 일을 자원해서 감당하신 것이다. 그러나 우리는 예수 그리스도의 사랑을 배워서 알고는 있으나 교육 훈련이 부족하여 삶으로 이어지지 못하는 경우가 많다. 예수 그리스도의 볼런티어적인 삶은 복음을 전파하신 구체적인 모습이므로 예수를 믿는 우리들도 그와 같이 책임 있는 신앙인의 삶을 살아야 한다. 그럼으로써 교회에 있어서의 자원 복지 활동은 이제는 선택이 아니라 필수적 도전 과제인 것이다

## 2. 교회 자원 복지 활동의 목적, 목표, 실천 방법에 대한 성경적 근거

(1) 예수님께서는 오늘도 우리를 향하여 영생을 얻기 위해서는 하나님을 사랑하고, "네 이웃을 네 몸과 같이 사랑하라"는 가르침을 가장 귀한 계명으로 명령하시면서 그 구체적인 방법을 제시하셨다. 그 방법은 누가복음 10:25~37의 선한 사마리아인의 모습처럼 어려움을 당하는 자의 이웃이 되어 만남과 사랑을 실천하는 것을 바탕으로 끝까지 서로 책임지는 인간(人)의 참모습을 강조하고 있다.

(2) 누가복음 5:17~26에는 예수께서 중풍병자가 복된 삶을 살도록 고쳐 주신 장면이 나온다. 복지활동원들과 장애인 본인이 예수 그리스도의 복음에 대한 믿음의 확신을 가졌고, 복지활동원들의 이웃에 대한 사랑과 사회적 책임감, 그리고 적극적이고 창조적인 협동을 보신 후 예수께서는 중풍병자를 재활시켜 주셨다(정상화와 통합화).

(3) 결론적으로 교회 자원 복지 활동의 바람직한 발전 모습은 다음과 같다고 할 수 있다. 사도행전 3:1~9에 기록된 바와 같이 나면서 앉은뱅이가 된 자가 성전 미문에서 구걸하는 것을 본 베드로와 요한이 말하기를 "그가 베드로와 요한이 성전에 들어가려 함을 보고 구걸하거늘"(3절), "베드로가 요한으로 더불어 주목하여 가로되 우리를 보라 하니"(4절), "은과 금은 내게 없거니와 내게 있는 것으로 네게 주노니 곧 나사렛 예수 그리스도의 이름으로 걸으라 하고"(6절), "오른손을 잡아 일으키니 발과 발목이 곧 힘을 얻고"(7절), "뛰어 서서 걸으며 그들과 함께 성전으로 들어가면서 걷기도 하고 뛰기도 하며 하나님을 찬미하니"(8절).

(4) "예수께서 가라사대 내가 곧 길이요 진리요 생명이니 나로 말미암지 않고는 아버지께로 올 자가 없느니라"(요 14:6) 예수께서는 끝까지 사람들을 사랑하시면서 제자들의 발을 씻겨주셨다. 이렇게 본을 보이심으로 우리로 하여금 예수의 삶을 닮아가도록 하셨고, 이것을 후대들에게 가르치도록 권면하셨다. 우리가 이것을 알고 행하면 복이 있을 것이라고 말씀하셨다(요 13:1~17). 이를 위해 예수 그리스도는 몸소 자기 희생의 삶을 통하여 본을 보여 주심으로 지극히 인간편에 선 볼런티어이심을 깨닫게 해 주셨다. **오늘도 예수께서는 사랑의 정신, 사랑의 삶, 사랑의 교회 공동체를 통한 복음 전파의 모습으로 우리를 향하여 자원 복지 활동의 길을 가르쳐 주신다.**

(5) "내가 사람의 방언과 천사의 말을 할지라도 사랑이 없으면 소리나는 구리와 울리는 꽹과리가 되고, 내가 예언하는 능이 있어 모든 비밀과 모든 지식을 알고 또 산을 옮길 만한 모든 믿음이 있을지라도 사랑이 없으면 내가 아무것도 아니요, 내가 내게 있는 모든 것으로 구제하고 또 내 몸을 불사르게 내어 줄지라도 사랑이 없으면 내게 아무 유익이 없느니라 (중략) 그런즉 믿음, 소망, 사랑, 이 세 가지는 항상 있을 것인데 그중에 제일은 사랑이라" (고전 13:1~13)

(6) "몸은 하나인데 많은 지체가 있고 몸의 지체가 많으나 한 몸임과 같이 그리스도도 그러하니라"(고전 12:12). "너희는 그리스도의 몸이요 지체의 각 부분이라"(고전 12:27). 여기서는 각 개인이 존엄성과 가치를 가진 존재이고, 서로 각 부분의 이름을 달리하고 있으며, 몸의 각 기능들이 역할도 분담하면서 연합한 건강한 유기체임을 말해 준다. 즉 몸 전체의 복지적인 삶을 위한 공동의 협동 노력이 중요함을 시사하고 있다. 또한 여기서는 사랑으로 서로 의존하면서 서로 책

임지고 있는 더불어 사는 바람직한 인간(人)의 삶의 모습을 강조하고 있다. 다양한 기능을 통합하고, 이를 통하여 **공동의 복지 목표를 위한 공동체 사회 창출의 중요성**을 시사하고 있는 것이라고 생각한다.

즉 자원 복지 활동원이 누군가의 도움이 필요한 자와 만남이 이루어지게 되면 자연스럽게 그들에 대한 관심을 갖고 그들의 욕구와 문제를 발견하게 된다. 그들의 필요를 기초로 자원 복지 활동의 목표가 설정되고, 자원 복지 활동원이 갖고 있는 사랑 실천의 능력을 기초로 자원 복지 활동의 계획을 수립하여 본격적으로 활동에 들어가면서 재활을 통하여 건강한 삶으로 이끌어 주게 된다. 이러한 정상화와 통합화(normalization and integration)의 과정을 거치면서 궁극적으로 그들이 예수 그리스도의 복음을 믿고, 예수의 제자가 되어 예수를 찬미하고 땅끝까지 이르러 예수의 복음을 전파할 수 있도록 인도해야 한다는 것이다.

이러한 내용들은 그리스도의 몸 된 교회와 믿는 자들에게 주어진 필수적인 공동 과제이다. 그렇다면 어떻게 이러한 막중한 과제를 지역 사회를 중심으로 교회의 성도들과 더불어 효과적으로 실천하도록 할 것인가? 필자는 이를 가능케 하는 구체적이고 효과적인 방법의 하나가 바로 교회 자원 복지 활동(voluntarism)을 통한 방법이라고 생각한다(복지 선교 방법).

## V. 교회 복지 사역을 통한 전도 전략(실천 사례 중심)

교회 지도자들과 교회 교사들이 먼저 자원 복지 활동에 참여함으로써 선교 사역과 연계시킨 복지 활동의 의미를 올바로 이해하고 활성화시키는 계기가 될 수 있다. 동시에 점차 그들을 통하여 일반 성도들에게 확대시키며, 유년부, 초등부, 소년부, 중고등부 학생, 대학청년부 및 일반 성인 성도들에게 확대시킬 수 있으면 좋을 것이다.

이를 효과적으로 발전시키기 위해서는 프로그램 개발과 그 프로그램을 현장과 접목시켜 줄 수 있는 전문가의 참여가 필수적이다. 또한 이 프로그램을 효과적으로 추진하기 위하여 소그룹을 육성하고 지도할 수 있도록 교회 차원의 지원이 필요하다.

이제부터 "하나의 프로그램에서 더불어 사는 복지 공동체(우리 마을)로 발전시키는 방법"에 관하여 5개의 사례를 소개하기로 한다. 사례들을 잘 이해하기 위하여 앞에서 제시한 자원 복지 교육 훈련의 5단계 과정과 자원 복지 활동의 4단계 목표를 참고하기 바란다. 그러나 지면 관계로 참고 자료를 소개하는 것으로 줄이기로 한다.

참고자료 : 1. 우원기념사업회, 제3회 교회 자원 복지(봉사) 지도자 교육 교재, 2002년 11월, pp.62-88.

2. 김영호 저, 『자원 복지 활동의 이론과 실천』, 현학사, 2003년 3월 출판 예정

3. 특히 실천 사례 중 "학교, 가정, 우리 마을 지킴이(복지공동체 만들기)" 프로그램은 청소년 복지, 가정 복지, 지역 사회 복지 및 교회 복지 선교를 연계시킨 통합프로그램으로 좋은 전도 전략 프로그램이 될 수 있을 것으로 생각하여 추천한다(복지 선교 프로그램).

## 1. 장애인 체험 프로그램

(1) 목적 : 장애인 체험과 나의 삶의 변화

(2) 장애인 체험 방법

(3) 토의 정리 내용:(이하의 내용 중 2가지 주제 이상 토의 요망)

(4) 각자가 "사랑과 평화의 편지"를 작성하여 발송한다(친구와 가족에게, 교회와 학교 선생님에게, 기타 관심 있는 사람에게).

## 2. 장애인 시설 현장 체험

## 3. 홀로 사는 노인 돕기에서 더불어 사는 복지 공동체로

## 4. 중고등부 교회학교(자원복지학교=사랑실천학교)에서의 방법

## 5. 지역사회 구역모임(예배)을 통한 복지 선교 방법

목사님의 제안이나 구역 식구의 제안으로 다음과 같은 일을 추진할 수 있다.

(1) 교회가 성도들로 하여금 사랑을 실천할 수 있는 계기를 마련한다. 예를 들면 "시청각 교육", "시각 장애인 체험 프로그램"을 통하거나, "장애인 시설을 방문하는 프로그램" 등을 통하여 사랑을 실천할 수 있는 계기를 마련한다.

(2) 그 후 구역별로 교인들이 개인 혹은 소그룹으로 생활 가운데서 이웃과 더불어 사랑을 나누며 살 수 있는 프로그램을 생각할 수 있도록 유도한다. 구역 식구 10명이 1조가 되게 구성하여 소그룹별로 지역 사회를 중심으로 특화된 프로그램(학교 · 가정 · 우리 마을 지킴이 프로그램)을 개발하여 추진하게 한다. 이러한 과정에 지역 주민들도 참여하도록 유도하면서 친교를 갖게 하는 일에서부터 시작한다. 믿지 않는 이웃과의 이러한 친교 관계가 잘 형성되면 그 이웃에도 방문하고 친교하면서 점차 구역 예배로 인도한다). 이때 구역별로는 10인 1조가 되는 소그룹이 여러 그룹으로 형성될 수 있다. 필요에 따라 여러

그룹들이 연합하여 지역 사회 공동 프로그램을 추진하면서 지역 사회 기타 조직들과 협력할 수 있도록 한다.

(3) 매주 금요일에는 구역 예배로 모이기 전후에 구역 식구들이 개인 혹은 가족 단위로 지역 사회를 중심으로 자원 복지(봉사) 활동을 실천하고 보고회를 갖는다. 가능하면 이웃의 1가정(예: 홀로 사는 노인 및 소년 소녀 가장, 장애인 가정)을 집중하여 지속적으로 방문하고 지원하면서 사랑의 실천을 생활화할 수 있게 한다. 또 구역 식구와 지역 주민이 연합하여 "학교 · 가정 · 우리 마을 지킴이 프로그램"을 실천하고, 이웃 친구를 만들며, 점차 전도할 수 있는 계기를 만든다. 소그룹별로 주소록을 작성하여 친교를 하거나 전도 편지 발송에 활용할 수 있다(사랑과 평화의 편지).

(4) 구역 예배 시간에는 사랑을 실천하는 삶에 대한 반성과 신앙인으로, 기독교 가정으로, 지역 사회의 주민이며 그리스도의 몸 된 교회의 성도로서 내가 해야 할 일이 무엇인지를 생각하면서 함께 기도하면서 협력하여 실천할 수 있는 계기를 확대시켜 간다.

(5) 교회는 구역 예배 프로그램을 기초로 하면서 교인들의 실천 프로그램을 종합하여 수시로 신앙 간증이나 체험담을 발표하게 한다. 또 기성 교인과 지역사회 주민과 연계하는 교육 훈련 프로그램으로 발전시킨다. 예를 들어 발표회 혹은 지역 사회 장애인체험대회, 교회와 지역 사회가 공동 개최하는 자원복지(봉사)학교 개교, 바자회 혹은 아나바다 운동, 노인정 프로그램, 학교 폭력 예방 프로그램, 가정 · 우리 마을 지킴이 프로그램 등 얼마든지 창조적으로 개발할 수 있다.

(6) 궁극적으로는 우리가 사랑을 배웠으니 사랑을 실천하며 살아갈 수 있게 하며, 몸 된 교회를 샬롬 복지 공동체로 발전시키고, 교인들이 협력하여 지역 사회를 향한 복지 선교 사역을 충실히 감당할 수 있도록 하자는 것이다.

# 2장

# 중고등 학생 봉사 활동의 문제점과
## 교회적 대안

# 중고등 학생 봉사 활동의 문제점과 교회적 대안

이병만
은천노인복지회관 관장

## I. 중고등 학생 봉사 활동의 배경

현대 사회의 급속한 산업화, 도시화 과정에서 필연적으로 수반된 핵가족화로 전통적 가족 구조가 붕괴되고, 개인주의 및 실용주의가 확산되면서 많은 사회 문제가 발생하고 있다. 다양하게 발생하는 사회문제를 해결함에 있어 정부나 기업에 의존할 수 없는 상당 부분에 자원 봉사 인력의 역할이 증대되어지고 있다.

이에 자원 봉사의 활성화 측면에서 중고등 학생들의 봉사 활동이 적극 장려되었고, 서울시 교육청에서는 중고등 학생들의 봉사 활동을 의무화하여 1998년부터 고등학교 입학 내신 성적 총점의 8%인 24점을 반영하겠다는 교육 개혁 방안을 발표하였다.(1995년 5월 31일) 이는 중고등 학생들의 사회 봉사 활동이 본격적으로 전개되는 시발점이 되었다.

## Ⅱ. 중고등 학생 봉사 활동의 현실과 문제점

중고등 학생 봉사 활동은 자발적인 참여가 아닌 의무적인 활동이라는 한계를 내포하고 있을 뿐만 아니라, 체계적인 봉사 관련 프로그램이 부족, 봉사자로서의 자기 인식과 자세 결여, 물리적인 체험 현장 섭외의 어려움 등 여러 측면에서 많은 문제들이 나타나고 있다. 이제 중고등 학생 봉사 활동 현장에서 경험한 문제점들을 짚어보고, 교회학교 중고등부 교육 프로그램을 활용하여 효율적 성과를 기대할 수 있는 대안을 제시하고자 한다.

### 1. 중고등 학생 봉사 활동의 현실

#### (1) 봉사 활동 장소 섭외의 어려움

중학생의 경우 18시간, 고등 학생의 경우 봉사 활동 실적을 인정하여 대학 시험에 반영하고 있지만 학생들이 봉사할 장소 찾기가 어렵다. 2002년 8월 26일자 『사회복지신문』에 실린 '청소년 자원 봉사할 곳 없다'는 제호의 기사이다.

"중고생들이 봉사 활동을 하기 위해 장애인 시설, 양로원, 병원 등을 직접 찾아가거나 전화로 봉사 활동을 할 수 있느냐고 문의하자 필요 없다면서 거절하였다. 자원봉사자의 도움이 절대적으로 필요한 현장에서 이러한 상황이 발생하는 이유는 학생들의 봉사 활동이 긍정적인 측면에서 도움이 되기보다는 부정적인 측면의 역기능이 더 많이 발생하므로 중고등 학생들의 봉사 활동 제의를 귀찮게 여기는 일이 되었고 신청 자체를 기피하고 있다."

### (2) 봉사 활동의 비교육적 가치

학생들의 봉사 활동 시간이 학업에 방해가 되는 장애물로 여기는 학부모들이 있다. 이러한 학부모들의 사회 봉사에 대한 이해 부족은 여러 부작용을 낳고 있다. 봉사 시간을 돈으로 사려고 하는 경우, 부모가 봉사 활동을 하고 자녀의 봉사 시간으로 인정해 달라는 경우, 봉사 활동 확인서 제출 일자가 임박해서 다음에 봉사 활동을 반드시 하겠으니 요구하는 시간만큼 미리 확인해 달라는 경우, 봉사 활동은 전혀 하지 않고 인맥을 통해 봉사 활동 확인서를 요구하는 경우도 있다. 이러한 광경은 매 학기 때마다 쉽게 접할 수 있는 현상으로 나타나고 있다.

### (3) 봉사 활동의 정신적 가치 이해 부족

봉사 활동에 대한 학생들의 인식은 의무적인 숙제로 생각할 뿐, 봉사 활동의 경험에서 얻어지는 정신적 가치에 대해서 이해하려고 하지를 않는다. 사회 봉사를 왜 하는가에 대해서 질문하게 되면 99%는 같은 대답을 한다. 즉, "학교에서 봉사 활동 시간을 성적 평가에 반영하기 때문입니다."라고 쉽게 대답하면서도 학교에서 왜 사회 봉사를 학점 및 점수에 반영하는지 이해가 되지 않는다는 자세이다. 이러한 현상은 저학년일수록 심화되어 있다.

## 2. 중고등 학생 봉사 활동의 문제점

### (1) 봉사 활동 확인서 부정 발급의 비교육적 형태

학생들이 봉사할 수 있는 장소를 찾기 어렵고, 봉사 활동 확인서 부정 발급으로 인한 비교육적인 형태가 나타나자 학교에서는 집단 봉사를 할 수 있는 곳을 찾는 경우가 많아졌다. 그러나 집단 봉사 활동 장소 또한 구하기 어렵다. 따라서 봉사 활동은 각 학교 담당 교사가 풀어야 할 난제가 되었고, 중고등 학생 봉사 활동 활성화에 대한 근본 취지에 부합하지 못하여 교육 당국의 딜레마가 되고 있다.

### (2) 중고등 학생들의 비자발적 참여로 인한 비효율성

봉사 활동을 하고자 하는 학생들 대부분은 주어진 봉사 활동의 책임량을 수행함에 있어 적극적이고 자발적인 참여보다는 의무적으로 주어진 시간 채우기 활동으로 일관하여 비능률적이고 비효율적인 성과가 나타날 뿐만 아니라, 비교육적인 행태를 보이는 경우도 드물지 않다. 즉, 적은 시간의 봉사 활동으로 최대 시간의 확인서를 요구하는 경우, 어느 기관에서 어떤 방법으로 봉사할 때 최소 비용으로 최대 효과를 얻을 수 있는지 경제학적 측면에서 정보를 교환하며 수월한 장소를 찾아다니는 경우, 심지어 부모님에게 부탁하여 의존하는 경우 등 비효율적이고 무가치한 현상들이 보편적으로 나타나고 있다.

### (3) 학부모들의 봉사 활동 비협조와 경시 태도 증가

한 가정에 한 자녀, 또는 두 자녀로 구성된 가족 구조는 정보 산업 사회의 극심한 경쟁 관계에서 내 자녀 성공에 대한 학부모들의 소망으로 나타난다. 부모들은 자녀가 공부를 잘 하여 좋은 대학교에 입학하는 것을 제1의 목표로 정하여 오로지 공부 뒷바라지에 헌신적이다. "공부가 곧 성공이다"라는 기대치는 학부모들의 비교육적인 사고 방식으로 나타나 봉사 활동은 대신하여도 무방한 것쯤으로 가볍게 인식하는 태도가 증가하고 있음을 현장에서 쉽게 파악할 수 있다. 즉, 가능하면 적당히 해결하고자 하는 숫자가 자발적, 적극적으로 참여하려는 숫자보다 훨씬 많다는 것은 우려할 만한 문제가 아닐 수 없다.

# Ⅲ. 협력기관 네트웍 형성 및 봉사 활동 확인서 발급의 효율성 제고

한국 교회는 우리 사회의 기독교 인구가 전체 인구의 20%를 넘는 성장과 발전을 하였으나 교세 확장과 건물 증축 등의 종교적 활동에 치우친 결과, 교회에 대한 일반적 시각은 호의적이지 못하다. 이는 지역 사회의 다양한 문제 해결 과정에 적극적인 참여를 하지 않고 이웃을 향한 사랑 나눔 실천과 봉사를 외면한 결과이기도 하다.

지역사회의 문제를 해결하는 데 있어 지방자치정부 차원의 주민자치위원회 등의 참여 의식이 높아지고 있다. 따라서 지역 사회에서 발생하는 다양한 욕구를 외면하는 교회는 더 이상 지역 주민들의 관심 대상이 될 수 없을 뿐더러, 지역 사회를 섬기고 책임지지 않는 교회 부흥은 기대하기 어려울 것이다. 이런 관점에서 지역 사회 운동에 교회가 적극적으로 참여하여 지역 주민의 욕구를 파악하고 해결하면서 동참하는 것은 21세기 교회 부흥의 기초로 작용하리라 사료된다. 지역 사회 중고등 학생들의 현실적인 당면 과제인 봉사 활동 장소 확보와 확인서 발급 문제를 교회학교 중고등부 프로그램을 통해 해결할 수 있는 대안을 제시하고자 한다.

## 1. 교회와 지역 사회 기관의 협력 관계 구축

### (1) 교회 인근 복지관과의 연계

교회 봉사 활동 프로그램을 인근에 있는 복지관과 연계하여 자원봉사학교를 개설하므로 교회는 봉사 자원을 그룹으로 공급하고, 복지관은 다양한 프로그램(독거 노인, 장애인, 소년 소녀 가장 등)에 소요될 봉사 인력을 자원봉사학교 수료생들로 구성된 질 높은 자원을 활용하여 봉사 활동의 능률적인 효과성 증대를 얻을 수 있을 것이다. 또한 봉사 활동에 참여한 학생들은 봉사 활동 확인서를 교회를 통해 쉽게 발급 받음으로써 프로그램 공급자, 수요자, 참여자 모두 목적대로 목표를 달성할 수 있을 것이고, 이는 궁극적으로 지역 사회 청소년 문제 해결의 실마리가 될 수도 있다.

### (2) 동사무소와 연계 사업 추진

지방 자치가 뿌리내리고, 동사무소에서 담당했던 각종 행정 업무가 대폭 구청으로 이관됨에 따라 동사무소의 역할도 바뀌고 있다. 즉 동사무소의 행정 위주 기능이 축소되고, 동민 삶의 질을 높이는 방향으로 프로그램이 바뀌어지고 있다. 쾌적한 주거 환경, 풍요로운 경제 생활, 균등한 복지 수혜, 다양한 문화 생활을 공유할 수 있도록 제공되어지는 각종 프로그램 중, 교회학교 중고등부 자원이 봉사할 수 있는 프로그램에 참여하여 활동하는 것이다.

즉, 면사무소, 동사무소와 연계하여 '마을 거리 청소', '불법 광고물 제거하기', '놀이터 및 공원의 꽃밭 가꾸기', '각종 행사 보조' 등 다양한 활동 분야가 있으므로 필요시 언제든지 참여할 수 있도록 행정 기관과 긴밀한 연계 및 정보망을 가동하는 것이다. 이러한 프로그램 시행은 행정 기관과 교회의 밀접한 유대 관계를 유지시키고, 더불어 살아가는 공동체를 형성하는데 촉매제가 될 것이다. 지역 청소년들이 봉사 활동에 참여하면서 '나'라는 개념에서 '우리'라는 개념을 인식하게 함으로써 봉사 활동을 통해 얻고자 하는 교육적 효과를 동시에 달성할 수 있는 것이다.

### (3) 구청 자원봉사센터와 연계 활동

구청 자원봉사센터에는 매년 중고등 학생들을 위한 프로그램이 마련되어져 있다. 지역 사회에서 참여할 수 있는 봉사 활동이 어떤 것들이 있는지, 언제 실시하는지, 지역 학교 및 자원봉사센터의 정보를 항상 확인하여 봉사 활동 프로그램을 확보하고 활용하도록 하여야 한다.

### (4) 주민자치위원회와 연계 활동

각 동마다 주민자치위원회가 운영되고 있다. 주민자치위원회에 교회가 참여하여 연계 활동을 한다면 지역 사회의 다양한 정보를 수집할 수 있고, 수집된 정보를 기초로 하여 다양한 봉사 활동 프로그램을 개발할 수 있다.

동·면사무소는 행정 기관의 특성상 직원들의 전보 발령에 의한 이동으로 담당 직원과 지속적 관계 형성이나 정보 교류에 어려움이 많다. 그러나 주민자치위원회는 지역의 각계 각층 직능 대표들로 구성되어 있으므로 지속적인 관계 형성이 가능하여 장기적인 활동 계획을 세울 수 있고, 지역 사회에서 필요로 할 때 유용한 활동을 전개할 수 있는 장점이 있다. 이것을 활용하면 자녀들의 봉사 활동에 대하여 갖고 있는 부모들의 비교육적 사고를 개선시킬 수 있는 기회도 될 것이다.

### (5) 지역 사회 중고등 학교와 연계 활동

프로그램 운영은 교회의 자원봉사학교에서 담당하고, 교육생은 학교에서 그룹으로 위탁하여 봉사 활동의 필요성과 가치 등 기본적 이론을 습득하도록 한다. 그러므로 중고등 학생들이 봉사 활동을 할 수 있도록 장소를 제공하는 기관들의 부정적인 시각을 바꿀 수도 있고, 비효율적인 문제들을 개선할 수 있는 기회도 될 수 있다. 또한 개별적으로 섭외하기 어려운 봉사 활동 장소를 교회에서 대신 확보해 주므로 중고등 학생들의 봉사 활동에 대한 부정적 인식도 전환시킬 수 있다.

## 2. 봉사 활동 확인서 발급의 효율적인 다양성 고려

### (1) 봉사 활동 확인서 발급의 효율성 제고

미국 학생들의 봉사 활동의 장소는 관공서, 복지기관, 가정, 사업장 등으로 제한이 없고, 활동 후 확인서만 받아 학교에 제출하면 된다. 그러나 우리 나라 교육인적자원부는 학생들의 봉사 활동 장소를 관공서나 복지기관으로 제한하고 있다. 즉, 가정, 교회, 사업장과 같은 장소에서 활동하는 것은 기본적인 일로 봉사 활동이라고 생각하지 않을 뿐더러 봉사 활동 확인서 부정 발급에 따른 불신이 포함되어 있기도 하다.

따라서 교회에서 할 수 있는 역할은 봉사 활동 확인서 발급에 대한 부정적인 요인을 제거하는 일과 중고등 학생들이 봉사 활동 확인을 받는데 부담을 갖지 않도록 정직성과 신뢰성을 확보할 수 있는 대안을 마련하여 제시하는 것이다.

### (2) 교회에서의 봉사 활동 확인서 발급

교회에서 받은 봉사 활동 확인서는 인정하지 않기 때문에 사실상 중고등 학생들의 봉사 활동 프로그램을 실시하지 못하는 교회도 있다. 따라서 교회 봉사 활동 프로그램을 지역 사회와 연계된 프로그램으로 개발하고 긴밀한 협력 관계를 형성하여 활동하는 것이 바람직하다. 즉 지역 연계 프로그램은 기관, 가정, 학교 등 이해 관계 집단 사이에 신뢰성을 형성하는데 매우 중요하기 때문이다.

상호간 신뢰성을 바탕으로 봉사 활동 확인서를 개개인에게 발급하는데 나타나는 비효율적인 부분을 해결할 수 있다. 즉, 개개인에게 봉사 활동 확인서를 발급하는 동 · 면사무소 또는 각 기관의 검인을 받은 확인서를 교회의 담당 부서에서 대행하여 배부함으로 쉽게 해결할 수 있을 것이다.

# Ⅳ. 맺음말

자원 봉사 활동을 통해 얻어지는 정신 교육의 가치를 외면하고, 자녀 성공의 가치 기준을 학과 공부에 국한시키는 한, 더불어 살아가는 사회 공동체를 실현하는데 걸림돌이 될 수밖에 없을 것이다. 그러나 현실적으로 해결하기 어려운 문제들이지만 교회의 교육 프로그램을 활용하여 해결할 수 있다고 기대하면서 마무리하고자 한다.

교회의 프로그램 운영의 궁극적 목적은 인간을 영생으로 인도하고 하나님의 형상을 회복하려는 일련의 구원 사업이다. 중고등 학생들이 쉽게 사회 봉사 활동에 참여할 수 있도록 교회에서 도와주면, 교회에 대한 신뢰를 회복하고, 개인이 안고 있는 여러 가지 문제를 해결하기 위해서 자발적으로 교회를 찾아올 것이다. 전 인류 가운데 가장 훌륭한 사회복지사가 예수님이었다고 생각한다. 역사상 가장 훌륭한 사회복지사 예수님을 닮은 종의 모습으로 지역 사회에 나타날 때 지역 주민들로부터 신뢰와 존경과 사랑을 받는 교회로서, 21세기 한국 교회의 부흥과 도약의 발전된 모습을 다시 볼 수 있을 것이다.

## 참고문헌

은천 봉사학교 사례 2000-2002년

김영호: 2000년 11월 9일 21세기 선교 전략과 더불어 사는 샬롬공동체 만들기(교회 자원 복지 지도자 교육 세미나)

이기범: 2000년 1월 20일 지역 봉사와 교회 부흥(은천)

덕수교회: 2001년 사회 봉사 사업계획서

이재현: 2000년 중학생 자원 복지 교육 훈련 프로그램의 효과성에 관한 연구(석사 논문)

양희택: 2002년 6월 교회 사회 사업의 프로그램 개발 사례(교회사회사업의 이해와 실천 세미나)

노광용: 2002년 8월 26일 『사회복지신문』 기제 글

# 3장
# 은천봉사학교 교재

* 본 내용은 은천노인복지회관과 장안4동
주민자치위원회의 은천봉사학교 교재를
편집한 것이다

# 자원 봉사란 무엇인가?

김영을
창대교회 목사

## I. 자원 봉사(自願奉仕)의 정의

자원 봉사란 개인, 집단, 지역 사회에서 발생하는 제반 사회 문제를 예방하고 사회적 환경을 개선하기 위하여 공사의 조직체를 통하여 무보수로 서비스를 제공하는 것이다. 이러한 봉사는 어느 특정한 사람들만 하는 것이 아니라 누구나, 언제, 어디서, 어떤 방법으로라도 시작할 수 있는 것이고, 인간이 인간답게 살아가는 지각 위에 인간의 선의 또는 본성을 불러일으키게 하며, 높고 새로운 가치관을 목표로 상하에 관계없이 인간 생명의 존엄성을 함께 지키는 일이다.

## II. 자원 봉사의 필요성

자원 봉사는 인간애를 기본으로 하는 전통적인 의미의 자선이었으나 현대에 와서는 산업화, 도시화로 인한 각종 사회 문제를 해결하기 위한 보다 적극적인 의미로서의 필요성이 제기된다.

(1) 핵가족화의 문제점 (공동체의 의식 상실, 가족 이기주의, 세대의 단절 등)을 극복하기 위한 한 대안으로 지역 사회 공동체의 필요성이 강조된다.

(2) 복지 수요자의 급증과 복지 제도의 불완전성을 보완한다.

(3) 여가의 건전한 활용 방안으로 바람직하다.

(4) 자원 봉사자 개인이 갖는 의의로는 생활의 가치를 발견하고, 개인의 발전을 도모할 수 있다. 또는 자신의 문제 해결, 지식의 증가, 소속감, 개량자, 건전한 시민 정신 및 애국심을 배양할 수 있다는 측면에서 의의를 찾을 수 있다.

(5) 사회 복지 전문화의 측면 즉, 자원 봉사가 시설의 업무를 보조할 때 직원은 전문적인 업무에 주력할 수 있다.


# III. 자원 봉사자의 자세

(1) 자원 봉사 하기 전의 준비
  1) 자기집 주위에 있는 일부터 시작한다.
  2) 자신이 관심 있는 일부터 시작한다.
  3) 자기가 할 봉사 활동을 잘 파악한다.
  4) 봉사할 친구와 사전에 봉사할 일에 대해 협의한다.
  5) 긴급 연락처를 남기고 활동한다.
  6) 자기가 봉사하는 활동에 대해서 가족의 이해와 동의를 얻는다.

(2) 자원 봉사할 때의 태도

    1) 봉사할 때 시간을 엄수한다.

    2) 일하기 편한 복장과 겸손한 태도로 임한다.

    3) 무조건 다 해 주는 것이 아니라 도움을 받는 이가 잘 못하는 부분을 도와드리는 것이다.

    4) 개인의 비밀을 지킨다

(3) 자원 봉사하고 난 후

    1) 내 생활에 만족을 느낀다.

    2) 내가 알지 못한 부분을 배우게 된다.

    3) 남을 볼 수 있는 눈이 뜨인다.

    4) 남을 존중하게 된다.

    5) 자원 봉사를 하면 나도 남에게 도움을 받는다.

※ 누가 자원 봉사자가 될 수 있는가?

"누구나 자원 봉사자 될 수 있다. 그러나 아무나 자원 봉사자가 되는 것은 아니다!"

누구나 따뜻한 마음을 갖고 있기에 누구나 자원 봉사자가 될 수 있다. 그러나 중요한 것은 손을 내밀어 실천하는 일은 아무나 되는 것이 아니다. '나에게 무슨 일이 일어날까?' 두렵기 때문이다. 진정한 봉사자는 이웃의 고통을 발견하고, 문제를 파악하여 구체적으로 불행을 행복으로 바꾸어 놓을 수 있는 준비와 능력이 필요하다.

# 치매란 무엇인가?

유광자

은천노인복지회관 사회복지사

## I. 치매란 무엇인가?

고령화 사회로 진입하면서 '제 정신이 아닌' 노인 인구도 크게 늘고 있다. 보건사회연구원이 조사한 자료에 따르면 국내 치매 환자수는 1995년 21만 명에서 2000년 27만 명으로 늘었으며, 2020년에는 62만 명에 이를 전망이다. 치매는 고령화 사회의 적(敵)으로 불리고 있는데 국내에서도 치매에 대하여 다양한 연구가 진행되고 있다. 치매를 뜻하는 'Dementia'는 라틴어에서 유래한 말로 '제 정신이 아닌' 상태를 의미한다.

치매란 정상적으로 활동하던 사람이 뇌에 발생한 각종 질환으로 인지 기능을 상실하여 일상 생활을 할 수 없는 상태를 말한다. 기억력이 떨어지고 언어 장애가 생기며 방향 감각을 상실해 길을 잃을 때도 있다. 치매는 겉으로 드러나는 증상일 뿐 발병 경로는 다양하다. 대표적인 것이 혈관성 치매와 알츠하이머병으로 전체 치매 환자의 80∼

90%가 해당된다. 이 가운데 알츠하이머병의 뚜렷한 원인은 밝혀지지 않았다.


## Ⅱ. 치매의 종류

(1) 가역성 치매 - 원인 질환을 치유하면 정상으로 되돌아올 수 있는 치매
(2) 비가역성 치매 - 알츠하이머병 치매, 혈관성 치매
  1) 알츠하이머병 치매 : 신경 세포가 파괴되어 뇌 전체가 위축된 결과로 치매가 발생하는 것으로, 원인이 불명확하며 서서히 진행된다.
  2) 혈관성 치매 : 기억력이 감소하고, 집중력이 저하된다. 증상이 서서히 진행되며, 자각 증상이 없이도 치매를 일으킬 수 있다.


## Ⅲ. 치매의 주요 증상

(1) 기억력 장애 - 새로운 것을 잘 기억하지 못하며 물건 둔 곳을 쉽게 잊는다.
(2) 지남력 장애 - 시간, 장소, 사건의 인과 관계, 가족을 포함한 대인 관계를 구분하지 못한다.
(3) 언어 장애 - 언어의 의미나 관계를 구분하지 못하여 엉뚱한 답변을 하거나 앞뒤가 맞지 않는 말을 반복한다.
(4) 인격의 변화 - 도덕관, 수치심, 소유 개념을 잃어 염치를 모르고

남의 물건을 자기 것처럼 태연하게 사용하거나 성적으로 추한 행동을 스스럼없이 한다.

　(5) 정신 행동 장애- 의식 장애, 피해 망상, 환상, 환청, 감정 실금, 수면 장애, 지투 망상 등이 나타나 까닭 없이 의심하고 화를 내며, 없는 일을 지어내 헐뜯거나 변명한다. 사소한 일에 울거나 우울해 하며, 때로는 가출하여 방황하기도 한다.

　(6) 기타의 문제 행동 - 근력(힘)이나 명령을 이해하는 데는 이상이 없어도 일상적인 생활 동작, 요리하기, 세수하기, 옷 갈아입기 등에서 장애를 보인다. 방황하거나 길을 배회하기도 하며, 가출도 한다. 대소변을 뭉개는 등의 불결한 행동을 하기도 하고, 식사를 거부하며, 수치심을 모르는 성적 행위를 보일 수도 있다.

　※치매는 하나의 원인에 의한 질병이 아니라 여러 가지 원인 질환에 의해 나타나는 임상증후군이다. 따라서 치매의 발생 원인 규명이나 치료는 각각의 원인 질환에 대한 이해를 통해 이루어질 수 있다.

# 봉사 프로그램의 실제

임정호
은천노인복지회관 사회복지사

## I. 일일 장애우 체험

### 1. 프로그램명 : 일일 장애우(障碍友) 체험

### 2. 목적

봉사학교 참가 학생들에게 하루 중 정해진 시간 동안 장애우 체험(障碍友體驗) 활동을 지원함으로써 장애인에 관한 선입견을 없애고, 청소년기에 필요한 올바른 가치관 확립을 도모하며, 아울러 장애를 가진 청소년과 언제든지 장애를 가질 수 있는 청소년 사이의 단일한 공동체 의식 함양과 건강한 신체에 대한 감사의 마음을 새로이 확인하는 계기로 삼도록 하는 데 그 목적이 있다.

### 3. 목표

(1) 장애우 체험이 가능한 장소와 시간 선정

(2) 세부적 체험 방법 마련 및 체험 실시

(3) 공동 토의 및 평가를 통한 의견 교환

## 4. 추진 방침

(1) 체험 장소는 제한이 없으며, 인근 지역의 기관을 활용하여 활동하도록 한다.

(2) 휠체어는 본 기관, 동사무소, 각 교회에서 대여하며 파손에 주의하도록 하되, 파손 및 분실할 경우에는 개인이 책임을 지도록 한다.

(3) 봉사학교 장애우 체험은 크게 아래와 같이 분류하며 활용 방법 (예시)은 다음과 같다.

1) 시각(視覺) 장애우 체험

2) 지체(肢體) 장애우체험

3) 휠체어(Wheelchair) 장애우 체험

4) 청각(聽覺) 장애우 체험

〈표1〉 장애 체험 프로그램의 실제

| 프로그램명 | 활 용 방 법 | 비 고 |
|---|---|---|
| 시각 장애우 체험 | 두 눈을 안대로 가린다.➡ 활동 가능한 장소에서 물건구입하기, 공공기관 방문하기, 희망하는 장소에 찾아가기, 약속 장소에 찾아가기, 신문이나 도서 구입하기, 물건 구입하기 등의 활동을 정하여 혼자 힘만으로 실시한다.➡ 타인의 도움을 구해서는 안 되나, 안전 사고를 대비하여 동료와 함께 활동할 수는 있다.➡ 비용을 지불하는 것을 활용하면 더 큰 체험이 될 수 있다.➡ 해당되는 활동 후 소감을 발표하도록 한다.➡ 지원해 주는 동료의 역할을 더불어 함께 하면 장애우와 그 가족 및 이웃의 마음을 추가로 경험할 수 있으므로, 활동 시 2인 1조로 체험하면 이상적이다. | 안대, 안내로프, 스톱워치 |

| | | |
|---|---|---|
| 지 체<br>장애우체험 | 팔이나 다리를 부목으로 대고 압박 붕대로 고정한다.➡ 목발이나 (3발, 4발)보행기를 사용하여 활동하도록 하고, 신호등이나 육교 건너기, 물건을 구입하여 운반하기, 차를 타고 내리기 등의 원활한 상,하지(손과 발) 사용이 필요한 활동을 선택하도록 한다.➡ 팔은 특히 삼각형으로 어깨에 붕대를 둘러 고정시키되 교과서 옮겨 쓰기(필기하기), 물건 옮기기, 만들기, 작업하기 등 팔을 사용하는 활동을 통해서 체험하도록 한다.➡ 하지 장애우 체험할 때 보행을 하게 될 경우 다소 위험을 초래할 수 있으므로 조심하도록 한다. | 압박붕대,<br>목발,<br>삼각붕대,<br>상하지<br>보조기 |
| 휠체어<br>장애우체험 | 상동(지체 장애, 시각 장애 체험과 유사함). 단, 활동이 끝날 때까지 휠체어에서 내려올 수 없으며, 계단이나, 지하철 이용, 언덕 오르기, 공공기관 방문(구청 등) 등의 활동을 실시하도록 한다.➡ 2인 1조로 활동하여, 안전 사고에 만전을 기하도록 한다.➡ 일정한 시간 동안 활동 후 정상 보행으로 전환(轉換)하기보다는 일정 시간 내에 휠체어로 왕복 보행하는 것이 더 많은 체험을 할 수 있는 방법이 되므로 유의하도록 한다. | 휠체어 |
| 청 각<br>장애우체험 | 솜으로 귀를 막거나, 헤드폰을 쓰는 방법 등으로 철저하게 소리가 들리지 않도록 주의하며 준비하도록 한다.(막는 방법으로는 소리가 들리지 않게 되는 경우 헤드폰 및 휴대용 카세트 플레이어를 사용하여 큰 음악 소리를 통해 주변 소리가 들리지 않도록 주의가 필요하다.)➡ 일상 생활 활동이나, 횡단 보도 횡단, 극장이나 음악회 관람 등 소리(청 : 聽)와 연관이 깊은 곳에서의 활동이 필요하다.➡ 안전 사고 대비 팀별 활동이 필요하다. | 탈지면,<br>헤드폰,<br>휴대용<br>카세트 플레<br>이어 |

## 5. 기대 효과

(1) 장애우에 대한 바른 이해를 도모할 수 있다.

(2) 현재의 자신 환경에 감사하는 마음을 가질 수 있다.


※유의 사항※

1) 장애 체험을 할 때에는 진심으로 각 상황에 임해야 장애우들의 어려움이 마음으로 다가올 것이다.

2) 휠체어를 제외한 각 체험 준비물들은 각 교회에서 준비한다.


# Ⅱ. 무의탁 노인 지원 Ⅰ(모금 사업 지원)

## 1. 프로그램명 : 무의탁 노인 지원 Ⅰ(모금 사업 지원)

## 2. 목적

봉사학교 참가 학생들에게 여러 가지 종류의 모금 사업을 통하여 무의탁 노인에게 경제적인 지원인 용돈(금액는 무관하므로 부담 없이 활동할 수 있도록 지원할 것)을 드릴 수 있도록 지원함으로써 잊혀져 가는 효(孝) 사상의 고취를 도모하고, 더불어 살아가는 공동체 의식의 함양 및 경제적 부담을 호소하는 무의탁 노인의 부담을 최소(最少)한 덜어주는 데 그 목적이 있다.

## 3. 목표

(1) 무의탁 노인 지원 자금 조달 계획 수립

(2) 무의탁 노인 지원 방법 계획 및 지원

(3) 공동 토의 및 평가를 통한 의견 교환

## 4. 추진 방침

(1) 지원 대상자는 본 기관 가정센타 담당 복지사의 도움을 받아 선정하도록 하며, 수급자와 미수급자에 상관없이 선정하도록 한다.

(2) 조달 계획은 학생들이 진행하는데 무리가 없는 방법으로 하며, 소요 예산은 각 팀별로 자율적 방법을 통하여 조달하도록 한다. 단, 개인 1명을 후원자로 선정하여 조달하는 것은 금하도록 한다.

(3) 자금 조달 계획 및 지원 방법은 중간 지도자 및 학생들이 스스로 선정하도록 하며, 중간 지도자의 지속적 개입으로 계획, 진행, 실천하도록 한다. 방법(예시)은 다음과 같다.

〈표2〉 무의탁 노인을 위한 모금 사업의 실제

| 프로그램명 | 활 용 방 법 | 비 고 |
|---|---|---|
| 바자회 (신품/구품) | 판매 방법 및 단가를 설정한다.➡ 필요 품목을 선정하고, 기증을 의뢰하는 홍보를 실시한다.➡ 물품을 기증·접수 받고, 판매 일정 및 필요 인원 등을 선정한다.➡ 우천에 대비한 계획을 추가로 수립하여 행사에 차질이 없도록 준비한다.➡ 물품을 판매하고 원가를 제외한 수익금을 확인한다.➡ 특히 금품 수수가 있는 사업이므로 금품 전담 요원을 비치하고, 안전 사고가 없도록 지도자의 세심한 주의가 필요하다.➡ 바자회 때 사용되는 일체의 경비는 판매 수익금에서 충당하며, 용돈 지원에 따른 대상 노인 인원 및 일정, 방법, 금액을 선정하도록 한다.➡ 중간 지도자는 타 사업에 비해 사전 및 사후 충분한 관리가 필요하다.➡ 모아진 금전은 통장 등으로 별도로 관리하여 불상사를 예방하도록 하다.➡ 할인 및 에누리는 사전 회의를 통해 미리 결정한 "판매 규칙"에 따라 적용하도록 하며, 관련 학생 임의로 물품 판매 및 금품 수수를 하지 않도록 충분히 준비하도록 한다. | 후원처 리스트, 전화, 가판대, 가격표, 티켓, 현수막, 돈가방 |

| | | |
|---|---|---|
| 일일찻집 | 일일찻집 사업의 기본적 골격(사업 비용 및 대상, 장소, 지원 금액, 시간 등)을 마련한다.➡ 장소 및 시간, 티켓 금액에 따라 사업의 규모가 정해지므로 주의를 요한다.➡ 티켓 및 음식을 설정하고, 판매 루트를 마련하여 각 학생별 중복을 피하도록 한다(동일한 시설이나, 행정 기관, 교회 등에 접근하여 판매에 어려움을 겪게 되는 경우가 있으므로, 각 학생 개별 자원과 전체적 인적 자원을 분석하여, 접근할 사업장과 접근 활동자를 선정하도록 한다).➡ 장소를 대여하여 비용을 지불하는 것은 많은 예산이 소요되므로 (적어도 50만원 정도) 자제하도록 하고, 비용이 들지 않는 가판이나, 교회 등지의 장소를 확인하도록 한다.➡ 금전이 관여되는 사업으로 중간 지도자의 세심한 주의가 절실히 필요하다.➡ 소극적인 방법보다는 적극적인 방법을 사용하도록 하며, 이 사업의 목적이 무의탁 노인 지원이라는 사실을 지도자는 다시 인지시켜 학생들의 자발성을 이끌어내도록 지원한다.➡ 공연팀과 인근 지역 노래방 할인 쿠폰 - 없을 경우 방문을 통해 협의하도록 한다 - 등을 준비하여 서비스에 만전을 기하면 더 좋은 효과를 얻을 수 있다.➡ 모아진 금전은 통장 등을 활용하여 별도로 관리하여 많고 적은 소음을 제어하면서 추진하도록 한다. | 찻집명단, 티켓, 할인 티켓, 메뉴 판, 공연팀, |
| 모금운동 | 지하철역이나 버스 정류장 등 사람이 많은 장소를 선택하도록 하며, 회의 시 3~4곳을 물색하여 그 중 가장 적합한 곳을 1~2곳 선정하도록 한다.➡ 모금함을 눈에 잘 띄도록 크게 제작하고, 속이 보이도록 하여 약간의 돈을 넣어 두어 사람들의 관심을 끌도록 한다.➡ 어깨띠(참여하는 학생 전체 착용 - (예)앞면 "무의탁 노인에게 작은 정성을"- 뒷면 "○○ 봉사학교") 및 전단지(A4 용지의 1/2 크기도 가능), 현수막 또는 피켓을 제작하여 모금 장소에 부착하여 행인들의 | 모금함, 어깨띠, 전단지, 현수막, 피켓 |

| | 시선을 집중시키도록 한다.➡ 모금 전 일정한 홍보 구호, 후원금 수령시 감사 구호 등 적재적소한 구호를 선정하여 사전 확인하고, 모금시 중앙 홍보, 분산 홍보 등으로 집중 공략하여 후원을 유도하며 전체 학생이 참여할 수 있도록 지도자는 신경을 쓰도록 한다.➡ 친한 친구끼리 함께 하여 다소 소란한 경우가 발생할 수도 있으므로 주의를 요한다. | |

### 5. 기대 효과

(1) 지역 사회 내 간접적 홍보를 유도할 수 있다.

(2) 부모님에 대한 감사와 돈의 소중함을 재인식할 수 있다.


# Ⅲ. 무의탁 노인 지원 Ⅱ (직접 참여 지원 : 식생활 지원 등)

### 1. 프로그램명 : 무의탁 노인 지원 II (직접 참여 지원 : 식생활 지원 등)

### 2. 목적

봉사학교 참가 학생들에게 여러 방법을 통해 무의탁 노인과 함께 어울려 서비스를 직접 지원토록 함으로써, 참가 학생뿐만 아니라 그 가족 및 인적 자원의 간접적 참여를 유도하고, 강한 소속감을 부여하며, 보다 구체화된 방법의 봉사 활동을 접할 수 있는 기회를 제공하여 지속적인 노인 복지 자원 봉사로 연결하도록 지원하는 데 그 목적이 있다.

## 3. 목표

(1) 무의탁 노인 직접 지원 방법 계획

(2) 가족 및 인적 자원의 간접적 지원 유도

(3) 직접적 노인 지원 및 사례 발표 회의

## 4. 추진 방침

(1) 모금을 통한 진행이 아닌 참가 학생의 인적 자원(가족, 친구, 이웃 등)을 활용하여 무의탁 노인을 직접 지원하도록 하며, 직접적인 금전 사용에 제한을 둔다.

(2) 무의탁 노인 지원 방법을 모색하고, 실천하는 전체의 방법을 학생 스스로 결정하여 진행할 수 있게 지도자가 조언하는 것을 원칙으로 한다.

(3) 식생활 지원, 나들이 지원, 외식 지원 등 다양한 방법을 통해 어르신 지원을 하도록 하며, 개인 활동 지원 및 가사 지원에 초점을 두도록 한다.

〈표3〉 무의탁 노인을 위한 직접 참여 지원

| 프로그램명 | 활 용 방 법 | 비 고 |
|---|---|---|
| 식생활 지원 (밑반찬) | 학생 스스로 실시할 수 있는 식생활 지원 종류를 선정한다.➡ 어르신을 지원하기 위한 두 가지 방법 중(반찬 만들어 방문 또는 반찬 재료를 구입하여 어르신과 함께 만듦) 한 가지를 선택하여 활용하도록 하며, 이 과정은 학생들이 스스로 결정하여 준비하도록 지도자가 조언하도록 한다.➡ 반찬은 1인당 각각 1-2개 정도 준비한다.➡ 특히 반찬 재료를 구입하는 경우에는 어르신과 함께 시장을 보는 것도 좋은 방법이나, 어르신이 동의할 경우에만 해당하고 원하지 않을 경우는 학생 스스로 혼자 구입하도록 하는 | 반찬 재료 및 물품, 반찬 그릇, 이미 만든 반찬 개인당 1~2개 |

| | | |
|---|---|---|
| | 것이 원칙이다(Ct의 자기 결정의 원리).➡ 한 조의 학생들이 어르신을 방문할 경우, 반찬의 종류가 다양하고 그에 따라 유통 기간도 차이가 있으므로, 사전 확인하여 냉장고 및 실온 보관을 어르신께 설명하도록 한다(반찬 지원 서비스보다 지원한 반찬이 상할 경우 더 큰 어려움이 있다는 사실을 지도자는 학생들에게 재인식시키도록 한다).➡ 활동 후 사진을 제출하고, 특히 활동 방법을 세부적으로 정리하여 기록하도록 한다. | |
| 외식 지원 | 외식 장소를 선정하고 함께 동행할 인적 자원을 결정한다.➡ 외식 음식은 어르신과 인적 자원 모두 섭취가 가능한 음식으로 결정하고, 대화 및 외식 지원으로 심리, 정서적 지원을 실시한다.➡ 식사할 때 활동 학생은 어르신 옆에 앉도록 하며, 식사가 끝날 때까지 자리를 먼저 뜨지 않도록 한다.➡ 식사는 전원이 함께 어울려 하도록 하며, 소외되는 대화는 유도하지 않도록 주의를 요한다.➡ 식사 후 송영 지원(댁까지 모셔다 드리는 차량 봉사 서비스)은 필수이며, 금일 활동에 관한 느낌을 묻고, 저녁 인사까지 한 후 어르신과 헤어지도록 한다.➡ 활동 사진을 촬영하여 제출하도록 한다. | 외식 장소 섭외 전화, 송영을 위한 차량, 사진기 |
| 목욕 지원 | 대상 노인(여성 어르신 또는 남성 어르신)을 선정하도록 한다.➡ 이동 전에 어르신 가정을 방문하여 목욕 용품 준비를 함께 하는 것도 좋은 방법이므로 활용해 보도록 한다.➡ 학생 및 인적 자원이 목욕 티켓을 구입하여 목욕 장소로 이동한다.➡ 장소 이동 후 욕탕 및 샤워 등 "함께" 즐기도록 하며, 서로 때를 밀어주면서 정다운 이야기를 하는 것도 좋은 방법이다.➡ 건강이 약한 노인이라는 것을 감안하여, 입욕시 음료수나 보리차를 준비하여 드리는 것이 필요하고, 어르신 건강에 관한 간단한 상식을 사전에 습득하여 만약의 위중한 상황에 잘 대처할 수 | 목욕용품, 어르신개인 물품, 간단한 간식 및 음료, 사진기 |

| | | |
|---|---|---|
| | 있도록 준비를 요한다.➡ 목욕 후 함께 사진 촬영을 하도록 하며, 타인들 및 어르신의 개인적 프라이버시를 생각하여 밖에서 촬영하도록 한다.➡ 찜질방일 경우는 식사 및 간단한 간식 등을 나누어 먹는 방법도 친밀감을 쌓는 데 상당한 도움이 될 수 있다. 그러나 성격이 활발하지 못한 학생은 목욕 지원 방법을 피하는 것이 더 나을 듯하다.(아이들과 청소년, 어른도 마찬가지로 낯을 가리는 사람들이 더러 있기 때문에, 친밀하지 않는 사람과 입욕을 하지 않을 수 있음을 미리 염두에 둔다.) | |
| 나들이 지원 | 나들이 장소를 선정한다.➡ 인근 지역으로 하되, 차를 이용할 경우는 1시간 이내의 거리로 한다.➡ 어르신께 미리 멀미약을 복용할 수 있도록 하며, 많이 걷는 장소는 피하고 나들이 사전에 답사를 통하여 화장실과 휴게실, 매점 위치를 확인하는 것이 중요하다.➡ 날씨로 인한 어려움을 감안하여, 생수(차가운 것), 어르신 모자, 안경, 돗자리, 위생 타월, 우산, 양산 등을 준비하도록 지원한다.➡ 도시락은 상하지 않는 것으로 준비하며, 함께 식사하고, 사진을 찍으면서 가족의 정을 느낄 수 있도록 지원한다.➡ 사전에 어르신과의 협의 하에 개인이 필요한 준비물을 따로 챙기는 센스가 필요하며, 우천을 감안하여 인근 지역의 자원을 확인하고, 미리 답사를 다녀오는 것도 유익하다(또는 유선으로 우천시 가예약을 하는 것도 좋은 방법이다). | 나들이 준비물품, 우산, 유관기관 연락처, 사진기 |

## 5. 기대 효과

(1) 무의탁 노인의 고독감을 일시적으로 해소하고 가족의 정을 느낄 수 있는 기회를 제공할 수 있다.

(2) 학생에게 부모님 공경에 대한 재인식 및 봉사 활동의 참 의미를

부여할 수 있다.

※유의 사항※
1) 지원 대상 선정은 각 팀 또는 교회에서 추천하는 대상을 우선으로 하며, 추천 대상 어르신이 없을 경우 은천가정봉사원파견센타 파견 대상 어르신으로 한다.
2) 무의탁 독거 어르신 방문 시에는 꼭 하루 전에 전화 약속을 하고 방문해야 한다.(약속을 하고도 외출하는 경우가 있다. 2, 3차례 확인을 하고 확답을 받는 것이 좋다.)
3) 무의탁 독거 어르신들의 집의 경우 매우 좁다. 집을 사전에 알아 놓는 것이 큰 도움이 된다

## Ⅳ. 치매 어르신 수발 서비스

### 1. 프로그램명 : 치매 어르신 수발 서비스

### 2. 목적
치매 질환으로 인하여 자립 기능을 완전히 상실했거나 일상 생활의 일부분을 보조받아야만 하는 어르신에게 운동 및 각종 서비스를 제공함으로써 치매의 진행 속도를 완화하고 인격적인 노후를 보낼 수 있도록 돕는다.

### 3. 목표
(1) 치매 어르신의 정신과 신체에 활기를 불어 넣는다.
(2) 청소년들과 치매 어르신의 만남을 통해 세대간 이해의 폭을 넓

힌다.

## 4. 추진 방침

(1) 체험 장소는 본 복지관 치매단기보호센터로 하며, 자원 봉사에 필요한 재료는 봉사자가 준비한다.

(2) 치매 어르신 수발

   1) 위생 관리 및 일상 생활 수행 능력 향상(말벗, 안마, 산책 보조, 식사 보조, 청소, 손발톱 손질)

   2) 정서 및 인지력 향상(음악 활동, 미술 활동, 놀이 활동) 서비스로 분류하며 방법(예시)은 다음과 같다.

〈표4〉 치매 어르신 수발 서비스의 실제

| 프로그램명 | 활 용 방 법 | 비 고 |
|---|---|---|
| 말 벗 | "안녕하세요"➡ 나이, 학년, 이름을 밝힌다. ➡ 나의 가족 이야기를 먼저 하면서 친해지고 할머님이 하는 얘기를 천천히 인내심을 갖고 들어드린다. | |
| 안 마 | 조금 친해지면 "안마해 드릴게요"라고 말씀드리고 천천히 아프지 않게 주물러 드린다. | |
| 산책 보조 | 얼굴을 먼저 익혀 친해진다.➡ 산책 가시겠냐고 여쭤본다.➡ 보행이 가능한 분은 계단으로 걸어서, 휠체어를 이용하는 경우 엘리베이터를 이용해 1층으로 내려온다.➡ 인근 놀이터나 근린 공원을 천천히 산책하거나, 돗자리를 가져가 앉아서 주의를 구경하다가 들어온다. 억지로 말을 걸지 말고, 자연스럽고 편안한 시간을 드린다. | 휠체어 |

| | | |
|---|---|---|
| 식사 보조 | 반찬을 안 드시는 분의 경우, 숟가락에 반찬을 놓아드리고, 손을 못쓰시는 경우, 떠 먹여드린다.➡ 손 씻기와 양치를 유도한다(보행 가능한 분은 세면장으로 모시고 가서 스스로 할 수 있도록 한다).➡ 식탁과 바닥에 지저분한 것을 행주와 걸레로 깨끗이 닦아낸다. | 행주와 걸레, 물티슈 |
| 청 소 | 방, 창틀, 화장실, 베란다, 거실 및 복도 등을 걸레와 대걸레를 빨아 깨끗하게 닦는다. | |
| 손발톱 손질 | 어르신의 손발톱은 굵게 변형되어 있는 경우가 많으므로 잘리는 부분만 적당히 손질한다. | 손톱깎기, 밀대 |
| 음악 활동 | "아리랑" 합창으로 어르신이 한 자리에 모일 수 있도록 유도한다.➡ 키보드에 맞추어 흘러간 노래 몇 곡을 합창 또는 독창으로 부른다.➡ "아리랑" 합창으로 끝마무리하도록 한다. | 키보드, 아리랑 악보 |
| 미술 활동 | "아리랑"을 합창하며 분위기를 모은다.➡ 색종이를 이용한 "단풍든 가을산 만들기" 작업에 대하여 천천히 설명을 하도록 한다.➡ 산의 형태가 그려진 도화지를 나눠드린다.➡ 색종이를 잘게 찢어 붙일 수 있도록 시범을 보이고 어르신들을 도와 드리도록 한다.➡ 품평회를 하고 이름표를 붙여 전시한다. | 색종이, 도화지, 풀, 가위 |
| 놀이 활동 | "고리 이어 전달하기" 게임 방법을 설명한다. ➡ 한 팀을 4명 정도로 구성하여, 두 팀으로 나눈다.➡ 정해진 시간 1분 내에 고리를 전달하는데 전달할 때마다 "사랑합니다"를 외치도록 한다.➡ 이긴 팀에게 선물로 사탕을 드리며, 진 팀의 어르신들도 사탕을 먹고 싶어하므로 이긴 팀의 허락을 얻어 진 팀에도 사탕을 드리도록 한다. | 게임 물품(고리 잇기), 사탕 |

## 5. 기대 효과

(1) 치매 어르신에게 정신적·신체적 활기를 불어 넣을 수 있다.

(2) 미래 세대의 주역인 청소년들이 과거 세대의 주역인 노인을 이해할 수 있다.


※유의 사항※

(1) 치매 어르신 수발

    1) 산책 위주로 진행하며, 야외에서 노래하기, 이야기하기 등의 프로그램을 진행한다.

    2) 돌발 상황 시 "노래 부르기" 등으로 분위기를 유도하여 본래 준비된 프로그램을 진행하도록 한다.

(2) 프로그램의 진행 중 의료 사고가 난 경우에는 즉시 복지관에 연락하여 조치를 취하도록 한다.


> ### 치매 어르신 대상 자원 봉사자 유의 사항

## 1. 자원 봉사자 자세

(1) 즐거운 마음으로 봉사에 임하고, 보람을 느끼는 봉사 활동이 되도록 한다.

(2) 봉사 활동에 책임감을 가진다.(주어진 일에 최선을 다한다.)

(3) 약속 시간을 지킨다.


## 2. 봉사자 역할

말벗, 산책 보조, 식사 보조, 청소, 목욕 봉사, 안마, 손발톱 손질, 프로그램 보조

## 3. 치매 어르신의 일반적인 특성 (※치매 어르신은 엄연한 인격체임을 잊지 마세요.)

(1) 가출, 배회(집을 못 찾아오심)

(2) 기억력 장애

(3) 대소변을 못 가림

(4) 의사 소통이 잘 안 됨(실어증)

(5) 목욕 거부

(6) 행동 장애(폭력, 욕설, 고함)

(7) 죽음에 대한 불안(의존성, 소외감 증가)

(8) 위험물을 잘 인지하지 못함.

(9) 지남력 장애(시간, 장소, 사건, 사람의 인지 불가)

(10) 소유 물건에 대한 강한 집착(신발, 옷, 돈)

(11) 정신 행동 장애(피해 망상, 환상, 환시, 불면, 질투, 섬망-야간 착란)

## 4. 봉사 활동의 기본적 자세

(1) 어르신의 입장에서 생각한다.(易地思之-역지사지)

(2) 안정 : 어르신들이 편안함을 느끼도록 한다(칭찬을 많이 하고 부정적인 말은 되도록 삼가한다.).

(3) 경청 : 어르신의 말은 잘 이해가 되지 않더라도 차분히 끝까지 들어준다(질문은 답하기 쉬운 질문만 한다).

(4) 스킨십(Skinship) : 손을 잡고 이야기한다(자주 안아드린다.).

## 5. 어르신과의 대면할 때

(1) 먼저 손을 잡고 웃으며 반갑게 인사한다.

(2) 자신을 소개한다.

(3) 안부를 묻는다.

   (예: 식사하셨어요?, 날씨가 참 좋죠?, 건강은 어떠세요?, 어디 아프신 데 없으세요?)

(4) 가족 관계를 물어본다. 과거 일을 회상하도록 한다.

(5) 한 번에 하나씩 묻고 답한다. 질문을 한 후에는 인내심을 가지고 답변을 기다린다.

(6) 청력이 안 좋은 분의 경우, 귀에 대고 너무 큰소리로 말하지 말고 귀 가까이 대고 중저음으로 굵게 말한다.


※ 주의 사항

1) 들어가고 나올 때 손잡이에 있는 잠금 장치를 꼭 누른다.(가출 예방)

2) 부축을 할 때는 꼭 안아서 또는 두 사람이 양쪽에서 팔짱을 낀다.

3) 지팡이 또는 워커로 거동이 가능한 어르신은 적극 활용하도록 돕고 넘어지지 않도록 옆에서 보조한다.

4) 독단적인 행동은 금물이다(잘 모르는 것은 간호사나 간병인에게 묻는다).

5) 할아버지, 할머니에게 예의를 갖춘다(할아버지, 할머니에게 꼭 존댓말을 쓴다).

6) 어르신이 넘어지거나 신체에 이상이 있을 경우 즉시 간호사나 간병사에게 알린다.

7) 다툼이 발생할 경우 두 분 사이를 띄어 놓고 한 분을 다른 곳으로 모셔간다.

8) 복지사, 간호사, 간병사에 대한 호칭은 '선생님' 으로 통일한다.

9) 휠체어 사용할 때 내리막길에서는 뒤로 돌아 봉사자가 먼저 내

려간다.

10) 돌발상황 시 적절하게 분위기를 전환하여 본래 준비된 프로그램으로 유도해 나간다.

ex) 갑작스런 돌출 행동을 할 때는 "노래부르기-흘러간 노래"를 유도하여 대처한다.

# V. 길거리 청소(가두 캠페인)

## 1. 프로그램명 : 길거리 청소(가두 캠페인)

## 2. 목적

지역 거리 청소, 벽보, 전단지 제거 등 환경 개선 활동에 참여하게 함으로서 청소년들에게 내 고장을 사랑하는 마음을 통한 선진 시민의식을 가질 수 있도록 한다.

## 3. 목표

(1) 봉사학교에 참가한 학생들을 각 팀별로 구성

(2) 거리 청소 및 벽보 · 전단지 제거

(3) 애향의식과 선진 시민의식 고취

## 4. 추진 방침

(1) 봉사학교 거리 청소의 활동 영역은 인근 지역으로 한다.

(2) 봉사학교 참가팀(교회)별로 지역을 나누어 거리 청소 및 벽보 · 전단지 제거를 실시한다.

(3) 봉사학교 전체 교육 후 참가자 전원이 가두 캠페인과 함께 거리

청소와 벽보 · 전단지 제거를 하고 이후에는 각 교회에 소속된 팀별로 거리 청소 활동을 전개한다.

(4) 청소에 필요한 봉투와 집게는 개인이 준비하며, 파손 및 분실의 책임은 개인에게 있다.

〈표5〉 가두 캠페인의 실제

| 프로그램명 | 활 용 방 법 | 비 고 |
|---|---|---|
| 가두 캠페인 | 각팀(교회)별 홍보용 피켓을 준비한다.➡ 지도자 및 학생들은 지정된 구역을 숙지한다.➡ 현수막을 필두로 각 팀(교회)별로 준비된 피켓을 들고 준비되어 있는 코스에 따라 캠페인을 실시한다.➡ 캠페인 후 팀별로 모임 장소로 이동하며 청소를 실시한다. | 팀 별 피켓준비 |
| 벽보 · 전단지 제거 | 각팀(교회)별로 나누어 준 사진기, 신고 양식과 필기구 및 훼라(끌게)를 준비한다.➡ 지정되어 있는 구역에서 벽 또는 길거리에 있는 벽보와 전단지를 제거한다.➡ 벽보는 흠집이 많이 나지 않도록 하여 수집하고 전단지도 같은 방법으로 수집하여 구청 도시정비과에 신고시 근거 자료로 제출한다.➡ 벽보가 완전히 밀착되어 있을 경우에는 훼라를 이용하여 제거하며 근거 자료로 사진을 촬영한다. | |
| 길거리 청소 | 각팀(교회)별로 청소 도구(비닐 봉투, 집게)를 준비한다.➡ 쓰레기를 수거하며 청소를 실시한다.➡ 청소를 할 때는 지역 주민들에게 활동을 하고 있다는 것을 홍보하기 위해 피켓을 들거나 어깨띠를 두르는 것이 좋을 수 있다. | 〈별첨〉 신고양식 |

## 5. 기대 효과

(1) 거리 청소를 몸소 실천함으로서 환경 오염을 체험하고 환경의

중요성을 알게 한다.

(2) 벽보·전단지 제거 활동을 통해 내 고장을 사랑하는 마음과 선진 시민의식을 고취시킨다.

※유의 사항※

1) 사진기(디지털 카메라 권장) 또는 벽보 원본을 수거하여 증빙 자료로 제출하면 된다.

2) 불법광고물은 종류에 관계없이 수량에 따라 세금을 물린다.(구청 도시정비과 벽보 : 1장당 5,000원, 전단 : 1장당 3,000원)

3) 광고 내용에는 광고물의 제목 정도를 기재하는 것으로 하면 된다.

4) 장소에는 00번지, 큰 건물 또는 00동, 지명 등의 인근 지역의 위치를 대략 기재한다.

5) 신고자의 비밀 보장을 원칙으로 하며, 신고자란에는 개인 이름이나 팀 이름을 기재하도록 한다.


# Ⅵ. 소그룹 모임

## 1. 1차 소그룹 모임

(1) 팀별 조장 및 회계, 서기를 선출하여 학생들이 자율적으로 팀을 이끌어 나가도록 지도한다.

(2) 회의를 통하여 팀별로 명칭(그룹명)을 정하도록 한다.

(3) 모든 프로그램에 대해서 팀별로 학생들이 자체적으로 구체적인 진행 방향을 준비하도록 한다.

(4) 매일 평가할 때 감상문을 꼭 작성하도록 한다.

(5) 당일 프로그램 종료 후 평가 시간에 차일 프로그램 내용을 정하여 준비하도록 하며, 담당 사회복지사에게 유선 연락을 취하여 프로그램의 혼선이 없도록 한다.

## 2. 2차 소그룹 모임

(1) 교회 집결
    1) 출석 체크
    2) 일정 공지 및 준비물 체크
    3) 프로그램 진행 교육
    4) 프로그램 진행 장소 이동

(2) 프로그램 참여
    1) 팀별 프로그램 참여 실시
    2) 프로그램에 맞는 사전 준비 철저
    3) 복지관 내 치매 어르신 수발의 경우 복지사 또는 간호사에 의한 프로그램 진행

(3) 교회 도착
    1) 조별 일지 정리
    2) 개인별 소감문 작성 및 발표
    3) 중간 지도자 전체 평가 및 피드백(peed back) 교육
    4) 내일 프로그램 계획 및 준비

# V. 은천노인복지회관

## 1. 설립 목적

은천노인복지회관은 기독교 이념을 바탕으로 지역 사회의 무의탁 노인과 일반 재가 노인의 복지 증진을 목적으로 1986년에 설립한 노인복지기관이다.

## 2. 사업 소개

### (1) 주간보호센타

낮동안 보호를 받을 수 없는 60세 이상의 뇌졸중, 경중치매, 노환 어르신을 위한 다양한 프로그램 제공

1) 상담 사업 : 전화 상담, 내방 상담, 방문 상담
2) 위생 사업
3) 건강 관리 사업 : 건강 체크 운동 및 작업 활동, 보건소, 외래 진료
4) 프로그램 : 치료 레크리에이션, 음악, 미술, 체육 활동, 생신 잔치, 요리 및 이야기 교실, 야유회 등
5) 가족 지원 사업 : 가족 교실(수발자 교육 및 정보 제공)

### (2) 가정봉사원파견센타

동대문구에 거주하고 계신 65세 이상의 무의무탁한 노인과 저소득 노인에게 봉사원 파견 및 서비스 지원

1) 가정봉사원 파견 : 가사 지원 서비스 정서·우애 서비스 , 병원 동행 등 사회 적응 유도
2) 봉사학교 : 청소년들에게 내 고장을 사랑하는 마음과 지역 복

지 발전을 기틀을 마련하기 위한 청소년 자원 봉사 활동을 활성화시키고자 매년 봉사학교를 실시

3) 용돈 지원 사업 : 독거 노인에게 매월 용돈 지원

4) 밑반찬 지원 사업 : 매주 월, 목 주 2회 반찬 지원

5) 기타 서비스 : 경로잔치, 도배 서비스, 물품 지원

### (3) 고령자취업알선센타

55세 이상 어르신들의 적성과 능력에 맞는 일터를 발굴하여 취업을 무료로 알선(서울특별시 지정)

1) 상담 서비스

2) 구직자 취업 교육

3) 담회 및 사후 관리

4) 취업 구비 서류 - 주민등록 등본 1통, 이력서 1통, 사진 2장

### (4) 치매단기보호센타

애경사 및 수발자가 여행, 병원 입원, 휴식 등을 요할 때 어르신을 보호.

1) 이용 기간 - 연간 90일

2) 제공 서비스 - 상담 서비스, 건강 관리, 위생 관리 서비스, 각종 프로그램

3) 입소 서류 - 치매진단서, 건강진단서, 의료보험증, 주민등록등본 1통, 소득 증명 서류, 어르신 사진

### (5) 노인의 집 운영(Senior Group-home)

독거 노인들이 거주하시는 소규모 공동 주택으로 총 6명의 어르신이 이용

1) 은빛노인의 집 - 여성. 장안동 소재
2) 초록노인의 집 - 여성. 전농동 소재
3) 평화노인의 집 - 남성. 답십리 소재

# 4장

# 은천노인복지회관 봉사 활동 프로그램

# 봉사 활동 프로그램의 실제

## I. 봉사학교(1기~6기) 변화 추이 및 비교 상황표

### 1. 사업의 필요성(경험적 기반)

중고등 학교 교육 과정의 일환으로 '봉사 활동 점수제'가 시행되고 있으나 학생과 봉사 활동 기관 간에 연계가 미흡하고, 점수를 얻기에 급급한 형식적인 봉사 활동이 주를 이룸으로써 자원 봉사자가 절실히 필요한 사회 복지 기관에서조차 학생 봉사자의 활동을 선뜻 수용하기 어려운 것이 현실이다. 따라서 중고등 학생들에게 자원 봉사 활동의 참 의미와 자원 봉사자로서의 기본 소양 교육을 체계적으로 받을 기회를 제공함으로써 자원 봉사 활동의 활성화 및 내실화에 기여하고, 아울러 "민주 시민 의식을 기초로 공동체의 발전에 공헌하는 사람"을 육성하고자 하는 교육 이념에 부합하면서 지역 사회의 주민과 유관 기관이 함께 참여할 수 있는 자원 봉사 프로그램 모형을 개발하며, 이를 통하여 "더불어 사는 공동체 마을"을 형성한다는 복지 이념에 부합하고자 하는 현실적인 필요성에 본 프로그램의 경험적 기반을 두고 있다.

## 2. 목적

중고등 학생 자원 봉사 활동의 활성화와 내실화를 통해 "인간을 존중하고 올바르게 판단하고 행동하는 도덕적인 청소년"을 육성하고 지역의 문제를 스스로 결정하여 실천하는 자주적인 지역 공동체를 형성하는 데 본 프로그램의 목적이 있다.

## 3. 프로그램 및 추진 일정

〈표4-1-1〉

| 기수 | 일시 | 프로그램 | 소그룹별 추진 내용 | 비고 |
|---|---|---|---|---|
| 1기 | 2000.<br>7월 19일 | 치매 어르신<br>보조 | 은천노인복지회 치매 어르신을 모시고 어린이대공원, 영휘원, 배봉산 근린 공원 등에 야외 나들이 다녀옴(휠체어 이용) | • 봉사학교의 본격적 출발<br><br>• 창대교회만 참여 |
| | 7월 20일 | 치매 어르신<br>보조 | | |
| | 7월 21일 | 치매 어르신<br>보조 | | |
| 2기 | 2001.<br>1월 11일 | 자원봉사자교육 및<br>길거리 청소 | 교육 장소 : 영성교회 | • 1기에 비하여 참여 학생 범주가 다양해지기 시작<br><br>• 소그룹 지도 방식 취함 |
| | 1월 12일 | 치매 어르신<br>보조 | 은천노인복지회 치매 어르신 일상 생활 보조 및 프로그램 보조 | |
| | 1월 13일 | 치매 어르신<br>보조 | | |
| | 1월 14일 | 치매 어르신<br>보조 | | |

| 기수 | 일시 | 프로그램 | 소그룹별 추진 내용 | 비고 |
|------|------|----------|----------------------|------|
| 3기 | 2001. 7월 23일 | 자원 봉사자 교육 | 교육 장소 : 장안교회 | *참여 학생 범주가 더욱 다양해짐 *비교인 (非敎人) 학생 신청을 폭넓게 수렴 *장안4동 사무소와 공동 주최 |
| | 7월 24일 | 장애 체험 | 각 조별로 장소를 정하여 시각, 청각, 신체 장애 체험 | |
| | 7월 25일 | 불우이웃돕기 일일바자회 | 수익금 총 946,000원 | |
| | 7월 26일 | 불우이웃돕기 | 독거 어르신 13가정을 선정하여 각 조별로 한두 가정씩 생필품, 병원비 및 공과금 지원 | |
| 4기 | 2002. 1월 7일 | 자원 봉사자 교육 | 장소 : 장안교회 | *자원봉사자 3인으로 추진위원을 구성 *주민자치위원회와 공동 주최 |
| | 1월 8일 | 독거 어르신 돕기 일일 찻집 | 수익금 총 510,150원 | |
| | 1월 9일 | 치매어르신 봉사 | 은천노인복지회에서 치매 어르신을 위한 일상 생활 및 프로그램 보조 | |
| | 1월 10일 | 독거 어르신 돕기 | 독거 어르신 9가정을 선정하여 각 조별로 한두 가정씩 생필품, 병원비 및 공과금 지원 | |
| 5기 | 2002. 5월 11일 | 자원 봉사자 교육 | 장소 : 한마음 교회 | *월드컵을 맞아 진행한 환경 캠페인 |
| | 5월 12일 | 1) 벽보·전단지 제거<br>2) 거리 청소 및 환경 캠페인 | 장안4동 관내도를 기본으로 각 교회별 청소 구역 배정함 거리의 지저분하게 붙어있는 벽보·전단지를 제거하고 거리 청소와 함께 환경 캠페인을 진행 | |
| | 5월 19일 | | | |
| | 5월 26일 | | | |
| | 6월 2일 | | | |
| | 6월 9일 | | | |
| | 6월 16일 | | | |
| | 6월 23일 | | | |
| | 6월 30일 | | | |

| 기수 | 일시 | 프로그램 | 소그룹별 추진 내용 | 비고 |
|---|---|---|---|---|
| 6기 | 2002. 7월27일 | 자원 봉사자 교육 | 교육 장소 : 한마음교회 | *가이드북 제작<br><br>*롯데백화점 청량리점에서 학생 티셔츠와 모자 후원 |
| | 7월 26일 | 1) 장애 체험 | *각 조별 시각, 청각, 신체, 휠체어 체험<br>1) 해성조, 일렉조, 롯데조, 양들의 외침조<br>-장안동 근린 공원 및 영성교회 내부<br>2)장평조 : 장안4동사무소, 장안1동파출소, 슈퍼마켓 | |
| | | 2) 무의탁 독거 노인 돕기 ⅰ, ⅱ | *무의탁 독거 노인집을 방문하여 밑반찬 지원, 청소, 말벗과 용돈 지원 등의 활동을 실시<br>1)장평중조: 동성연립거주 어르신댁<br>2)오필승조: 이중연 어르신댁 | |
| | | 3) 치매어르신 수발 | *각 조별 은천노인복지회관을 내방하여 산책과 청소 실시<br>1)해성조, 일렉조, 롯데조, 양들의외침조 | |
| | | 4) 길거리 청소 | - | |
| | | 5) 페이퍼 워크 | 1) 동천조 : 스포츠 신문의 모니터를 통한 사회악의 문제 의식 고취 | |
| | 7월 27일 | 1) 장애 체험 | *각 조별로 장소를 정하여 시각, 청각, 신체, 휠체어 체험<br>1)동천조 : 동천교회 및 인근 지역<br>2)장평중조 : 장평중학교↔장한평역 왕복 | |
| | | 2) 무의탁 독거노인돕기 ⅰ, ⅱ | *무의탁 독거 노인집에 방문하여 가사 및 정서 지원<br>1)장평조 : 표연봉, 김부산 어르신댁 | |
| | | 3) 치매 어르신 수발 | *각 조별 은천노인복지회관을 내방하여 산책과 청소<br>*해성조, 일렉조, 롯데조, 양들의외침조<br>- 장안동 근린 공원 및 장안동 인근 지역(말벗) - 3층 치매단기보호소 청소<br>*장평조 : 장안동 근린 공원(장기 자랑, 노래 부르기)<br>*오필승조 : 장안동 근린 공원(말벗, 노래 부르기) | |
| | | 4) 길거리 청소 | *거리 청소 및 벽보·전단지 제거<br>*성복1,2조 : 장안동 뚝방 청소 및 전단지 제거 활동 | |

## 4. 등록 학생수와 수료 학생수의 기수별 변화 추이

〈표 4-1-2〉

| | 1기 | 2기 | 3기 | 4기 | 5기 | 6기 |
|---|---|---|---|---|---|---|
| 등록<br>학생수 | 16 | 20 | 85 | 47 | 33 | 140 |
| 수료<br>학생수 | 16 | 20 | 69 | 33 | 33 | 140 |

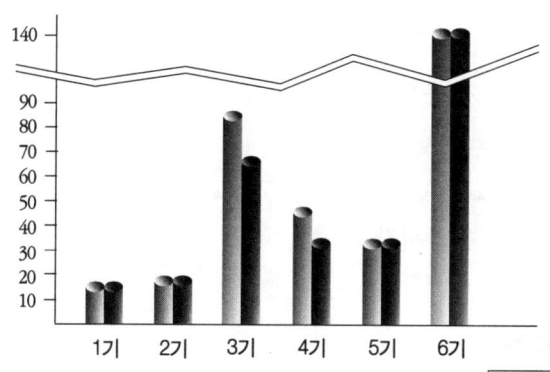

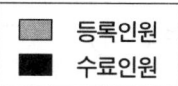

## Ⅱ. 제1기 봉사학교

### 1. 목적

중고등 학생 자원 봉사 활동의 활성화와 내실화를 통해 "인간을 존중하고 올바르게 판단하고 행동하는 도덕적인 청소년"을 육성하고 지역의 문제를 스스로 결정하여 실천하는 자주적인 지역 공동체를 형성하는 데 본 프로그램의 목적이 있다.

## 2. 목표

(1) 집중되는 자원 봉사 인력을 분산한다.

(2) 다양한 봉사 프로그램을 제공함으로서 학생들에게 다양한 체험의 기회를 준다.

(3) 불신 학생을 전도하는 기회 제공, 지역 사회를 섬기는 교회의 사명을 감당하여 지역 사회에 신뢰를 주는 교회가 되도록 한다.

## 3. 사업 개요

(1) 사업명 : 제1기 봉사학교

(2) 주최 : 은천노인복지회

(3) 사업 기간 : 2000년 7월 19일~7월 21일

(4) 봉사 시간 : 총 15시간

## 4. 추진 조직도

〈표 4-2-1〉

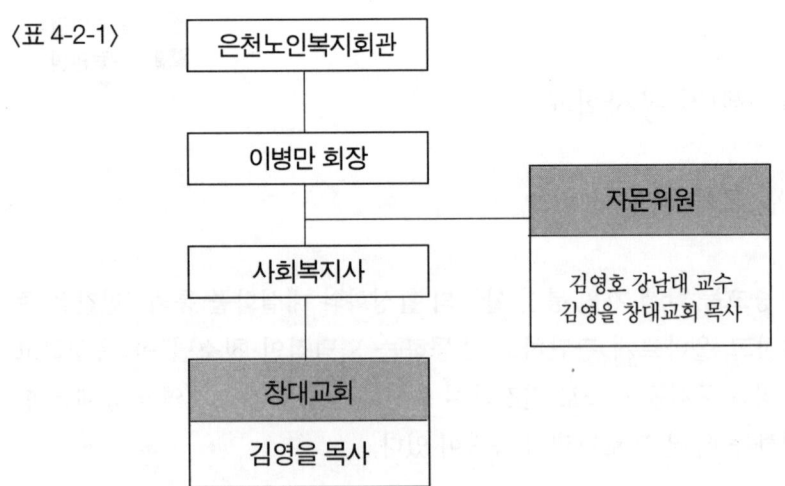

## 5. 소그룹 지도자 및 참여 학생

〈표 4-2-2〉

| 소그룹명 | 지도자 | 참여 학생 | 비고 |
|---|---|---|---|
| 창대교회 | 김영을 목사 | 김지윤 외 15명 | |

## 6. 프로그램 및 조별 추진 내용

(1) 조별 추진 내용

〈표 4-2-3〉

| 일시 | 프로그램 | 내 용 | 비고 |
|---|---|---|---|
| 7월 19일 | 치매어르신을 위한 야외나들이 (어린이 대공원) | 은천노인복지회를 방문➡거동이 불편한 치매 어르신과 1:1연결 ➡창대교회 및 은천노인복지 회 차량을 이용하여 어린이대공원으로 이동➡ 동물원, 식물원 관람➡학생들이 마련한 간식을 드림➡귀관 후 숙소까지 안전하게 모셔다드림 | |
| 7월 20일 | 영휘원 | 7월 19일과 같은 방식 | |
| 7월 21일 | 배봉산 근린 공원 | | |
| 7월 21일 | 수료식 | ①장소 : 은천노인복지회 회의실 ②수료증 발급 : 총16명 | |

## 7. 홍보

- 인터넷 : 은천노인복지회 홈페이지

## 8. 총평

제1기 봉사학교는 본격적인 '은천봉사학교'의 시작으로서 중고등 학생에게 봉사 활동의 참 의미를 깨닫고 실천할 수 있는 기회를 제공하고 치매 어르신을 위해 봉사 활동을 하는 과정에서 TV에서만 보던 '벽에 똥칠을 하고 욕을 하는 무서운 치매 노인'에 대한 편견을 버릴수 있는 계기를 마련하였다. 또한 소그룹 모임과 토의를 통하여 봉사활동 일정 및 프로그램을 학생들 스스로 결정하고 봉사 활동에 필요한 간식 및 물품을 준비하는 과정에서 한층 더 발전된 자원 봉사 의식이 형성될 수 있었다.

따라서 금번 실시된 제1기 봉사학교는 중고등 학생 자원 봉사 프로그램 모형의 출발이라는 점에서 그 의의가 크다고 할 것이다.


## Ⅲ. 제2기 봉사학교

### 1. 목적

중고등 학생 자원 봉사 활동의 활성화와 내실화를 통해 "인간을 존중하고 올바르게 판단하고 행동하는 도덕적인 청소년"을 육성하고 지역의 문제를 스스로 결정하여 실천하는 자주적인 지역 공동체를 형성하는 데 본 프로그램의 목적이 있다.

### 2. 목표

(1) 방학 동안 집중되는 학생 봉사 인력을 프로그램과 요일별로 다

양하게 분산시킨다.

(2) 지역 사회 내에 거주하는 중풍·치매 어르신에 대한 관심을 고취시킨다.

(3) 지역 사회의 복지관과 교회의 연계를 통해 복지 사회를 위해 협동 노력한다.

## 3. 사업 개요

(1) 사 업 명 : 제2기 봉사학교
(2) 주    최 : 은천노인복지회
(3) 사업기간 : 200년 1월 11일 ~ 1월 31일
(4) 봉사시간 : 총 15시간

## 4. 추진조직도

〈표 4-3-1〉

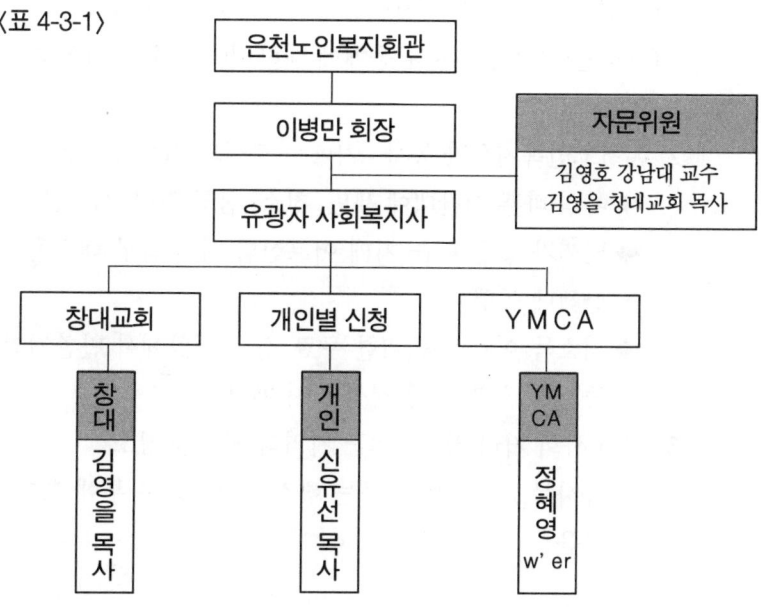

## 5. 소그룹 지도자 및 참여 학생

〈표 4-3-2〉

| 소그룹명 | 지도자 | 참여 학생 | 비고 |
|---|---|---|---|
| 창대조 | 김영을 목사 | 김지윤 외 5명 | |
| 섬김조 | 신유선 목사 | 하주희 외 6명 | |
| YMCA | 정혜영 w' er | 이선미 외 8명 | |

## 6. 프로그램 및 조별 추진 내용

(1) 자원 봉사자 교육 일정
  1) 교육 내용
    ① 치매란 무엇인가 ------------------------- 김영을 목사
    ② 노인의 문화에 대하여 ------------------ 이병만 회장
    ③ 더불어 사는 복지 공동체에 대하여(비디오) 김영호 교수

  2) 은천노인복지회관 봉사 : 치매 어르신의 일상 생활을 보조
    ➡ 아침 바쁜 시간대에 세면, 청소, 침구 정리, 식사를 보조
    ➡ 날씨가 좋을 때는 치매 어르신의 배회 욕구 해결을 위한 산책에 동행
    ➡ 저소득 어르신을 위한 무료 경로 식당에서 반찬거리 다 듬기 및 설거지 등 점심 식사 제공 보조
  3) 지역 사회 거리 청소 : 인근 지역의 거리를 청소
    ➡ 동사무소에서 나눠 주는 행정용 쓰레기 봉투에 쓰레기를 모음

➡ 은천노인복지회 건물 앞에 밀봉하여 놓음

4) 재활용품 분리 수거

➡ 신문지 1개월분(정리하여 끈으로 묶음) : 1시간 인정

➡ 캔 50개 : 1시간 인정

➡ 우유팩 50개(씻어서 말린 것 : 소, 대 포함) : 1시간 인정

➡ 페트병 30개(마개 없이) : 1시간 인정

➡ 은천노인복지회로 가져옴

5) 치매 · 중풍 어르신 발굴(발굴 기록지 : 첨부)

: 치매 · 중풍 어르신을 모시고 있는 가정이 본 기관을 이용함
으로써 수발에서 오는 고통과 괴로움을 덜어주기 위한 목적

➡ 치매 · 중풍 어르신을 모시고 있는 이웃의 가정을 발굴하
여 은천노인복지회 담당 사회복지사에게 알림

➡ 어르신 1명 발굴 시 1시간의 봉사 시간을 확인 받음

## 7. 홍보

(1) 현수막 : 1개 제작 (내용 : 중고등 학생 자원 봉사자 교육)

(2) Internet : 은천노인복지회 홈페이지, 복지넷 홈페이지

## 8. 총평

사전 준비 과정이 열흘 정도에 불과하여 준비를 철저히 하지 못하
였으나 학생 모집 경로는 1기에 비해 다양해진 편이다. 이는 봉사학
교 프로그램의 활성화를 위하여 겨울 방학 기간 중 개별적으로 은천
노인복지회에 자원 봉사를 신청하는 학생들을 '봉사학교' 프로그램
으로 유도하였고, 이와 동시에 인터넷 홍보를 통해 참여의 문을 확장

하기 시작했기 때문이다. 1기에 비해서는 자원 봉사자 교육, 프로그램 내용 및 수료식 일정이 사전에 계획됨으로써 체계적으로 운영되었다. 그러나 참여 학생들이 "봉사의 참 의미를 깨닫고 보람을 느낄 수 있도록 하자"는 목적을 달성하기에는 프로그램의 계획 및 세부 운영 면에서 미숙한 점이 여전히 보였다. 따라서 다음 기수에는 이런 문제점에 대한 정확한 보완책이 반영되어져야 할 것이다.

# Ⅳ. 제3기 봉사학교

## 1. 목적

중고등 학생 자원 봉사 활동의 활성화와 내실화를 통해 "인간을 존중하고 올바르게 판단하고 행동하는 도덕적인 청소년"을 육성하고 지역의 문제를 스스로 결정하여 실천하는 자주적인 지역 공동체를 형성하는 데 본 프로그램의 목적이 있다.

## 2. 목표

(1) 미래의 주역인 청소년(중고등 학생)들이 경쟁 위주의 학교 생활에서 벗어나 이웃과 함께 더불어 살아가는 공동체 의식을 체득하도록 한다.

(2) 행정 기관과 지역복지관의 협력을 통해 사업의 공공성과 복지성, 파급성을 높인다.

(3) 지역의 치매·중풍 어르신과 저소득 어르신에 대한 현실을 목격하고 관심을 갖게 한다.

## 3. 사업 개요

1) 사 업 명 : 제3기 봉사학교
2) 주    최 : 은천노인복지회, 장안4동사무소
3) 참가자격 : 장안4동 및 인근 지역 중고등 학생
4) 사업기간 : 2001년 7월 23일 ~ 7월 26일(4일간)
5) 활동시간 : 총 20시간

## 4. 추진조직도

〈표 4-4-1〉

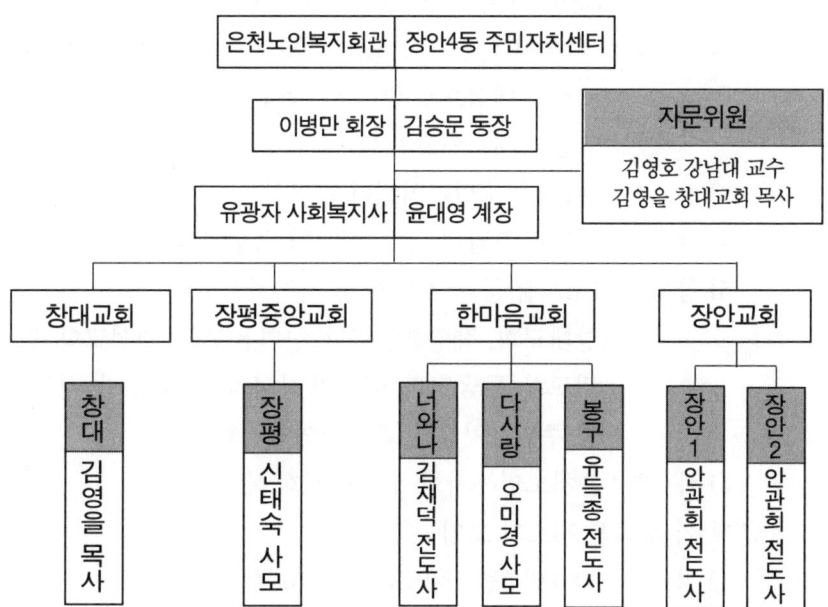

## 5. 소그룹 지도자 교육 및 회의

(1) 제1차 소그룹 지도자 모임

    1) 일　시 : 2001년 5월 26일(토) 오전 10:00

    2) 목　적 : 장안4동 지역 학생 봉사 활동 활성화

    3) 장　소 : 장안4동 주민자치센터 지하 회의실

    4) 참석자 : (소그룹 중간 지도자)

                  장평중앙교회, 빛된교회, 한마음교회, 영성교회, 무궁교회, 장안4동 주민자치센터, 은천노인복지회

    5) 사　회 : 장안4동 주민자치센터 윤대영 계장

(2) 제2차 소그룹 지도자 교육

    1) 일　시 : 2001년 6월 9일(토) 오전 10:00

    2) 목　적 : "더불어 사는 장안4동 만들기" 프로그램 소그룹 지도자를 대상으로 한 이념 교육 및 프로그램 운영 방법을 숙지시키고자 함

    3) 장　소 : 장안4동 주민자치센터 회의실

    4) 강　사 : 김영호 강남대 교수, 이기범 덕수교회 목사

    5) 참석자 : (소그룹 중간 지도자 및 지역 주민)

                  창대교회, 장평중앙교회, 한마음교회, 영성교회, 빛된교회, 무궁교회, 이영미 봉사자, 지역 주민, 장안4동 주민자치센터, 은천노인복지회

    6) 사　회 : 은천노인복지회 유광자 사회 복지사

(3) 제3차 소그룹 지도자 모임

    1) 일　시 : 2001년 6월 18일(토) 오전10:00

    2) 목　적 : 봉사학교 점수 인정 부문, 제출 자료 종류 및 관계자 상호 연락망 배포

3) 장　소 : 은천노인복지회 상담실

4) 참석자 : 소그룹 중간 지도자

5) 사　회 : 은천노인복지회 유광자 사회복지사

(4) 제4차 소그룹 지도자 모임

1) 일　시 : 2001년 6월 28일(월) 오전 10:00

2) 목　적 : 요일별 자원 봉사 프로그램 세부 일정 조율

3) 장　소 : 은천노인복지회 상담실

4) 참석자 : 소그룹 중간 지도자

5) 사　회 : 은천노인복지회 유광자 사회복지사

(5) 제5차 소그룹 지도자 모임

1) 일　시 : 2001년 7월 18일(수) 14:00

2) 목　적 : 여름봉사학교 진행 과정 논의

3) 장　소 : 은천노인복지회 상담실

4) 사　회 : 은천노인복지회 유광자 사회복지사

5) 참석자 : (소그룹 중간 지도자)

　　　　　장평중앙교회, 한마음교회, 장안교회, 은천노인복
　　　　　지회

6) 안　건 : 여름봉사학교 진행 과정 논의

① 자원 봉사자 교육 장소 결정 : 장안교회

② 자원 봉사 교육 레크리에이션 지도자 결정 : 창대교회

③ 자원 봉사 교육 간식 준비 : 교회별 준비

④ 바자회 준비(물품, 종류 등) : 교회별 준비

⑤ 장애 체험 준비 물품 : 휠체어 대여

⑥ 은천노인복지회/장안4동주민자치센터/휘경여고 인원 수
　용 방식 : 교회에 배분하여 지도자 수립

## 6. 소그룹 지도자 및 참여 학생

〈표 4-4-2〉

| 소그룹명 | 지도자 | 참여 학생 | 비고 |
|---|---|---|---|
| 창대조 | 김영을 목사 | 김주현 외 9명 | |
| 장평조 | 신태숙 사모 | 정세화 외 11명 | |
| 봉구조 | 유득종 전도사 | 서운희 외 7명 | |
| 너와나조 | 김재덕 전도사 | 이주희 외 9명 | |
| 다사랑조 | 오미경 사모 | 엄지혜외 9명 | |
| 장안1조 | 안관희 전도사 | 강신민 외 8명 | |
| 장안2조 | 안관희 전도사 | 유수민 외 24명 | |

## 7. 프로그램 및 조별 추진 내용

(1) 자원 봉사자 교육

1) 일  시 : 2001년 7월 23일(월) 13:00-16:00

2) 장  소 : 장안교회

3) 교육 일정 :

〈표 4-4-3〉

| 일자 | 프로그램 | 시간(오후) | 진 행 과 정 | 담당 | 비고 |
|---|---|---|---|---|---|
| 7월 23일 | 자원 봉사자 교육 | 1:20 | 개회 | 유광자 w' er | |
| | | 1:20-1:30 | 시설장, 장안4동장 인사 및 내빈 소개 | 유광자 w' er | |
| | | 1:30-2:00 | 교육1 : 자원 봉사 VTR 시청 | | |
| | | 2:-2:10 | 휴식 | | |
| | | 2:10-2:40 | 교육2 : 21세기 자원 봉사 | 이병만 회장 | |
| | | 2:40-3:00 | 교육3 : 소그룹별 토의 방법 | 유광자 w' er | |
| | | 3:00-4:00 | 소그룹별 토의 | 소그룹지도자 | |

(2) 장애 체험

1) 일  시 : 2001년 7월 24일(화) 시간은 소그룹별로 자율적 선

택

2) 장  소 : 소그룹별 자체 선정

3) 체험 종류 : 시각, 청각, 신체 장애 체험

4) 체험 방법 : 자세한 내용은 봉사학교 가이드북 및 부록의 3
기 결과 보고서 참조

    (예시) ➡ 은천노인복지회에서 휠체어를 대여

        ➡ 안대를 하고 휠체어를 탄 상태로 롯데월드와 교보
문고, 경복궁을 왕복

        ➡ 창대교회에 모여 일일체험에 대한 소감 나눔

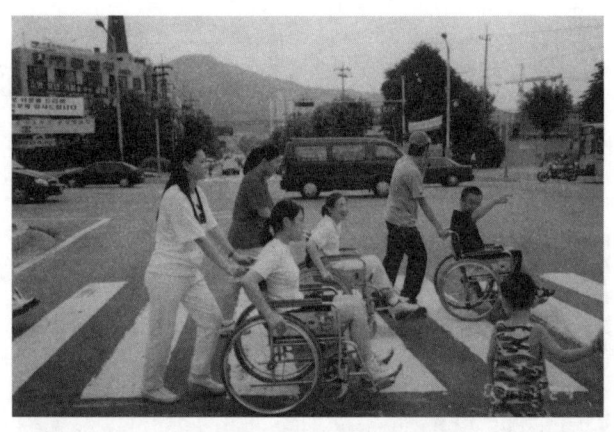

(3) 불우 이웃 돕기 바자회

1) 일  시 : 2001년 7월 25일(수) 09:00 - 15:00

2) 장  소 : 장안 근린 공원

3) 물  품 : 의류, 가방, 학용품, 화장품 등 각 교회와 학생 그리
고 은천노인복지회관에서 지원한 물품을 판매하고
떡볶이, 부침개 등을 부쳐 판매

4) 수익금 : 총 946,000원

(4) 불우 이웃 돕기

　　1) 일　시 : 2001년 7월 26일(목)

　　2) 대상가정 : 장안제4동 주민자치센터, 은천노인복지회관, 각
　　　　　　　　교회에서 자체 선정한 독거 노인 또는 수재민 13
　　　　　　　　가정 지원

　　3) 조별 일정

〈표 4-4-4〉

| 일자 | 프로그램 | 소그룹명 | 시간(오후) | 진 행 과 정 | 비고 |
|------|----------|----------|-----------|------------|------|
| 7월 26일 | 불우 이웃 돕기 | 창대 조 | 150,000 | * 추　　천 : 장안4동 사무소, 교회 자체<br>* 지원 대상 : 저소득 독거 어르신 및 수해 가정<br>* 지원 가정수 : 총13가정<br>* 지원 품목 : 쌀, 이불 등 생필품 | * 상세 내역은 부록의 3기 결과 보고서 참조 |
| | | 장평 조 | 333,000 | | |
| | | 봉구 조 | 103,000 | | |
| | | 너와나 조 | 100,000 | | |
| | | 다사랑 조 | 104,000 | | |
| | | 장안 조 | 156,000 | | |

(5) 수료식

　　1) 일　　시: 2001년 8월 18일(토) 10:00 ～ 12:00

　　2) 장　　소: 장안교회

　　3) 주　　최: 은천노인복지회, 장안제4동 주민자치센터

　　4) 참석자: (총 72명)

　　　　　　　① 내빈 5명(장안 제4동장, 장안교회 당회장 목사,
　　　　　　　　　창대교회 목사, 구의원, 은천노인복지회관장)

　　　　　　　② 행사 진행 요원 3명

　　　　　　　③ 실무 담당자 2명(윤대영 계장, 유광자 사회복지
　　　　　　　　　사)

　　　　　　　④ 소그룹 지도자 6명

　　5) 수료증 발급: 총69명

　　6) 시　상: ① 단체상(1팀) : 동대문구청장상 1팀

　　　　　　　② 개인상(3명) : ㄱ.장안제4동장상 1명

　　　　　　　　　　　　　　　ㄴ.은천노인복지회장상 2명

## 8. 예산 및 결산

〈표 4-4-5〉

| 품 목 | 금 액 | 지 출 내 역 | 비 고 |
|---|---|---|---|
| 간 식 비 | - | ① 자원 봉사자 교육 및 수료식<br>② 소그룹 모임 | 장안교회 |
| 현 수 막 | 57,000 | ① 모집 홍보<br>② 이웃 돕기 중고등 학생 알뜰바자회<br>③ 수료식 | 은천노인<br>복지회 |
| 쓰레기 봉투 | - | 이웃 돕기 바자회장<br>쓰레기 정리 | 장안4동에서 쓰레기 봉투 수령 |

## 9. 홍보 및 기타 사항

(1) 2001년 5월 23일

장안4동 지역 15개 교회에 봉사학교 참여 의뢰 공문 발송

(2) 2001년 6월 중순

　1) 은천노인복지회관 홈페이지에 올림

　2) 휘경여자고등학교 자원 봉사 담당 선생님과 만나 공문 전달

(3) 2001년 7월 20일

　1) 『동대문신문』에 취재 및 보도 의뢰

　2) UBS연합방송국에 취재 및 보도 의뢰

　3) 현수막 제작 의뢰 : 「이웃 돕기 중고등 학생 알뜰바자회」

(4) 2001년 7월 21일

　휠체어 8대 대여 : 한국뇌성마비복지회

(5) 2001년 7월 24일

　동대문구청 공원녹지과에 장안 근린 공원 행사장 사용 의뢰 공문 발송

(6) 2001년 8월 중순

　동대문구청 사회복지과에 봉사학교 동향 보고 및 표창 의뢰

## 10. 총평

제3기 봉사학교는 전체적으로 1기, 2기에 비하여 프로그램 내용 및 운영 방법 면에서 체계를 갖추었다고 평가될 수 있다. 장애 체험 및 바자회를 통한 독거 어르신 돕기를 통하여 참가 학생들은 장애인에 대한 편견과 불편한 시설을 직접 경험하며 눈물을 흘렸고 홀로 사는 어르신 댁을 방문하여 최소한의 생필품을 지원하는 과정에서 '자신이 직접 번 돈으로 누군가를 도울 수 있었다'는 참다운 봉사의 의미를 깨달을 수 있었다.

제3기 봉사학교는 참여 학생수가 전 기수에 비하여 확대되었다는

의미에 더하여 장안4동 주민자치센터가 공동 주최로 참여하면서 봉사학교 프로그램의 공공성과 파급 효과를 가져왔으며, 학생들의 봉사 활동을 평가하여 동대문구청장상을 비롯하여 4개의 상을 제정하여 수여함으로써 봉사 활동 프로그램의 활성화의 기틀을 마련하였다.

그러나 준비 인력의 부족으로 인하여 표창에 대한 평가의 틀이 완비되지 못한 점이나, 지원 대상 독거 어르신 선정에 있어서 경제 수준을 충분히 고려하지 못한 점 등 문제점이 나타났으므로 다음 기수부터는 준비 인력을 추가로 투입하여 문제점을 해결해 나가야 할 것이다.

# V. 제4기 봉사학교

## 1. 목적

중고등 학생 자원 봉사 활동의 활성화와 내실화를 통해 "인간을 존중하고 올바르게 판단하고 행동하는 도덕적인 청소년"을 육성하고 지역의 문제를 스스로 결정하여 실천하는 자주적인 지역 공동체를 형성하는 데 본 프로그램의 목적이 있다.

## 2. 목표

(1) 중고등 학생들이 이웃과 더불어 살아가는 공동체 의식을 체험하도록 한다.
(2) 행정 기관과 지역복지관의 협력을 통해 사업의 공공성과 복지성을 실현하고자 함이다.
(3) 지역의 치매·중풍 어르신과 저소득 어르신에 대한 현실을 목

격하고 관심을 갖게 한다.

## 3. 사업 개요

(1) 사 업 명 : 제4기 봉사학교
(2) 주 최 : 은천노인복지회, 장안4동 주민자치위원회
(3) 참가자격 : 장안4동 및 인근 지역 중고등 학생
(4) 사업기간 : 2002년 1월 7일 ~ 1월 10일(4일간)
(5) 활동시간 : 총 20시간

## 4. 추진조직도

〈표 4-5-1〉

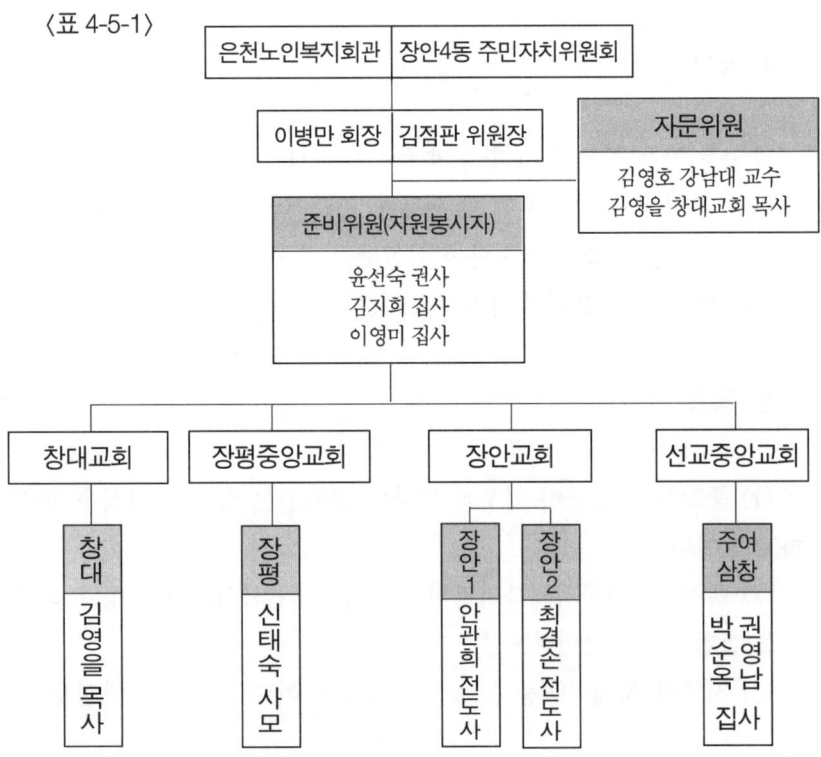

## 5. 소그룹 지도자 교육 및 회의

(1) 제1차 소그룹 지도자 모임
   1) 일    시 : 2001년 11월 20일(목) 14:00
   2) 목    적 : 겨울봉사학교 취지 및 봉사 프로그램 설명
   3) 장    소 : 장안4동 사무소 지하회의실
   4) 참석자 : (총9명) 장안4동장, 이병만 회장, 창대교회 김영을
            목사, 한마음교회, 장안교회, 장평중앙교회, 장안4
            동 윤대영 계장, 이영미 봉사자, 유광자
   5) 사    회 : 장안4동사무소 계장
   6) 결정 내용 : 가. 겨울봉사학교 참가 교회 모집을 장안4동사
            무소에서 책임지기로 함
            나. 자원 봉사자 교육 장소를 장안교회로 결정
            다. 소그룹 지도자 교육 일시, 장소, 강사, 전기
            수봉사학교 사례 발표자 결정
            라. 봉사 활동 인정 시간을 기본 20시간으로 함
            마. 겨울봉사학교 일정을 2002년 1월7일부터 10
            일까지 4일간으로 결정
            바. 봉사 활동 내용 및 평가 방법, 그리고 시상
            에 대한 논의
(2) 제2차 소그룹 지도자 모임
   1) 일    시 : 2001년 11월 29일(토) 14:00
   2) 목    적 : 겨울봉사학교의 필요성 및 세부 프로그램 운영 방
            법 결정
   3) 장    소 : 은천노인복지회 회장실
   4) 참석자 : 이병만 회장, 창대교회 김영을 목사,

준비위원 3명(이영미, 윤선숙, 김지희)

5) 사    회 : 이병만 회장
6) 결정 내용 : 프로그램 내용 결정

① 봉사학교의 필요성 교육

② 청소년들의 건전한 의식 함양을 위한 흡연 및 마약 퇴치 시청각 자료 교육

③ 독거 노인 기금 마련을 위한 소그룹별 자체 행사 실시

④ 치매 어르신을 위한 프로그램 및 일상 생활 보조

(3) 제3차 소그룹 지도자 모임(교육)

1) 일    시 : 2001년 12월 12일(수) 14:00~16:00
2) 장    소 : 장안4동사무소 회의실
3) 참석자 : 장안4동 김승문동장, 은천노인복지회장, 창대교회 김영을 목사, 장안교회 안관희 전도사, 준비위원(자원봉사자) 3명, 유광자 사회복지사, 한마음교회 유득종 전도사, 장평중앙교회 신태숙 사모, 동산교회 집사, 선교중앙교회 집사, 갈보리교회 집사 등
4) 목    적 : 겨울봉사학교 실시에 따른 소그룹 지도자의 역할 및 소그룹 운영 방법을 익히고 지난 여름봉사학교 실시에 따른 문제점을 보완
5) 내    용 : ① 자원봉사학교의 필요성(강사 : 창대교회 김영을 목사)

② 홍보 활동 방법 결정

ㄱ) 반상회 및 각종 직능단체 회의시 홍보

ㄴ) 지역신문 및 유선방송에 봉사 활동 홍보

ㄷ) 관내 종교단체에 겨울봉사학교 참여 안내문 발
송
ㄹ) 동대문구청 홈페이지에 게재하여 홍보
(4) 제4차 소그룹 지도자 모임
1) 일    시 : 2001년 12월 20일(목) 13:00-17:00
2) 장    소 : 은천노인복지회 2층 회의실
3) 참석자 : 은천노인복지회장 외 준비위원(자원봉사자) 3명
4) 내    용 : 겨울봉사학교 운영에 따른 세부 준비 사항 및 일자
별 진행 책임자 결정
5) 자원 봉사자 교육(2002. 1. 7) 계획표 결정

〈표 4-5-2〉

| 시간표 | 행사 일정 | 담당 | 준비물 | 비고 |
|---|---|---|---|---|
| 10:00-10:30 | ① 참석 인원 체크 및 자리 정돈<br>② 기관장 인사 및 강사 소개 | 윤선숙<br>권 사 | 사회 카드 | |
| 10:30-11:00 | ① 자원 봉사 교육<br>② 청소년 흡연 및 마약 퇴치<br>시청각 자료 상영 | 김영을<br>목 사 | 1) VTR<br>상영<br>2) 교육 교재 | |
| 11:00-1:30 | ① 치매에 대한 교육<br>② 봉사학교 슬라이드 상영 | 이병만<br>회 장 | 슬라이드 | |
| 11:30-12:00 | 간식 및 휴식 | 소그룹별 | | |
| 12:00-12:30 | 소그룹별 토의 (설문지 작성) | 소그룹별 | 설문지<br>배부 | |
| 12:30-13:00 | 소그룹별 회의 일지 작성 제출<br>후 마무리 | 소그룹별 | 봉사 활동<br>회의 일지 | |

(5) 제5차 소그룹 지도자 모임
1) 일    시 : 2002년 1월 3일(목) 12:00 ~ 16:00

2) 장　소 : 은천노인복지회 2층 회의실

3) 참석자 : 은천노인복지회장외 준비위원(자원 봉사자) 3명

4) 내　용 : 겨울봉사학교 실시에 따른 소그룹 지정 및 세부 일
정표 논의

〈표 4-5-3〉

| 일시 | 장소 | 활동시간 | 프로그램 내용 | 비고 |
|---|---|---|---|---|
| 2002.<br>1. 7(월)<br>10:00 | 장안<br>교회 | 3시간 | ① 자원 봉사자 교육(강사:창대교회<br>김영을 목사)<br>② 청소년 흡연 및 마약 퇴치 시청각<br>자료 교육<br>③ 치매의 원인 및 예방(강사:이병만<br>회장)<br>④ 소그룹 및 지도자 결정<br>⑤ 소그룹별 봉사 내용 및 활동 결정<br>　ㄱ. 봉사 프로그램 운영 방법 결정<br>　ㄴ. 소그룹별 연락망 및 봉사 활동<br>　　일지 기록<br>　ㄷ. 기금 마련 운영을 위한 그룹별<br>　　활동 내용 및 방문 대상자 그<br>　　룹별 토의 | |
| 2002.<br>1. 8(화)<br>10:00 | 소그룹별<br>지정 장소 | 4시간 | ① 독거 노인 방문 기금 마련을 위한<br>소그룹별 활동<br>② 소그룹별 활동 장소 및 내용을 오<br>전 중 복지관으로 fax로 송신하여<br>그룹별 활동 상황 통보<br>③ 일자별 자원 봉사 활동 일지 작성<br>④ 그룹별 조별 창작 프로그램 준비<br>및 시간 조정 | |
| 2002.<br>1. 9(수)<br>10:00 | 소그룹별<br>지정 장소 | 6시간 | ① 후원 대상자 방문 활동 실시<br>② 기타 소그룹별 모임<br>　ㄱ. 봉사 활동 소감문 작성<br>　ㄴ. 수료식 때 소감문 발표자 결정<br>　ㄷ. 소그룹별 활동 일지 및 자료<br>　　제출 | |

| 일시 | 장소 | 활동시간 | 프로그램 내용 | 비고 |
|------|------|----------|---------------|------|
| 2002.<br>1.10(목)<br>10:00 | 소그룹별<br>지정 장소 | 6시간 | ① 후원 대상자 방문 활동 실시<br>② 기타 소그룹별 모임<br>　ㄱ. 봉사 활동 소감문 작성<br>　ㄴ. 수료식 때 소감문 발표자 결정<br>　ㄷ. 소그룹별 활동 일지 및 자료 제출 | |
| 미정 | 한마음<br>교 회 | 2시간 | ① 겨울 봉사 활동 수료식<br>　ㄱ. 그룹별, 개인별 우수 활동자 시상<br>　ㄴ. 수료증 전달<br>　ㄷ. 설문지 작성<br>　ㄹ. 수료식 일자는 2002. 1. 10(목). | |

## 6. 소그룹 지도자 및 참여 학생

〈표 4-5-4〉

| 소그룹명 | 지도자 | 참여 학생 | 비고 |
|----------|--------|-----------|------|
| 창대조 | 김영을 목사 | 신재성 외 9명 | |
| 장평조 | 신태숙 사모 | 엄수정 외 15명 | |
| 장안1조 | 안관희 전도사 | 이미혜 외 5명 | |
| 장안2조 | 최겸손 전도사 | 이승엽 외 6명 | |
| 주여삼창조 | 박순옥 집사<br>권영남 집사 | 심지훈 외 7명 | |

## 7. 프로그램 및 조별 추진 내용

(1) 자원 봉사자 교육
    1) 일    시 : 2002년 1월 7일(월) 10:00-13:00
    2) 장    소 : 장안교회
    3) 교육 내용 : 제4차 소그룹 지도자 모임에서 결정된 일정대로
            진행
    4) 결  과

〈표 4-5-5〉 자원봉사자 교육

| 일자 | 프로그램 | 소그룹명 | 결과 내용 | 자체 평가 | 비고 |
|---|---|---|---|---|---|
| 1월 7일 | 자원 봉사자 교육 | 창대조 | 봉사학교 활동 계획 수립 | 청소년 흡연 및 마약 퇴치 운동에 상당한 관심을 보였다. | |
| | | 장평조 | 자원 봉사 활동 프로그램 편성 | 첫날 교육과 소그룹 모임 후 곧바로 해산 하는 것보다는 계속 치매 노인이나 독거 노인 가정 실태 파악 등을 먼저 파악하여 봉사의 보람과 봉사 해야 되는 이유를 깨 우쳐 주는 것이 중요 하다고 생각된다. | |
| | | 장안1조 | ①치매 노인과 청소 년 흡연 및 마약 퇴치 운동에 관한 관심이 많다. ②바자회나 일일찻 집 같은 행사는 행 사 기간 중 끝날에 있었으면 좋겠다. | ①강의 전에 학생 등의 지도 및 통 제가 필요 (산만한 분위기) ②장안 1,2조가 연 합되어 다소 어 려움이 있었다. | |

| 일자 | 프로그램 | 소그룹명 | 결과 내용 | 자체 평가 | 비고 |
|---|---|---|---|---|---|
| 1월 7일 | 자원 봉사자 교육 | 장안2조 | ① 봉사자 교육을 통하여 청소년들의 흡연, 마약 퇴치 운동이 지속적으로 이루어졌으면 좋겠다.<br>② 노인 문제에 대하여 새로운 관심을 갖게 되었다. | ① 봉사자들이 자기 소개하고 친해지기로 하여 일일찻집 운영 같은 행사를 무리하게 잡은 경향이 있다.<br>② 행사 전에 내빈들의 좌석과 학생들의 지도가 아쉽다. | |
| | | 주여 삼창조 | 학생들의 반응이 대체로 긍정적이었으며, 특히 마약 퇴치 비디오 시청 결과 많은 관심을 보였고, 독거 노인 방문에 대해 이야기했을 때는 기금 마련에 대한 필요성을 느끼는 것 같았다. | ① 고3 학생들이라 시간 맞추기가 어려워 애로 사항이 있었다.<br>② 추운 날씨 관계로 실질적인 봉사 활동에 어려움을 겪어서 아쉬운 생각이 든다.<br>③ 봉사 활동하는 것에 대한 필요성을 잘 느끼지 못하는 것 같았다. | |

(2) 치매 어르신 수발 및 독거 어르신 돕기 기금 모금
  1) 일    시 : 2002년 1월 8일(화) 소그룹별로 정한 시간
  2) 장    소 : 은천노인복지회, 소그룹별로 결정한 장소
  3) 조별 추진 내용

〈표 4-5-6〉

| 일자 | 프로그램 | 소그룹명 | 결과 내용 | 자체 평가 | 비고 |
|------|----------|----------|-----------|-----------|------|
| 1월 8일 | 독거 어르신 돕기 기금 모금 | 창대 조 | ① 시간:10시~14시(4시간)<br>② 장소: 은천 노인복지회관<br>③ 내용: 단기 보호실 음악 활동, 안마, 말벗, 식사 보조, 청소, 설거지, 게임, 사무실 이전 청소<br>④ 결과: 어르신들이 무척 즐거워하심. 자원 봉사 활동 프로그램 편성 | ① 치매 어르신 한 명이 치매 증상을 심하게 나타내 학생들이 무척 긴장하고 힘들어 했다.<br>② 치매 어르신이 음악 활동을 하지 못하게 하므로 진행할 수가 없었다.<br>③ 프로그램 준비가 부족했다(사전 교육 미비). | |
| | | 장평조 | ① 시간: 11시~17시(6시간)<br>② 장소: 장안4동<br>③ 내용:<br> ㄱ. 3개조로 편성 각 구역별로 차 판매 1조-3명, 2조-5명 3조-5명<br> ㄴ. 모금함과 명찰 착용하고 거리로 나감<br>＊차를 거리에서 판매할 때 어느 시민이 돼지 저금통에 저금한 통을 그대로 기증하였다.<br>＊봉사 활동한 학생 중 2명이 개인이 아르바이트로 번 돈 중 60,000원을 후원하였다. | ① 날씨가 너무 추워서 활동하기가 어려웠다.<br>② 사회의 무관심으로 모금 액수가 작은 편이다.<br>③ 차 판매를 무엇 때문에 하는지 노인의 실태를 확실히 모르고, 본 일도 없어서 크게 실감을 하지 못하는 것 같아서 약간의 적극성이 덜한 것 같은 느낌이 들었다. | |

| 일자 | 프로그램 | 소그룹명 | 결과 내용 | 자체 평가 | 비고 |
|------|----------|----------|-----------|-----------|------|
| 1월 8일 | 독거 어르신 돕기 기금 모금 | 장안1조 | ① 시간: 13시~17시(4시간 봉사)<br>② 장소: 장안교회, 관내 상가<br>③ 내용: *독거 노인 방문 기금 마련<br>ㄱ. 재료 구입: 조원들이 2,000원씩 각자 부담<br>ㄴ. 판매처: 관내 상가와 지역 주민에게 방문 판매<br>ㄷ. 이름표 작성하여 목에 걸고 활동하면 좋겠다.<br>*치매 노인을 위한 놀이 활동 준비<br>④ 결과: 커피 판매 대금 56,300원 | 학생들이 상가 및 자택 방문 판매에 대한 지도 및 (예의, 취지 설명) 용기를 갖게 할 것 | |
| | | 장안2조 | ① 시간: 14시~18시(4시간 봉사)<br>② 장소: 장안교회, 장안4동 일대<br>③내용:<br>ㄱ. 재료는 커피 한 가지로 통일하여 보온 물통에 담았다<br>ㄴ. 큰 물통에 있는 커피는 차에 싣고 작은 보온 물통 2개는 휴대하여 지역 상가에 방문 판매한다.<br>ㄷ. 내일(9일) 행사할 것을 분담하여 준비해 온다.(1시까지 만남)<br>ㄹ. 커피 판매 및 봉사 활동할 때 사용할 명찰을 만들었다. | ① 불우 이웃 돕기 한다고 물건을 강매하려는 사람이 많다고 이야기한다.<br>② 관내에 행사에 대한 홍보가 필요하다는 것을 느끼게 되었다. | |

| 일자 | 프로그램 | 소그룹명 | 결과 내용 | 자체 평가 | 비고 |
|------|----------|----------|-----------|-----------|------|
| 1월 8일 | 독거 어르신 돕기 기금 모금 | 주여 삼창 조 | (독거 노인 돕기 아르바이트 : 전단지 배포)<br>① 일시: 14시~16시(2시간봉사)<br>② 장소: 주공아파트<br>③ 내용 : 시간당 3,000원 × 2시간 =100,000원 (기금 마련) | 자원 봉사로 나선 학생들이 처음이라 그런지 앞장서서 하려고 하지 않고 지도 교사에게만 의존하였다(엄청 쑥스러워 하였다). | |

(3) 치매 어르신 수발 및 인근 지역 거리 청소

1) 일  시 : 2002년 1월 9일(수) 소그룹 별로 정한 시간

2) 장  소 : 소그룹별로 선정한 장소

3) 조별 추진 내용

〈표 4-5-7〉치매 어르신 수발 및 인근 지역 거리 청소

| 일자 | 프로그램 | 소그룹명 | 결과 내용 | 자체 평가 | 비고 |
|---|---|---|---|---|---|
| 1월 9일 | 치매 어르신 수발 및 인근 지역 거리 청소 | 창대조 | (거리 청소) ① 일시: 10시~14시(4시간 봉사) ② 장소: 장안4동 청소 담당 구역 ③ 내용: 장안4동마 지역을 2팀으로 나누어 골목 청소 ④ 활동 결과: 아침부터 집집마다 쓰레기를 청소해 갔지만 흘리고 간 것들이 너무 많았다. | 학생들이 비닐 봉지, 집게, 장갑 등을 준비 못하여 팀별로 2개씩 구입하였는데 활동하기에는 부족하여 다음에는 모든 학생들이 다 준비물을 가지고 오도록 해야겠다. | |
| | | 장평조 | (치매 어르신 수발 및 인근 지역 거리 청소) ① 일시: 11시~17시(6시간 봉사) ② 장소: 은천노인복지회, 장안4동 청소 담당 구역 ③ 내용: 11시~13시까지 은천노인복지회에서 치매 어르신 놀이 활동, 식사 보조, 설거지 등을 도왔다. ④ 결과: ㄱ. 치매 노인에 대한 선입견이 사라지고, 치매 노인도 우리 할머님과 같은 분이라는 것을 깨달았다. ㄴ. 담당 구역 청소로 거리가 조금 깨끗해진 것 같았다. | ① 치매 노인에 대한 이해가 부족한 상태로 봉사할 때 어려움이 많았다. ② 치매 노인을 보고 치매 노인의 가족들의 고통을 이해하게 되었다. ③ 거리를 깨끗이 하려면 주민들의 협조 없이 학생들의 봉사 활동만으로 깨끗이 할 수 없고 버리는 사람의 의식 변화가 가장 중요하다고 생각된다. | |

| 일자 | 프로그램 | 소그룹명 | 결과 내용 | 자체 평가 | 비고 |
|---|---|---|---|---|---|
| 1월 9일 | 치매 어르신 수발 및 인근 지역 거리 청소 | 장안 1 조 | (치매 어르신 수발)<br>① 일시: 13시~18시(5시간 봉사)<br>② 장소: 장안교회, 은천노인복지회<br>③ 내용: 장안교회에 모여서 오늘 행사할 일을 점검함<br>ㄱ. 놀이 활동 20분, 음악 활동 20분<br>ㄴ. 할머니들 안마 해 드리기 20분<br>ㄷ. 식사하실 때 시중들기<br>④ 결과:<br>ㄱ. 할머니들과 노래하는 것이 어려웠다.<br>ㄴ. 놀이 활동이 잘 안 되었다.<br>ㄷ. 식사할 때 매우 불편하신 분이 계셨다. | 우리가 치매 할머니에 대해 너무 모르고 있다. | |
| | | 장안 2 조 | (치매 어르신 수발)<br>① 일시: 13시~18시(5시간 봉사)<br>② 장소: 장안교회, 은천노인복지회<br>③ 내용: 13시 장안교회에 모여서 활동 내용을 의논했다.<br>④ 준비물: 장구, 나무젓가락, 종이고리<br>⑤ 내용: 복음 송, 민요같이 부르기, | 우리가 치매 노인에 대해 너무 모르고 있었으며, 가능하면 행사 첫날에 이런 시간이 있었더라면 좋았으리라 생각된다. | |

| 일자 | 프로그램 | 소그룹명 | 결과 내용 | 자체 평가 | 비고 |
|---|---|---|---|---|---|
| 1월 9일 | 치매 어르신 수발 및 인근 지역 거리 청소 | 장안 2조 | 젓가락으로 종이고리 옮기기, 할머니와 같이 놀아드리기, 안마, 식사 시 중들기<br>⑥ 결과:<br>ㄱ. 할머니들과 친해지기가 쉽지 않다.<br>ㄴ. 벽과 장구를 치며 노래를 같이 부르며 친해지기 시작했다.<br>ㄷ. 우리가 준비한 프로그램보다도 할머니들의 즐거움을 먼저 생각해야겠다.<br>ㄹ. 할머니들과 말벗이 되어 드리면서 서지수 학생은 간단한 일본어를 배우게 되어 좋아하였다. 이석호 학생은 팔순이 되신 할아버지 생각이 나더라고... | | |
| | | 주 여 삼창조 | 인근 지역 거리 청소 및 독거 어르신 가정 생필품 지원)<br>① 일시: 11시 16시(5시간 봉사)<br>② 장소: 독거 노인 가정과 장안4동 주변 골목길<br>③ 내용: ㄱ. 혼자 살고 계신 선교중앙교회 권사님(88세)댁 방문(쌀, 쇠고기, 과일, 빵 등)<br>ㄴ. 맡은 구역 내 쓰레기 휴지 등을 청소<br>④ 결과: 우리 교회 성도 가운데 장기 입원한 성도를 방문하려고 했지만 시간상 못 가고 다음 기회에 갈 예정 | 우리가 치매 할머니에 대해 너무 모르고 있다. | |

(4) 독거 어르신 가정 생필품 지원

   1) 일　시 : 2002년 1월 10일(목) 소그룹별로 정한 시간

   2) 장　소 : 독거 어르신 가정

   3) 조별 추진 내용

〈표 4-5-8〉 독거 어르신 가정 생필품 지원

| 일자 | 프로그램 | 소그룹명 | 결과 내용 | 자체 평가 | 비고 |
|---|---|---|---|---|---|
| 1월 10일 | 독거 어르신 가정 생필품 지원 | 창대조 | \*추천 : 장안4동 사무소, 교회 자체 \*지원대상 : 저소득 독거 어르신 및 수해 가정 \*지원 가정수 : 총 13가정 \*지원 품목 : 쌀, 이불 등 생필품 | ① 후원 대상자가 갑자기 외출하여 오래 기다렸다. ② 학생들 모임 시간에 학원과 학교 등교 때문에 어려웠다. | |
| | | 장평조 | | ① 노인들이 필요한 생필품이 무엇인지 잘 몰랐다. ② 소감문을 당일 쓰는 것보다 시간적 여유를 주어서 집에 가서 써오는 것이 더 효과적이었다. | |

| 일자 | 프로그램 | 소그룹명 | 결과 내용 | 자체 평가 | 비고 |
|------|---------|---------|----------|----------|------|
| 1월 10일 | 독거 어르신 가정 생필품 지원 | 장안조 | | 독거 어르신 가정을 방문할 때 도움 받는 사람의 감정을 상하지 않게 할 것. | |
| | | 주여 삼창조 | | 지도 교사의 교육 부진으로 체계적인 교육과 프로그램이 부족해서 봉사 활동이 잘 이루어지지 못했다. | |

(5) 수료식

1) 일　시 : 2002년 2월 2일(토) 14:00-15:00

2) 장　소 : 장안교회

3) 주　최 : 은천노인복지회, 장안제4동 주민자치위원회

4) 참석자 : 총 60명(학생 39명, 주최측 19명, 직원 2명)

5) 수료증 발급 : 총 33명

6) 시   상 : ① 단체상(1팀) : 은천노인복지회장상 1명
　　　　　② 개인상(3명) : ㄱ) 동대문구청장상 1명
　　　　　　　　　　　ㄴ) 장안제4동 주민자치위원회장상 1명
　　　　　　　　　　　ㄷ) 장안제4동장상 1명

## 7. 예산 및 결산

| 품　목 | 금　액 | 지출 내역 | 비고 |
|---|---|---|---|
| 간식비 | - | ① 자원 봉사자 교육 및 수료식<br>② 소그룹 모임 | 장안교회 |

## 8. 홍보 및 기타 사항

(1) 현수막 설치
(2) 은천노인복회 홈페이지 게재

(3) 동대문신문 : 수료식 취재 및 보도

(4) 동대문구청 사회복지과에 동향 보고 및 표창 의뢰

## 9. 총평

제4기 봉사학교의 경우는 기획부터 운영 단계에 걸쳐 자원 봉사자 그룹이 주축이 됨으로써 독특한 진행 모형을 개발하였다. 또한 '지역의 문제를 스스로 결정하여 실천하는 자주적인 지역 공동체를 형성한다'는 취지에 맞추어 장안제4동 주민자치위원회가 공동 주최로 프로그램에 합류하여 지역 사회 봉사 활동의 열기가 더욱 확대, 고조되었으며 기존의 표창 내역에 장안제4동 주민자치위원회상을 추가 제정하여 수여하였다.

# VI. 제5기 봉사학교

## 1. 목적

장안4동 지역내 각 중고등 학생 및 교회 등을 통하여 월드컵 봉사학교 참석자를 모집하여 지역 내의 환경 개선 활동 및 월드컵 홍보 활동을 함으로써 청소년과 지역 주민의 내 고장 사랑하기와 월드컵의 성공적인 개최를 지원하는 데 있다.

## 2. 사업의 목표

(1) 장안4동 내의 중고등 학생을 교회, 유관 기관, 개인 접수를 통하여 월드컵봉사학교 참석자를 모집하여 팀을 구성한다.

(2) 월드컵 자원봉사대 활동을 통하여 깨끗하고 살기 좋은 내 고장 만들기와 우리 지역 독거 노인 돕기, 월드컵 홍보를 함으로써 이기주의적 성향과 개인 위주의 사고 방식을 가진 청소년에게 노인을 공경하는 마음의 실천과 우리 지역 사랑하기 등, 단체 생활과 공동체 생활에 대해 적응도를 높인다.

(3) 봉사 활동의 전개로 타 지역의 모범이 됨은 물론 월드컵 개최 후에도 지속적인 봉사 활동을 할 수 있도록 유도한다.

## 3. 사업 개요

(1) 사업명 : 월드컵봉사학교
(2) 주    최 : 은천노인복지회 / 장안4동 주민자치위원회
(3) 참가 대상 : 장안4동 내 거주하는 중고등 학생
(4) 사업 기간 : 2002년 5월 11일 - 2002년 6월 30일(주1회 실시)
(5) 프로그램
    1) 장안4동 지역 내 환경 정화 활동(거리 청소)
    2) 장안4동 지역 내 벽보, 불건전 홍보물 제거 및 신고 활동

## 4. 추진 조직표

〈표 4-6-1〉

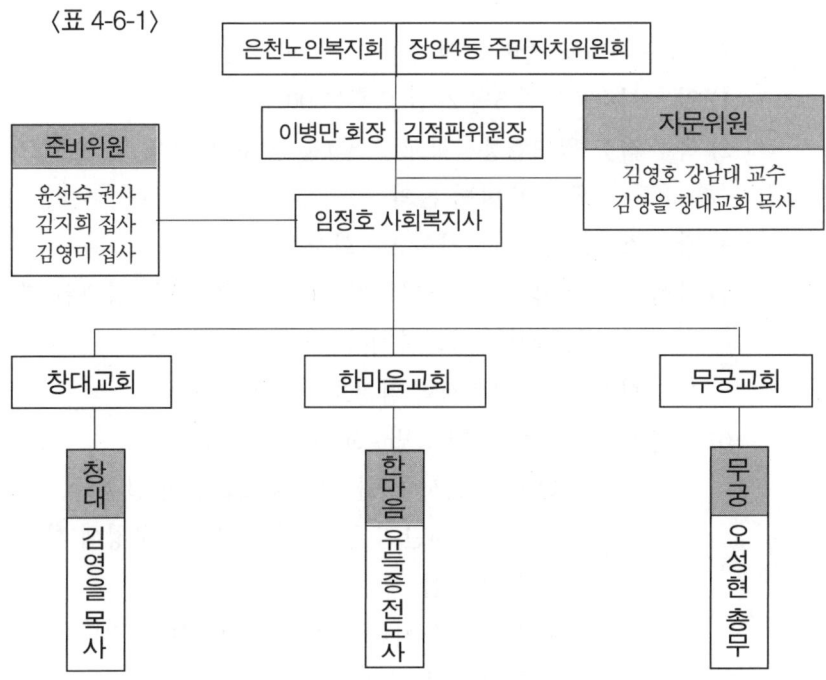

## 5. 소그룹 지도자 및 참가 학생

〈표 4-6-2〉

| 소그룹명 | 지도자 | 참여 학생 | 비고 |
|---|---|---|---|
| 창대조 | 김영을 목사 | 김태진 외 10명 | |
| 무궁조 | 오성현 총무 | 손일한 외 16 명 | |
| 한마음조 | 유득종 전도사 | 조유란 외 7 명 | |

## 6. 프로그램 및 조별 추진 내용

(1) 월드컵봉사학교 준비 회의
    1) 일　시 : 2002년 3월 25일 오후15:00
    2) 목　적 : '월드컵봉사학교' 소그룹 지도자 교육 및 프로그
        램 운영 방법 논의
    3) 장　소 : 은천노인복지회 2층 회장실
    4) 참석자 : (총3명) 은천노인복지회 : 이병만 회장, 정재원 과
        장, 임정호 사회복지사
    5) 사　회 : 은천노인복지회 임정호 사회복지사
    6) 결정 사항 : ① 팀 운영 방법 - 교회에서 팀을 운영
            ② 교육 일시 - 5월 20일경으로 잠정 결정
            ③ 벽보 · 전단지 구청 신고 방법 - 구청에 확인
            하기로 함
            ④ 중간 지도자는 참가하는 학생들의 지도에 관
            한 전권을 갖게 함
            ⑤ 폐지, 빈깡통 등 폐품을 모아 판매한 수입금
            으로 무의탁 독거 노인을 지원
            ⑥ 본 기관의 경로 식당을 이용하는 어르신 중
            노인봉사대를 조직하여 거리 청소 실시

(2) 제1차 소그룹 지도자 교육
    1) 일　시 : 2002년 4월 26일(금) 오후15:00
    2) 목　적 : '월드컵봉사학교' 소그룹 지도자 교육 및 자원 봉
        사 교육 방법 논의
    3) 장　소 : 은천노인복지회 2층 회장실
    4) 참석자 : (총6명) 창대교회 : 김영을 목사, 한마음교회 : 유득

종 전도사, 무궁교회 : 오성현 총무, 장안교회 : 안
관희 전도사, 은천노인복지회 : 이병만 회장, 임정
호 사회복지사

5) 사　회 : 은천노인복지회 임정호 사회복지사

6) 결정내용 : ① 봉사학교 활동 일시 - 토·일요일 중 각 교회
별로 자율적으로 실시

② 구역 설정 - 장안4동 행정 구역 지도를 기본으
로 구역 구분

③ 교육 일정 - ㄱ) 2002년 5월 11일(토) 14:30-
16:00으로 확정

ㄴ) 자원 봉사 교육 - 김영을 목사

ㄷ) 환경 비디오 상영 - 문화관광
부 제작 비디오 섭외

④ 활동 방법 - ㄱ) 거리 청소, 벽보·전단지 제거
및 신고 활동

ㄴ) 폐품 모집 및 판매 - 실시하지
않기로 함

⑤ 2차 회의 일정 - 5월 2일(목) PM 15:00

⑥ 노인봉사대는 4월 12일(금)부터 매주 금요일
오전 11시부터 1시간 실시하고 있음

(3) 제2차 소그룹 지도자 교육

1) 일　시 : 2002년 5월 2일(목) 오후15:00

2) 목　적 : '월드컵봉사학교' 소그룹 지도자 교육 및 자원 봉
사 교육 준비

3) 장　소 : 은천노인복지회 2층 회장실

4) 참석자 : (총5명) 창대교회 : 김영을 목사, 한마음교회 : 유득
　　　　종 전도사, 무궁교회 : 오성현 총무, 은천노인복지
　　　　회 : 이병만 회장, 임정호 사회복지사
5) 사　　회 : 은천노인복지회 임정호 사회복지사
6) 결정 내용 : ① 교육 장소 및 내용 확정
　　　　　　　ㄱ) 장소 : 한마음교회
　　　　　　　ㄴ) 교육 내용 : 월드컵과 시민의 자세, 봉사
　　　　　　　　　　　　학교 소개 및 활동 내용 소개,
　　　　　　　　　　　　환경 비디오 시청, 가두 캠페
　　　　　　　　　　　　인(거리 청소, 벽보ㆍ전단지
　　　　　　　　　　　　제거)
　　　　　　　② 청소 구역 배정 : 장안4동 지역 배정 완료(*별
　　　　　　　　　　　　첨 : 청소 구역 지도)
　　　　　　　③ 벽보ㆍ전단 신고 양식 : 구청 도시정비과 담
　　　　　　　　　　　　당 직원과 협의 후 제
　　　　　　　　　　　　작 완료
　　　　　　　④ 봉사학교 가이드북 제작 - 5월 1주 수요일 전
　　　　　　　　　　으로 제작 완료
　　　　　　　⑤ 봉사학교 학생증 제작 - 봉사학교 실시와 함
　　　　　　　　　　께 사진 취합하여 제작
　　　　　　　⑥ 캠페인 및 거리 청소 진행 방법 - 배봉 4거리
　　　　　　　　　　에서 시작하여 장안4동 외곽 전 구역을 일주
　　　　　　　　　　하며 거리 청소 실시

(4) 프로그램 및 조별 추진 내용

　　1) 자원 봉사자 교육

　　　① 일　　시 : 2002년 5월 11일(토) 14:20~16:50

　　　② 장　　소 : 한마음교회

　　　③ 일　　정 :

〈표 4-6-3〉

| 시　간 | | 진 행 과 정 | 담당 |
|---|---|---|---|
| 1부<br>자원봉사자<br>교육 | 14:20 - 14:40 | 입장 및 안내 | - |
| | 14:40 - 14:45 | 개회 선언 및 회장님 말씀 | 사회 : 정재원 과장 |
| | 14:45 - 14:55 | 내빈 소개 및 격려사 | 내빈 소개 : 이병만 회장<br>격려사 : 박창복 구의원 |
| | 14:55 - 15:05 | 자원 봉사자 교육 | 강사 : 창대교회 김영을 목사 |
| | 15:05 - 15:10 | 간식 배부 및 설문지 배부 | - |
| | 15:10 - 15:30 | 시청각 교육 | VTR 시청 : 질서, 청결, 친절 |
| | 15:30 - 15:40 | 공지 사항 및 설문지 작성 | 사회 : 정재원 과장 |
| 2부 캠페인 | 15:40 - 16:50 | 가두 캠페인 | 장안4동 지역 |

2) 거리 청소

　① 일　시 : 2002년 5월 11일~2002년 6월 30일

　　(활동일과 시간은 소그룹별로 자율적 선택)

　② 장　소 : 각 교회별 지정 - 청소 구역 지도

　③ 활동 내용 : ㄱ) 거리 청소

　　　　　　　ㄴ) 지역 환경 정화 가두 캠페인

3) 벽보 · 전단지(불건전 홍보물 등) 제거 및 신고 활동

　① 일　시 : 2002년 5월 11일-2002년 6월 30일

　　(활동일과 시간은 소그룹별로 자율적 선택)

　② 장　소 : 각 교회별 지정 - 청소 구역 지도

　③ 활동내용 : ㄱ) 벽보 · 전단지 제거 및 수거(증거 자료)

　　　　　　　ㄴ) 신고 양식 작성 및 구청 도시정비과 신고

　　　　　　　ㄷ) 깨끗한 내 고장 만들기 가두 캠페인

## 4) 프로그램 추진 내용

〈표 4-6-4〉

| 기수 | 일시 | 프로그램 | 소그룹별 추진 내용 | 비고 |
|---|---|---|---|---|
| 5기 | 2002. 5월 11일 | 자원봉사자 교육 | 장소 : 한마음교회 | |
| | 5월 12일 | 벽보·전단지 제거, 거리 청소 및 환경 캠페인 | 장안4동 관내도를 기본으로 각 교회별 청소 구역 배정한다. 거리에 지저분하게 붙어있는 벽보·전단지를 제거하고 거리 청소와 함께 환경 캠페인을 진행했다. | |
| | 5월 19일 | | | |
| | 5월 26일 | | | |
| | 6월 2일 | | | |
| | 6월 9일 | | | |
| | 6월 16일 | | | |
| | 6월 23일 | | | |
| | 6월 30일 | | | |

## 7. 예산 및 결산

〈표 4-6-5〉 (단위 : 원)

| 품 목 | 금 액 | 지 출 내 역 | 비 고 |
|---|---|---|---|
| 교육비 | - | 간식 빵, 음료수 60개 | 한마음교회 후원 |
| 홍보비 | 60,000 | 현수막 3개×20,000=60,000 | |
| 재료구입비 | - | 쓰레기 봉투 50ℓ×5개 | 동사무소 후원 |
| 총액 | 60,000 | 60,000 | |

## 8. 홍보 및 기타 사항

(1) 현수막, 전단지 홍보
   1) 장안3거리 및 영성교회 앞 2곳에 현수막 홍보 실시
   2) 장안4동에 있는 학원 게시판 홍보 실시
(2) 언론 매체 홍보
   1) 기독교TV 인터넷 방송 취재 - 5월 15일 CATV 11시, 16시, 23시30분 방송
   2) 동대문신문 취재 - 자원 봉사 교육 후 관련 기사 발송

(3) 노인봉사대 활동

  1) 거리 청소 실적

〈표 4-6-7〉 (단위 : 명)

| 날짜 내용 | 장소 | 인원 | 날짜 내용 | 장소 | 인원 |
|---|---|---|---|---|---|
| 4월 12일 | 장안4동 관내 (어린이공원, 대로변 등) | 28 | 5월 24일 | 장안4동 관내 (어린이공원, 대로변 등) | 23 |
| 4월 19일 | 〃 | 26 | 5월 31일 | 〃 | 22 |
| 4월 26일 | 〃 | 29 | 6월 7일 | 〃 | 20 |
| 5월 3일 | 〃 | 27 | 6월 14일 | 〃 | 21 |
| 5월 10일 | 〃 | 30 | 6월 21일 | 〃 | 20 |

(4) 자원 봉사 교육 비디오 상영

  1) 대상 : 전동중학교 전교생 837명

  2) 장소 : 전동중학교 교내(교실별 시청각 TV)

  3) 일시 : 2002년 6월 3일(월) 14:10~14:30

  4) 내용 : 월드컵 준비 질서, 청결, 친절 교육

5) 자원 봉사 교육 실적

〈표 4-6-8〉 (단위 : 명)

| 학년＼반 | 1 | 2 | 3 | 4 | 5 | 6 | 7 | 8 | 9 | 10 |
|---|---|---|---|---|---|---|---|---|---|---|
| 1학년 | 32 | 32 | 32 | 32 | 32 | 32 | 32 | 32 | | |
| 2학년 | 33 | 33 | 32 | 33 | 34 | 33 | 32 | 34 | | |
| 3학년 | 31 | 32 | 33 | 32 | 31 | 31 | 32 | 31 | 32 | 32 |

## 9. 총평

(1) 자원 봉사 교육 총평

1) 월드컵봉사학교의 홍보 및 인력 동원은 각 교회에 대한 홍보
는 잘 이루어져 처음으로 참여하는 교회가 발생하였지만 기
존에 참여한 교회들의 참여가 미진한 점도 보였다. 일반 학
생들의 참여를 위해서 현수막과 전단지 등의 홍보를 실시하
였으나 실질적으로 얻은 홍보의 효과는 없다고 하겠다. 참
여를 결정한 교회의 지도자들의 의욕은 많았지만 학생들의
교육 참석이 적어 계획된 시간이 지연되는 일이 발생하였
다. 따라서, 지도자의 정기적인 모임과 교육을 통하여 학생
들의 활동에 대한 지도를 해야 할 것이다.

2) 월드컵봉사학교와 활동을 홍보하기 위해 가두 캠페인을 함
으로써 지역 주민들의 관심을 유발하였고, 처음에는 장난으
로 참가하던 학생들도 점차 활동에 대한 진지한 자세를 보여
이번 캠페인을 통하여 봉사학교에 대한 동기 부여를 더욱 확
고하게 했다. 또한, 가이드북 제작과 봉사학교 학생증 제작
등 봉사학교를 진행하면서 좋은 의견들로 봉사학교가 점차
발전한다는 것은 매우 고무적인 일이라 하겠다.

(2) 전체 총평

이번 제5기 월드컵봉사학교는 말 그대로 "월드컵"이라는 국제적인 행사를 준비하고 진행하는데 동참하기 위한 행사였다. 매주 학생들이 거리를 청소하고 벽보와 전단지를 제거하는 모습은 인근 지역 주민들에게도 내 고장을 깨끗하게 지켜야 한다는 인식에 적지 않은 영향을 주었을 것이다. 물론 지역 주민 모두라고는 할 수 없었지만, 이런 작은 의식들이 모여서 월드컵의 진행과 함께 우리 나라 대표 선수단의 기대 이상의 선전과 이와 함께 국민 의식의 발전에도 작지만 한 부분을 담당했다는 점이 이번 봉사학교의 성과라고 할 수 있을 것이다. 하지만, 참가 학생이 적었던 점과 활동 기간이 길었음에도 중간 지도자들의 모임을 갖지 못했고, 봉사학교의 질적 향상을 위한 기회를 더 많이 갖지 못했다는 것이 아쉬움으로 남는다. 중간 지도자들의 관리는 봉사학교의 성패를 가름 짓는 기준이 될 것이며, 차후 준비할 봉사학교에서는 이 부분을 놓치지 말아야 할 것이다.

# VII. 제6기 봉사학교

## 1. 목적

봉사학교를 실시함으로써 자원 봉사 활동에 대한 참된 의미를 깨달을 수 있는 교육의 기회를 제공하고, 실제적으로 참여하고 경험할 수 있는 체험 활동에 참여함으로써 봉사학교 후에도 생활 속에서의 자원 봉사 활동을 지속할 수 있도록 한다.

## 2. 사업의 목표

(1) 동대문구 장안동 인근 지역 내의 중고등 학교와 교회를 통하여 봉사학교 참석자 200명 모집
(2) 자원 봉사 교육 및 다양한 활동을 통한 참된 의미 재인식
(3) 체계적인 사후 관리를 통한 지속적 봉사 활동 유도

## 3. 사업 개요

(1) 사업명 : 여름봉사학교
(2) 주    최 : 은천노인복지회/장안4동 주민자치위원회
(3) 참가대상 : 동대문구 장안동 인근 지역 중고등 학교 재학생
(4) 사업기간 : 2002년 7월 25일(목) ~ 2002년 7월 27일(토) 총 3일간
(5) 활동내용
　　1) 공통 사항 - 거리 청소 및 벽보 · 전단지 제거, 거리 캠페인
　　2) 선택 사항 - ① 치매 어르신 수발
　　　　　　　　　② 무의탁 독거 어르신 방문
　　　　　　　　　③ 장애 체험
　　　　　　　　　④ 자선 바자회
(6) 봉사 시간 : 총 10시간(수료식 포함)
(7) 소요 예산 : 금 삼십오만 원정 (₩350,000)

## 4. 추진 조직표

〈표 4-7-1〉

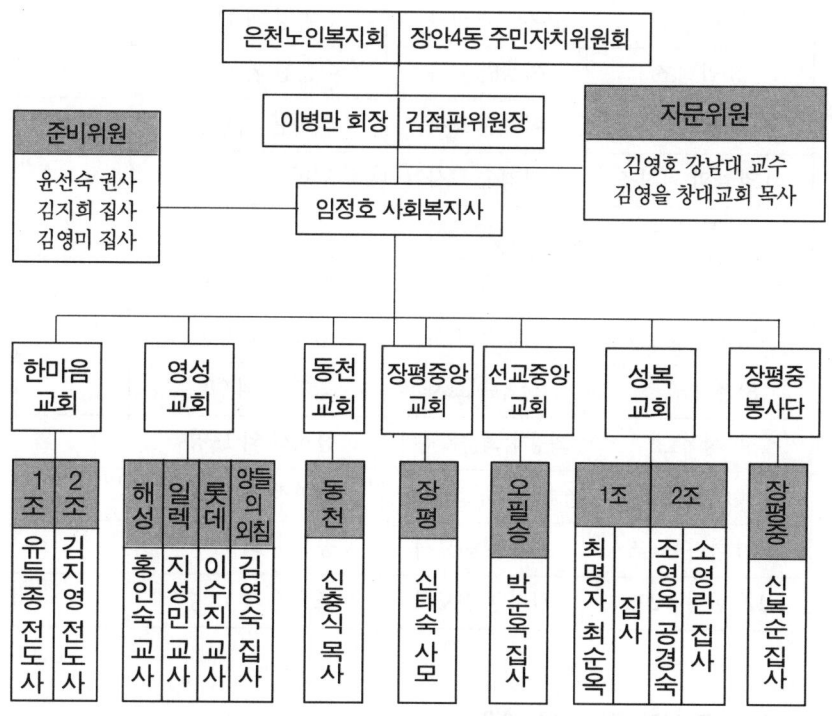

## 5. 소그룹 지도자 및 참가 학생

〈표 4-7-2〉

| 소그룹명 | 지도자 | 참여 학생 | 비고 |
|---|---|---|---|
| 1) 해성조 | 홍인숙 교사 | 김미정 외 11명 | |
| 2) 일렉조 | 지성민 교사 | 이은진 외 10명 | |
| 3) 롯데조 | 이수진 교사 | 김아름 외 9명 | |
| 4) 양들의 외침조 | 김영숙 교사 | 김민정 외 4명 | |
| 5) 동천조 | 신충식 목사 | 변재국 외 18명 | |
| 6) 장평조 | 신태숙 사모 | 류지희 외 11명 | |
| 7) 오필승조 | 박순옥 집사 | 윤 해 외 10명 | |
| 8) 장평중조 | 신복순 교사 | 박정목 외 9명 | |
| 9) 성복1조 | 최명자, 최순옥 집사 | 신호식 외 13명 | |
| 10) 성복2조 | 조영옥, 공경숙, 소영란 집사 | 손미정 외 13명 | |
| 11) 한마음1조 | 유득종 전도사 | 공석미 외 11명 | |
| 12) 한마음2조 | 김지영 전도사 | 조유진 외 12명 | |

## 6. 프로그램 및 추진 내용

(1) 1차 여름봉사학교 준비 회의
  1) 일    시 : 2002년 6월 3일(월) 오전11:00
  2) 목    적 : '여름봉사학교' 준비 및 진행 방법 회의
  3) 장    소 : 은천노인복지회 2층 회장실
  4) 참석자 : (총3명) 은천노인복지회 : 이병만 회장, 정재원 과
         장, 임정호 사회복지사

5) 사    회 : 은천노인복지회 임정호 사회복지사

6) 결정 사항 : ① 여름봉사학교 계획서 초안 작성 7일(금)까지 학교로 직접 섭외

② 각 학교별 봉사 활동 점수 확인(변경 사항 체크)

③ 소속감 제공을 위한 봉사학교 신분증(학생증) 제작 준비

④ 봉사학교 자료집(가이드북 준비) - 김영을 목사님 원고 의뢰

⑤ 장안동 인근 지역 중고등 학교 자원 봉사 담당 교사 연락처 파악

(2) 2차 여름봉사학교 준비 회의

1) 일    시 : 2002년 6월 12일(수) 오전 09:30 - 12:00

2) 목    적 : "여름봉사학교" 준비를 위한 방문

3) 장    소 : 덕수교회 회의실

4) 참석자 : (총3명)은천노인복지회 : 이병만 회장, 정재원 과장, 임정호 사회복지사

5) 설    명 : 덕수교회 자원봉사학교 담당 박은애 선생

6) 방문내용 : ① 덕수교회 내 자원봉사학교의 운영에 대한 전반적인 설명 청취

② 학교 및 공공기관(구청, 동사무소 등)과의 협조 관계 파악

③ 봉사 캠프 프로그램 진행 사항 체크

④ 자체 책자 발간 - 사회 봉사 사업 계획서 및 여름 캠프 가이드북 수령

(3) 제3차 여름봉사학교 준비 회의

　　1) 일　　시 : 2002년 6월 15일(토) 오후 15:00

　　2) 목　　적 : '여름봉사학교' 소그룹 지도자 교육 및 자원 봉사
　　　　　　　　　교육 준비

　　3) 장　　소 : 은천노인복지회 2층 회장실

　　4) 참석자 : (총2명) 은천노인복지회 : 이병만 회장, 임정호 사
　　　　　　　　회복지사

　　5) 결정내용 : ① 중간 지도자 참여 교회 및 참여 인원 확인 실시
　　　　　　　　　　(한마음, 무궁, 창대, 장안, 장평중앙, 영성교회)
　　　　　　　　　② 장안동 인근 지역 참가 대상 중고등 학교 자원
　　　　　　　　　봉사 담당 파악 및 학교별 방학 일정 확인

〈표 4-7-3〉

| 학교 ＼ 구분 | 자원봉사 담당 교사 | 전화번호 | 방학 일정 |
|---|---|---|---|
| 휘경여자중학교 | 홍선표 선생 | 2244-4431 | 7월 20일 |
| 휘경여자고등학교 | 강순조 선생 | 2249-0751 | 7월 20일 또는 22일 |
| 동국대학교부설 고등학교 | 김호창 선생 | 2245-4073 | 7월 20일 |
| 장평중학교 | 허순혜, 염영희 선생 | 2243-8282 | 7월 20일 또는 22일 |
| 전동중학교 | 유완진 선생 | 2212-9266 | 7월 20일 또는 22일 |
| 혜성여자상업 고등학교 | 박현숙 선생 | 2244-6025 | 7월 20일 |

　　　　　　　　　③ 각 학교마다 사전 계획에 의한 10시간의 자원
　　　　　　　　　봉사 시간을 책정 프로그램 진행함.

④ 가이드북 원고 의뢰 - 김영을 목사님 의뢰 요
청 및 수락 확인

⑤ 각 학교별 자원 봉사 담당자 모임 약속 수립

(4) 제4차 여름봉사학교 준비 회의

1) 일　시 : 2002년 6월 20일(목) 오후 15:00

2) 목　적 : '여름봉사학교' 자원 봉사 교육 준비 및 운영 방법
논의

3) 장　소 : 은천노인복지회 2층 회장실

4) 참석자 : (총3명) 은천노인복지회 : 이병만 회장, 정재원 과
장, 임정호 사회복지사

5) 결정 내용 : ① 자원 봉사 교육 - 초청 강사 구성애의 '아우
성' 섭외 실시

② 프로그램 내용 확정 - 거리 청소, 벽보 제거,
장애우 체험, 무의탁 독거 어르신 돕기, 치매
어르신 수발

③ 봉사학교 참가 회비를 5,000원으로 책정

④ 가이드북 제작하기로 확정(16절지 크기로 제
작)

(5) 제1차 소그룹 지도자 회의

1) 일　시 : 2002년 6월 19일(수) 오후 15:00

2) 목　적 : '여름봉사학교' 준비 및 진행 방법 회의

3) 장　소 : 은천노인복지회 2층 회장실

4) 참석자 : (총7명) 은천노인복지회 : 이병만 회장, 정재원 과
장, 임정호 사회복지사, 장안교회 : 안관희 전도사,
한마음교회 : 유득종 전도사, 장평중앙교회 : 신태
숙 사모, 영성교회 : 전도사

5) 사   회 : 은천노인복지회 임정호 사회복지사
6) 결정사항 : ① 각 교회별 성경학교, 수련회 일정 확인
            ② 각 학교별 학생 관리는 지역별로 나누어 중간
              지도자들이 관리
            ③ 참가 대상은 전동중학교 1학년 학생들로 '제6
              기 여름봉사학교'를 진행
            ④ 학교 참가 학생 외 교회별 참가 학생도 개별적
              으로 접수하기로 함
            ⑤ 여름봉사학교 기본 진행 사항 확정

〈표 4-7-4〉

| | 내 용 | 비 고 |
|---|---|---|
| 봉사학교 기간 | 2002년 7월 25일(목) - 7월 27일(토) | |
| 총시간 | 활동 시간 9시간+수료식 1시간= 10시간 | |
| 주제 설정 | 성 문제 관련 VTR 시청<br>(구성애의 아우성 섭외 예정) | |
| 교육 장소 | 한마음교회 확정 | |
| 수료식 | 일정 추후 통보,<br>시상식 : 지속적으로 참가하고 있는 학생 중 선정하<br>여 개인만 시상 | |
| 프로그램 | 은천노인복지회에서 4, 5가지 프로그램을 계획하<br>여 표준 모델로 제시해 주고 중간 지도자들과 학생<br>들이 활용키로 함 | |

            ⑥ 제2차 회의 7월 3일(수) 오후 15:00 은천노인
              복지회 2층 회장실

(6) 제2차 소그룹 지도자 회의

    1) 일　　시 : 2002년 7월 3일(수) 오후 15:00

    2) 목　　적 : '여름봉사학교' 준비 및 진행 방법 회의

    3) 장　　소 : 은천노인복지회 2층 회장실

    4) 참석자 : (총7명) 은천노인복지회 : 이병만 회장, 정재원 과장, 임정호 사회복지사, 한마음교회 : 유득종 전도사, 장평중앙교회 : 신태숙 사모, 영성교회 : 정향범 전도사, 창대교회 : 김영을 목사

    5) 사　　회 : 은천노인복지회 임정호 사회복지사

    6) 결정 사항 : ① 전동중학교에서 단체 봉사 활동을 거부하여 학생 모집 대상을 장안동 인근 지역 학교로 재 선정함

            ② 학생들의 친목과 유대 관계 향상을 위해 레크리에이션을 교육에 포함하기로 함(자원 봉사 섭외 : 창대교회 김영을 목사님)

            ③ 거리 청소 구역 선정은 장안4동사무소에 공문 발송하여 협조 의뢰

            ④ 참가비는 학교의 반대가 예상되어 받지 않기로 결정

            ⑤ 성 문제에 대한 강의 준비는 봉사학교와 주제가 적합하지 못하다고 판단되어 금연에 대한 강사를 섭외하기로 함.

(7) 제3차 소그룹 지도자 회의

    1) 일　　시 : 2002년 7월 10일(수) 오후 15:00

    2) 목　　적 : '여름봉사학교' 준비 및 진행 방법 회의

    3) 장　　소 : 은천노인복지회 2층 회장실

4) 참석자 : (총7명) 은천노인복지회 : 이병만 회장, 정재원 과장, 임정호 사회복지사, 한마음교회 : 유득종 전도사, 장평중앙교회 : 신태숙 사모, 영성교회 : 정향범 전도사, 창대교회 : 김영을 목사

5) 사　회 : 은천노인복지회 임정호 사회복지사

6) 결정사항 : ① 금연 강사 계속적으로 섭외 추진 중임.

② 각 학교에 참가 신청서 E-MAIL 발송 및 방문 발송 완료

③ 가이드북 제작 - 원고 작성하고 있음.

④ 각 교회 지도자에게 중간 지도자 섭외를 위한 협조 요청하고 1팀(10인)마다 중간 지도자 1명 이상 배치될 수 있도록 함.

(8) 제4차 소그룹 지도자 교육

1) 일　시 : 2002년 7월 18일(목) 오후 15:00

2) 목　적 : '여름봉사학교' 프로그램 계획에 따른 교육

3) 장　소 : 은천노인복지회 2층 회의실

4) 참석자 : (총9명) 은천노인복지회 : 이병만 회장, 정재원 과장, 임정호 사회복지사, 한마음교회 : 유득종 전도사, 장평중앙교회 : 신태숙 사모, 영성교회 : 정향범 전도사, 성복교회 : 최명자 집사, 동천교회 : 신충식 목사, 정정환 전도사

5) 사　회 : 은천노인복지회 임정호 사회복지사

6) 교　육 : 은천노인복지회 임정호 사회복지사

① 프로그램 - 장애 체험, 무의탁 독거 노인 돕기 i · ii, 치매 어르신 수발, 거리 청소(별첨 : 가이드북 봉사 체험 프로그램 i - v)

② 봉사학교 일지 및 서류 양식 배부
③ 공지 사항 - ㄱ) 자원 봉사 교육 당일 복장은 간편한
　　　　　　　 T셔츠 복장으로 함
　　　　　　ㄴ) 거리 청소를 위한 청소 도구를 각자
　　　　　　　 준비하도록 함
④ 가이드북 원고 취합 및 편집 완료(19일 제작 의뢰)
⑤ 중간 지도자 최종 참가 교회 (한마음, 장평중앙, 동
　천, 선교중앙, 영성, 성복교회, 장평중어머니봉사단
　총 7개 단체)

9) 프로그램 실시
　(1) 자원 봉사자 교육 및 거리 청소
　　① 일　　시 : 2002년 7월 25일(목) 오후13:00~16:00
　　② 장　　소 : 한마음교회 / 장안4동 지역
　　③ 일　　정 :

〈표 4-7-5〉

| 시 간 | | 내 용 | 비 고 |
|---|---|---|---|
| 1부<br>자원봉사자<br>교육 | 12:30 - 13:00 | 입장 및 안내 | - |
| | 13:00 - 13:10 | 개회 선언 및 인사 말씀 | 사회 : 임정호 사회복지사 |
| | 13:10 - 13:30 | 금연 특강 | 강사 : 안문균 음성재활교실<br>주임 강사 |
| | 13:30 - 14:00 | 자원 봉사자 교육 및 치매 교육 | 강사 : 정재원 과장<br>(슬라이드 상영) |
| | 14:00 - 14:50 | 팀별 모임 | 각 조별 지정 모임 장소에서 |
| | 14:50 - 15:00 | 공지 사항 | 사회 : 임정호 사회복지사 |
| 2부<br>캠페인 | 15:00 - 16:00 | 가두 캠페인 (거리 청소) | 인솔 : 임정호 사회복지사 및<br>각 중간 지도자<br>* 교육 참가 인원 전체 참석 |

(2) 봉사 체험 프로그램 i - v

① 일    시 : 2002년 7월 26일(금) 13:00~16:00

(체험 프로그램은 소그룹별로 자율적 선택)

② 활동 내용(각 조별 참여 프로그램)

〈표 4-7-6〉

| 일시 | 프로그램 | 소그룹별 추진 내용 | 비고 |
|---|---|---|---|
| 7월 26일 | 1)장애 체험 | * 각 조별로 장소를 정하여 시각, 청각, 신체, 휠체어 체험<br>1)해성조, 일렉조, 롯데조, 양들의외침조<br> - 장안동 근린 공원 및 영성교회 내부<br>2)장평조<br> - 장안4동사무소, 장안1동파출소, 슈퍼마켓<br>3)한마음1조<br> - 배봉4거리, 근린 공원, 은천노인복지회 | 별첨 :<br>가이드북 |
| | 2)무의탁 독거<br>노인 돕기 i , ii | * 무의탁 독거 노인집을 방문하여 밑반찬 지원, 청소, 말벗과 용돈 지원 등의 활동을 실시<br>1)장평중조:<br>-동성연립 거주 어르신댁<br>2)오필승조:<br>-이중연 어르신댁 | |
| | 3) 치매 어르신<br>수발 | * 각 조별 은천노인복지회관을 내방하여 산책과 청소<br>1) 한마음2조, 해성조, 일렉조, 롯데조, 양들의외침조 | |
| | 4)길거리 청소 | - | |
| | 5) 문서 작업 | * 스포츠신문의 모니터를 통한 사회악의 문제 의식 고취<br>1) 동천조 | |

(3) 봉사 체험 프로그램  i - v

　① 일　시 : 2002년 7월 26일(토) 13:00~16:00

　　(활동일과 시간은 소그룹별로 자율적 선택)

　② 활동 내용(각 조별 참여 프로그램)

〈표 4-7-7〉

| 일시 | 프로그램 | 소그룹별 추진 내용 | 비고 |
|---|---|---|---|
| 7월 27일 | 1) 장애 체험 | * 각 조별로 장소를 정하여 시각, 청각, 신체,<br>휠체어 체험<br>1)동천조<br>-동천교회 및 인근 지역<br>2)장평중조:<br>-장평중학교↔장한평역 왕복 | 별첨 :<br>가이드북 |
| | 2) 무의탁 독거<br>노인 돕기 i , ii | * 무의탁 독거 노인집에 방문하여 가사 및<br>정서 지원<br>1)장평조<br>-표연봉, 김부산 어르신댁<br>2)한마음1,2조<br>-청량리역 및 롯데백화점 주변 모금 활동 | |

| 일시 | 프로그램 | 소그룹별 추진 내용 | 비고 |
|------|----------|-------------------|------|
| 7월 27일 | 3) 치매 어르신 수발 | * 각 조별 은천노인복지회관을 내방하여 산책과 청소<br>* 해성조, 일렉조, 롯데조, 양들의외침조<br> - 장안동 근린 공원 및 장안동 인근 지역 (말벗)<br> - 3층 치매단기보호소 청소<br>* 장평조<br> - 장안동 근린 공원(장기 자랑, 노래부르기)<br>* 오필승조<br> - 장안동 근린 공원(말벗, 노래부르기) | 별첨 : 가이드북 |
| | 4) 길거리 청소 | 거리 청소 및 벽보 · 전단지 제거<br>* 성복1,2조<br> - 장안동 뚝방 청소 및 전단지 제거 활동 | |

## 7. 예산 및 결산

〈표 4-7-8〉 (단위 : 원)

| 품 목 | 금 액 | 지 출 내 역 | 비 고 |
|---|---|---|---|
| 간식비 | - | 간식 빵, 우유 200개, 음료수 400개 | 장안4동주민자치위원회/청량리롯데백화점 후원 |
| 모자, T셔츠제작 | - | 모자 200 개, T셔츠 200벌 | 청량리롯데백화점 후원 |
| 교재 제작 | 170,000 | 가이드북 400권×425원= 170,000 | 은천노인복지회 |
| 현수막 제작 | 20,000 | 현수막 1개×20,000= 20,000 | 은천노인복지회 |
| 재료 구입 | - | 쓰레기 봉투 50 $l$ ×10개 | 장안4동사무소 후원 |
| 총액 | 190,000 | | |

## 8. 홍보 및 기타 사항

(1) 현수막, 전단지 홍보
　　1) 배봉4거리 한마음교회 앞에 현수막 홍보 실시
　　2) 장안동 인근 지역 중고등 학교 자원 봉사 담당 교사 모임 홍보
　　3) 장안동 인근 지역 중고등 학교 전단지 홍보(교실 부착)

(2) 언론 매체 홍보
　　1) UBS 연합방송국 취재 및 홍보 자료 발송
　　2) 동대문신문 취재 - 자원 봉사 교육 후 관련 기사 발송

## 9. 총평

지금까지의 봉사학교가 교회를 중심으로 학생들을 모집한 것과는 다르게 장안동 인근 지역의 중고등 학교를 선정하여 참가자를 모집했다. 결과적으로 목표했던 200명에는 미치지 못하였지만, 158명의 학생이 참가 신청을 하였고, 127명이 교육에 참가하였다.

또한 모처에서 후원해 준 모자와 T셔츠는 봉사학교에 참가하는 학생들에게 일체감을 주기에 충분했다. 앞으로의 봉사학교를 진행하면서 단체T, 모자 등을 준비하는 것은 단체 행사를 하면서 참가하는 학생들이나 지도자들에게도 마음가짐을 다시 한 번 정립하는 계기가 되고, 봉사 활동을 보다 열심히 하는 계기도 될 수 있을 것이다.

이번 여름봉사학교는 1-5기 봉사학교와 마찬가지로 무리 없이 잘 진행되었다고 본다. 하지만 지역 사회의 많은 후원을 통한 물질적인 풍요함으로 인해서 봉사학교에 참가하는 학생들이 자원 봉사의 어려움과 보람을 느끼기 보다 자신들을 위해서 봉사학교가 존재한다는 마음을 가질 수 있으므로 학생 위주의 운영이 되지 않도록 해야 할 것이다.

또한 중간 지도자들이나 소속된 교회에서 아이들을 보호한다는 생각으로 너무 많은 물질적인 지원(간식, 편의 제공 등)을 하기 보다는 참가하는 학생들의 교육을 책임지고 있다는 자세로 참여하는 것이 봉사 활동의 보람도 크게 해 줄 것이고, 교육적인 차원에서도 많은 도움이 될 것으로 본다.

그리고 기록을 남기기 위한 사진 촬영이나, 중간 지도자들이 작성한 일지들을 볼 때 중간 지도자의 사전 교육이 꼭 필요하다는 것을 절실히 느꼈다. 이는 앞으로 진행될 봉사학교에서도 숙지해야 할 것이며, 봉사학교를 계획하고 진행할 때만 중간 지도자 모임을 갖는 것이 아니라 월 1회 정도의 정기적인 모임을 갖도록 하여 사회복지사와 중간 지도자들의 질적인 향상을 도모하도록 하여야 한다.

# Ⅷ. 봉사학교 설문지 분석

## 1. 봉사학교(제4기) 사전 설문 분석

(1) 설문 분석에 앞서…
제4기 봉사학교는 총 47명이 등록하여 33명이 수료하였으며, 설문지는 38명이 응답하였다. 특히 이번 설문지는 사전, 사후 조사가 함께 실시되어 조사에 대한 신뢰도가 더 높을 수 있다는 장점이 있는 분석이다. 또한 설문 항목에서 무응답한 것은 "무응답"으로 일괄 처리하였으므로 양해하고 분석을 참고하시기 바란다.

(2) 설문지 분석

1) 일반적 사항
① 성별 통계                                     (단위 : 명)

〈표 4-8-1〉

| 성 별 | 총 계 | 남 | 여 |
|---|---|---|---|
| | 38 | 15 | 23 |

② 학년별 통계

〈표 4-8-2〉                                           (단위 : 명)

| 학년별 | 총계 | 중학교 | | | | 고등학교 | | | | 무응답 |
|---|---|---|---|---|---|---|---|---|---|---|
| | | 소계 | 1학년 | 2학년 | 3학년 | 소계 | 1학년 | 2학년 | 3학년 | |
| | 38 | 4 | 1 | 1 | 2 | 33 | 23 | 4 | 6 | 1 |

③ 종교별 통계

〈표 4-8-3〉                                           (단위 : 명)

| 종교별 | 총계 | 기독교 | 천주교 | 불교 | 무교 | 기타 | 무응답 |
|---|---|---|---|---|---|---|---|
| | 38 | 26 | 2 | 2 | 9 | - | 4 |

④ 가족 구성원

〈표 4-8-4〉                                           (단위 : 명)

| 성 별 | 부 모 | 조부모 | 친 척 | 형제자매 | 기 타 |
|---|---|---|---|---|---|
| | 37 | 7 | - | 25 | - |

　일반적 사항에서 전체 38명 중 여학생이 23명으로 60.5%를 차지하였다. 학교는 연령과 함께 확인 가능한 것이므로 연령에 관한 문항의 무응답을 재분석하지는 않았으며, 고등학교 1학년이 23명, 전체 60.5%로 가장 많은 응답을 하였다. 종교는 기독교가 26명(68.4%)으로 가장 많은 응답을 하였고, 가족 구성원은 중복 선택이 가능하여 표를 통해서는 알 수 없다.

### 2) 자원 봉사 활동 전 노인에 대한 관심

〈표 4-8-5〉

|  | 전혀 그렇지 않다 | 그렇지 않다 | 그렇다 | 매우 그렇다 |
|---|---|---|---|---|
| 1. 노인 문제에 관심이 있다. | 3 | 21 | 13 | - |
| 2. 노인 치매에 대해 잘 알고 있다. | 7 | 24 | 16 | - |
| 3. 할아버지, 할머니를 좋아한다. | 1 | 15 | 22 | - |
| 4. 할아버지, 할머니들과 함께 살고 싶다. | 2 | 16 | 4 | 3 |
| 5. 할아버지, 할머니는 할 수 있는 일이 별로 없다고 생각한다. | 6 | 26 | 6 | - |

이 문항에서는 2가지 이상의 대답 또한 발생할 수 있다는 것을 고려하여 설문 응답 내용만을 가지고 분석해 보았는데, 노인에 대한 관심과 이해 부분에서 어르신들에 관한 학생들의 마음은 "그렇지 않다"의 대답이 압도적으로 많아 관심과 이해의 수준이 저조한 것을 볼 수 있다. 이를 통해 봉사학교를 실시해야 할 이유가 적절히 설명될 수 있을 것이라 사료된다.

### 3) 자원 봉사 활동에 관한 질문
#### ① 본 자원 봉사를 알게 된 경로

〈표 4-8-6〉

|  | 인원 |  | 인원 |
|---|---|---|---|
| 1) 친구를 통해 | 14 | 2) 현수막을 보고 | 1 |
| 3) 교회를 통해 | 16 | 4) 부모님이나 주위 어른들을 통해 | 5 |
| 5) 이웃을 통해 | 1 | 6) 기타 | 2 |

본 자원 봉사를 알게 된 경로로는 친구와 교회를 통해 알게 되었다는 답변이 총 30명으로 78.9%를 차지하였다. 또한 부모님이나 주위 어른들을 통해 알게 되었다는 응답도 총 5명으로 전체 13.2%나 되었다.

②자원 봉사 활동에 기대하는 바에 관한 질문

〈표 4-8-7〉

| | 전혀 그렇지 않다 | 그렇지 않다 | 그렇다 | 매우 그렇다 | 무응답 |
|---|---|---|---|---|---|
| 1. 나의 성장과 발전을 기대한다. | - | 4 | 24 | 10 | - |
| 2. 남을 돕는 마음이 생기기를 바란다. | - | - | 27 | 11 | - |
| 3. 친구를 사귀기 바란다. | 1 | 3 | 24 | 9 | 1 |
| 4. 노인에 대한 이해와 관심을 가지게 되길 바란다. | - | 1 | 29 | 8 | - |
| 5. 지역 사회에 대해 알게 되기를 바란다. | - | 7 | 26 | 5 | - |
| 6. 사회 문제에 대해 관심이 생기기를 기대한다. | - | 4 | 27 | 7 | - |

자원 봉사 활동에 대한 기대는 전체 학생 중 총 157명인 68.9%가 "기대한다"의 응답을 하였다. 봉사학교를 실시하기 이전의 설문이기 때문에 활동에 대한 기대가 담겨져 있는 응답이라 판단된다.

## 2. 봉사학교(제4기) 사후 설문 분석

### (1) 설문 분석에 앞서

제4기 봉사학교는 총 47명이 등록하여 33명이 수료하였으며, 설문지는 38명이 응답하였다. 또한 설문 항목에서 무응답한 것은 "무응답"으로 일괄 처리하였으므로 양해하고 분석을 참고하시기 바란다.

(2) 설문지 분석

1) 일반적 사항
① 성별 통계

〈표 4-8-8〉                                              (단위 : 명)

| 성 별 | 총 계 | 남 | 여 |
|---|---|---|---|
| | 38 | 16 | 22 |

② 연령별 통계

〈표 4-8-9〉                                              (단위 : 명)

| 연령별 | 총계 | 만11세 | 만13세 | 만14세 | 만15세 | 만16세 | 만17세 | 만18세 | 무응답 |
|---|---|---|---|---|---|---|---|---|---|
| | 38 | 2 | 1 | 2 | 5 | 15 | 9 | 2 | 2 |

③ 학년별 통계

〈표 4-8-10〉                                              (단위 : 명)

| 학년별 | 총계 | 중학교 | | | | 고등학교 | | | | 기타 (초6) |
|---|---|---|---|---|---|---|---|---|---|---|
| | | 소계 | 1학년 | 2학년 | 3학년 | 소계 | 1학년 | 2학년 | 3학년 | |
| | 38 | 5 | 1 | - | 4 | 32 | 26 | 2 | 4 | 1 |

④ 종교별 통계

〈표 4-8-11〉                                              (단위 : 명)

| 종교별 | 총계 | 기독교 | 천주교 | 불교 | 무교 | 기타 | 무응답 |
|---|---|---|---|---|---|---|---|
| | 38 | 27 | 2 | 2 | 3 | - | 4 |

⑤ 가족 구성원

〈표 4-8-12〉                                            (단위 : 명)

| 성 별 | 부 모 | 조 부 모 | 친 척 | 형제자매 | 기 타 |
|---|---|---|---|---|---|
| | 37 | 10 | - | 28 | - |

일반적 사항에서 전체 38명 중 여학생이 22명으로 57.8%를 차지하
였다. 연령으로는 만16세가 15명으로 39.4%를, 만17세가 9명으로
23.6%이었다. 학교는 연령과 함께 확인 가능한 것이므로 고등학교 1
학년이 26명, 전체 68.4%로 가장 많은 응답을 하였으며 이로 인해 연
령 중 무응답 2명이 고등학교 1학년 학생임을 알 수 있다. 종교는 기
독교가 27명(71%)으로 가장 많은 응답을 하였고, 가족 구성원은 중복
선택이 가능하여 표를 통해서는 알 수 없다.

2) 자원 봉사 활동 후 노인에 대한 관심

〈표 4-8-13〉                                            (단위 : 명)

| | 전혀 그렇지 않다 | 그렇지 않다 | 그렇다 | 매우 그렇다 |
|---|---|---|---|---|
| 1. 노인 문제에 관심이 생겼다. | 1 | 2 | 27 | 2 |
| 2. 노인 치매에 대해 잘 알게 되었다. | 2 | 6 | 23 | 3 |
| 3. 할아버지, 할머니를 좋아하게 되었다. | - | 10 | 31 | 3 |
| 4. 할아버지, 할머니들과 함께 살고 싶어졌다. | - | 16 | 17 | 4 |
| 5. 할아버지, 할머니는 할 수 있는 일이 별로 없다는 생각을 하게 되었다. | 5 | 24 | 7 | - |

3) 자원 봉사 활동 경험에 관한 질문
① 자원 봉사 활동을 통해 얻게 된 것

〈표 4-8-14〉 (단위 : 명)

| | 전혀 그렇지 않다 | 그렇지 않다 | 그렇다 | 매우 그렇다 |
|---|---|---|---|---|
| 1. 나의 성장과 발전에 도움이 되었다 | - | 3 | 32 | 3 |
| 2. 남을 돕는 마음이 생겼다. | - | 3 | 28 | 7 |
| 3. 친구를 사귀게 되었다. | 1 | 17 | 16 | 4 |
| 4. 노인에 대한 이해와 관심을 가지게 되었다. | - | 3 | 34 | 1 |
| 5. 지역 사회에 대해 알게 되었다. | 2 | 20 | 16 | - |
| 6. 사회 문제에 대해 관심이 생겼다. | - | 10 | 27 | 1 |

자원 봉사 활동을 통해 얻게 된 것이라는 질문에 여러 긍정적인 답변이 나왔다. 대다수의 학생들은 "그렇다."라는 문항에 답을 하였는데, 이 문항 중 주목해야 할 것이 바로 3)번과 5)번 문항에 '전혀 그렇지 않다' 는 "강한 부정"의 답변을 한 3명의 학생들이다. 이들은 물론 전체 38명 중 7.8%에 지나지 않지만, 모든 사업을 실시함에 있어 부정적이거나 거부하는 극소수의 인원이라도 고려하고 주의하여 사업을 진행하지 않으면 안 된다는 생각을 할 수 있는 질문이었다고 볼 수 있겠다.

② 자원 봉사를 다시 할 의향

〈표 4-8-15〉 　　　　　　　　　　　　　　　　　　　　　　(단위 : 명)

| 활동할 생각이 있다 | 인원 | 활동할 생각이 없다 | 인원 |
|---|---|---|---|
| 1) 봉사 활동 점수 때문에 | 14 | 1) 관심이 없어서 | 1 |
| 2) 남을 돕고 싶어서 | 13 | 2) 학업에 지장을 주기 때문에 | 1 |
| 3) 자기의 성장과 발전을 위하여 | 21 | 3) 활동이 힘들어서 | - |
| 4) 친구를 사귀기 위해 | 2 | 4) 보람을 찾을 수가 없어서 | - |
| 5) 지역 사회 발전을 위하여 | 3 | 5) 가족들의 반대로 | - |
| 6) 사회 문제에 대한 관심에서 | 2 | 6) 다른 활동에 참여해야 하기 때문에 | - |
| 7) 기타 (선생님 때문에) | 1 | 7) 기타 | - |

봉사학교를 할 생각이 있다고 답한 학생은 총 37명으로 전체 38명 중 단 1명만을 제외한 전원이 이와 같은 답변을 해 주었다. 그러나 이유에서 총 14명(36.8%)이 '봉사 활동 점수 때문에' 라고 답변을 했으며, 21명 전체 인원의 55.2%인 절반 이상의 학생이 '자기의 성장과 발전을 위하여' 라는 답변을 하여 "봉사 활동"이 "이타 정신"과는 다소 거리가 먼 활동이라고 인식된 학생들의 마인드를 변화시킬 노력과 대안이 필요하리라고 본다.


# IX. 봉사학교 종합 토론회

## 1. 봉사학교 참여 결정 시 지도자의 소감

■ 창대교회(김영을 목사) :

- 교회 학생회 학생들이 봉사 활동을 위해 이곳 저곳을 찾아다니는 수고를 덜어주었다.
- 전도 차원에서 학생들을 교회로 인도하기 위한 좋은 방법이라고 생각했다.

■ 한마음교회(유득종 전도사) :
- 교회에서 자원 봉사를 원하는 학생들에게 대안을 마련해 줄 수 있었고, 개인적으로도 자원 봉사와 학생 사역에 대한 관심이 많았다.

■ 장평중앙교회(신태숙 사모) :
- 처음에는 내가 봉사한다는 마음으로 시작했다.
- 중간 지도라는 것이 그냥 그렇게만 여겨 왔지만 많은 학생을 모으고 인솔하고 지도하는 과정에서 세대 차이를 느끼고 사고의 엄청난 차이도 느끼면서 지금 아이들의 사고가 편한 것, 돈으로 해결하는 것, 부모의 도움, 이것으로 세상을 살아가려는 그들을 바라볼 때, 작게는 가정의 앞날, 나아가서 사회와 국가의 미래가 암담하다는 생각이 들었다. "우리보다는 나만 생각하는 세상을 살아가는 아이들! 이들에게 봉사를 어떻게 가르칠까?" 하는 두려운 생각을 하기도 했다. 더구나 학교에서 봉사 교육 시간을 억지로 채우려고 하는 아이들에게 무엇을 가르치며 어떻게 해야 이들이 남을 위해 봉사를 기쁨으로 알고 기쁜 마음으로 할까? 처음 해 보는 일이라 아이들을 보며 한심하고 막막하다는 생각을 해 보았다.

■ 영성교회(정향범 전도사) :

- 의무감으로 시작을 했고 중고등 학교 지도 교사들의 자원 봉사 활동에 관하여는 담당 교사들과 목사님의 의견을 충분하게 들었다. (자발성과 의무감이 50:50이었다.)

■ 새샘교회(신복순 집사) :

- 개인적으로 장평중학교 자원봉사어머니봉사단 1학년 회장을 담당하고 있다.
  교회에서는 이해를 잘 못하였고, 목사님에서 전도사님에게로 봉사학교의 이야기 전달이 잘 되지 않았다. 전도사님들이 자신의 분야가 아니면 담당하기가 어렵다고 하는 어려움이 있었으나, 교회로 중간 지도자를 섭외하기 위한 의뢰가 들어온 것은 좋았다. 또한 학생들에게 봉사 활동이 가능하게 하고 더불어 사는 사회에 동참하도록 하는 것도 좋았던 것 같다.

■ 선교중앙교회(박순옥 집사)

- 평소 봉사에 대한 관심이 많았었지만 실천을 하지 못하고 있던 차에 은천노인복지회관 이병만 회장님의 권유로 봉사학교에 지도자로 참여하게 되었다.

■ 동천교회(신충식 목사)

- 갑작스러운 참여 요청으로 당황했다. 중요하고 귀한 프로그램임에도 불구하고 갑작스러운 참여 결정으로 사전 준비에 어려움이 많았다.

■ 성복교회(최명자 집사)
- 처음 해 보는 중간 지도자 역할이란 점에서 부담감과 걱정이 앞섰지만 나름대로 봉사자의 길을 선택했기에 자부심을 갖고 시작하기로 다짐하였다.

## 2. 봉사학교 신청 접수를 받을 때의 학생들 반응

■ 창대교회(김영을 목사) :
- 교회에서 실시하니까 학생들이 좋아했고, 봉사 활동을 하기 위한 장소를 찾는 부담을 덜었고, 봉사 시간을 채워 줘서 좋았다.

■ 한마음교회(유득종 전도사) :
- 3기 봉사학교 때는 참가하는 교회 학생들의 반응이 좋았다. 그러나 그 뒤부터는 학생들 스스로 편법을 많이 찾아서인지 지원이 거의 없어졌다. (교회에서는 정확하게 활동한 시간을 체크해 주지만 아이들이 찾은 곳들은 활동을 조금 하고도 많은 시간을 얻을 수 있는 곳이었다고 한다.)

■ 장평중앙교회(신태숙 사모) :
- 특별한 반응은 없었고, 참가를 원하는 사람만 참여하였다. 3기 봉사학교에 참석한 학생들이 친구들에게 연락하여 4기 봉사학교 때는 더 많은 학생들이 참여하였다.

■ 영성교회(정향범 전도사) :
- 봉사 점수에 관심이 없었던 학생이 있었는데 각 분반별로 점수를 받아 잘 알 수가 없다.

- 새샘교회(신복순 집사) :
  - 많은 학생들이 봉사학교를 몰라서 신청하지 못하였으며, 고맙다는 반응이 많았다. 또한 인원 제한으로 인해 많은 학생들이 신청하지 못한 아쉬움도 있다. 지속적인 활동을 위해 주 1회 등 수시로 실시하였으면 하고, 교회 자체적으로 운영하고 복지관과 연계하여 인정해 줄 수 있도록 해 주었으면 한다.
  - 중간 지도자들의 의무감과 책임성을 향상시키기 위하여 별도의 지도자 교육이 필요하다고 생각하며 학교에 공문을 통한 홍보를 하고 아이들이 교회로 모이는 방법이 있었으면 한다.

- 선교중앙교회(박순옥 집사)
  - 처음 교회 학생들에게 봉사학교에 대해 이야기했을 때 기대 반, 호기심 반으로 관심을 보인 학생들은 많았지만 막상 봉사학교에 참석한 학생은 1개 소그룹을 운영할 만큼의 인원밖에는 되지 않았다.

## 3. 복지관의 조 편성 및 인원 배정에 대한 활용 방법

- 창대교회(김영을 목사) :
  - 교회와 복지관의 사정상 현 체제로 갈 수밖에 없었다.

- 한마음교회(유득종 전도사) :
  - 6기 봉사학교 때 3개(휘경여고, 해성여상, 휘경여중) 학교를 배정 받았는데 학생들이 출신 학교별로 행동을 하는 문제점이 있었으며, 앞으로는 조 편성시 같은 학교 학생들을 한 조로 구성하는 것이 좋다고 생각된다.

■ 장평중앙교회(신태숙 사모) :
- 배정 받은 학생들을 무작위로 다시 조를 편성하였고, 봉사학교에 참가를 했던 학생들을 조장으로 세우고, 친구인 학생들을 다른 조로 편성하였다. 그 결과 학생들의 참여도 좋아졌다.

■ 영성교회(정향범 전도사) :
- 학교별로 10명씩 4개조로 편성하였다(학년별+학교별). 공개투표로 학생들 스스로 조장, 회계, 서기를 선출하였다.(40명 중 10명은 교회 학생들이었고 5명은 한 조에 다른 5명은 각각 다른 조에 편성하였다.)

■ 선교중앙교회(박순옥 집사)
- 배정 받은 학생들은 중에 회장, 총무, 서기, 회계 등 임원을 선출하여 모든 활동과 필요한 예산을 자율적으로 계획하고, 실행할 수 있도록 하였다.

■ 장안교회(안관희 전도사)
- 복지관에서 모집된 인원을 해당 교회별로 나눈 후 활동 전일 또는 당일 봉사학교 활동을 의뢰한 학생들을 연결하였으며, 즉각적인 대처로 인한 어려움이 있었다.

■ 동천교회(신충식 목사)
- 배정된 인원 중 불참 인원이 40%정도였고, 참여한 인원대로 운영하였다. 임원을 선출하여 조장 중심으로 아이들의 참여를 유도하였다.

■ 성복교회(최명자 집사)
- 중간 지도자들은 친구인 교회 집사와 사회 친구 등 6명이 조를
짜서 시작하기로 결정하였고, 학생들은 A, B조로 편성하여 시
작 봉사학교 활동에 참여하기로 결정하였다.

## 4. 봉사학교 운영 방법(경제적 부분 및 프로그램)

### (1) 경제적 부분 운영 방법

■ 창대교회(김영을 목사) :
- 처음에는 예산 없이 실시하여 사비도 많이 들었고, 교인들이
자발적으로 간식 등을 지원해 주었으나, 현재는 교회의 1년 예
산에 책정하여 지원하고 있다(교회 연중 행사에 포함하였
다.).

■ 한마음교회(유득종 전도사) :
- 처음에는 교회에서 지원을 받아 운영을 하였고, 간식, 음료 등
을 제공하였다. 하지만 6기 봉사학교 때는 돈은 거의 쓰지 않
고 활동 관리만 하였고, 별 다른 문제없이 진행하였다.

■ 장평중앙교회(신태숙 사모) :
- 자원 봉사 활동을 하는 학생들에게 물질적인 지원(간식, 음료
제공 등)을 한다는 것이 맞지 않는다고 생각하여 일체의 지원
을 하지 않았고, 학생들에게는 자원 봉사는 '나 아닌 다른 사
람들을 위해서 하는 것이다' 라는 생각을 주지시켜 주었다.
- 고생하고 있는 학생들을 위해 좋은 것으로 먹이며 활동하고

싶은 생각은 들었지만 '봉사란 나를 희생해야 남을 도울 수 있다는 것' 을 깨닫게 하기 위해 식사는 집에서 또는 도시락을 준비시켰다.

- 영성교회(정향범 전도사) :
  - 교육부 경비로 운영을 하였고, 끝나는 날에 간식(아이스크림)을 제공하였다(40,000원).

- 새샘교회(신복순 집사) :
  - 봉사학교에 단독으로 중간 지도자를 신청을 하여 사비로 운영하였고, 간식과 냉면 등을 지원하였다(100,000원).

- 선교중앙교회(박순옥 집사)
  - 처음 참가하였던 4기 봉사학교 때에는 지도자의 경험이 없어서 지출이 있을 때에는 내 자신의 지갑에서 해결하는 일이 많았고 경제적으로 많은 부담이 되었던 것이 사실이다. 그래서 이번 6기 봉사학교를 참가하면서 임원을 선출하고 학생들에게 봉사학교를 참가하면서 경제적으로 부담해야 될 부분들을 대화를 통하여 개인의 용돈에서 일정액을 갹출(큰 금액이 아니다. 1인당 3,000원 정도)하여 사용하기로 합의(무의탁 독거노인 지원 및 운영비 사용)하였다. 봉사학교를 마칠 때까지 지도자가 개인적인 돈을 지출하는 경우도 없어지고, 학생들도 적극적으로 참여하는 결과를 보았다.

- 동천교회(신충식 목사)
  - 교육위원회에서 약 15만 원을 지원 받아서 간식비와 강사비

(자체 프로그램 강사)로 사용하였다.

■ 성복교회(최명자 집사)
- 교회 차원에서 참가한 봉사학교였기 때문에 학생들에게 간식을 나눠 주었고, 점심 식사를 하지 못한 학생들을 위해서 컵라면 등을 제공하였다. 경제적인 부분에서 교회의 예산이 아닌 사비가 지출되었기 때문에 경제적인 부담이 컸던 것이 사실이다.

(2) 프로그램 운영 방법

■ 창대교회(김영을 목사) :
- 일일찻집과 바자회 등 수익 사업을 하는 것이 가장 힘이 들었다. 일일찻집을 주일(일요일)날 열어 교인들에게 1잔당 일정 금액을 받아 판매를 하였지만 장소 대여, 가두 판매 등의 방법을 사용하기에는 준비하는 기간이나 행사 진행 일정과 맞지가 않았고, 참여하는 학생과 지도자 모두가 고생을 하였다. 기금 마련을 위한 다른 대안이 필요하다고 생각하며, 방법론적으로 변화를 주는 것이 필요하겠다.

■ 한마음교회(유득종 전도사) :
- 6기 봉사학교 때 가두 캠페인을 하면서 모금 활동을 하였고, 사탕을 준비하여 나누어 주면서 모금을 하였다. 생각했던 것보다는 모금 성과가 좋았다.

- 장평중앙교회(신태숙 사모) :
  - 수익 사업을 위한 방법으로 주일에 교회에서 교인들에게 돈을 내고 차를 마시도록 하였다. 하지만 이런 방법은 일시적일 수밖에 없고 교회에서 계속적으로 반복되는 것은 바람직하지 않다.
  - 집에 계시는 어머니들에게 내 자녀들이 과연 어떤 봉사 활동을 하는지 알게 하고, 동참하는 의미를 부여하기 위해 각자 집에서 쌀 약간과 노인들이 잡수실 수 있는 반찬을 마련해 오기로 했는데 한사람도 빠지지 않고 준비해 가지고 왔다. 너무 기특한 생각도 들었고 봉사에는 몸으로 하는 봉사도 중요하고 고마운 일이지만 내 것을 내어놓으면서 하는 봉사는 더 크고 아름다운 것이라고 생각하며, 봉사학교를 통해 아름다운 생각을 가지고 한다면 세대 차이도 종교의 차이도 넘을 수 있다는 생각을 했다.

- 영성교회(정향범 전도사) :
  - 학생들이 자발적으로 운영을 하도록 하였고, 프로그램별로 선생님을 세우고 아이들이 돌아가면서 진행했다. 준비 기간이 오래 걸리는 프로그램은 사정상 실행하지 못하였다.

- 새샘교회(신복순 집사) :
  - 부모님들의 관심을 끌기 위하여 무의탁 독거 어르신을 지원할 때 중간 지도자가 직접 부모님께 전화하여 1,2가지의 밑반찬을 가지고 올 수 있도록 하여서인지 많은 양의 반찬이 모여졌고, 미처 준비하지 못한 학생은 현금으로 준비를 하였다. 대상자 선정 인원을 확장했으면 좋겠고, 부모와 학생이 함께할 수

있도록 하는 봉사가 필요하다. 대상 어르신의 선정을 교회에서 자체적으로 찾도록 하는 것이 지속적인 봉사를 위하여 도움이 될 것이다.

- **선교중앙교회(박순옥 집사)**
  - 독거 어르신 지원을 위한 모금 활동에 대한 논의를 학생들과 한 결과 자체적인 모금 활동이나 수익 사업을 하기에는 부담과 어려움이 많다고 생각되어 개인 용돈을 조금씩 모아서 무의탁 독거 어르신에게 지원하기로 결정하였다. 어르신이 좋아하실 수 있는 음식 목록을 미리 알려 주고, 물품 선정, 물건 구입, 어르신 방문을 학생들에게 모두 맡겼더니 예상 외로 계획성 있게 진행하는 것을 볼 수 있었다. 중간 지도자들의 세부적인 개입보다는 학생들에게 스스로 할 수 있도록 맡기고, 배려하는 것이 더 좋은 방법이라고 생각한다. 특히, 지도자 회의를 통해 다른 지도자의 의견을 청취하고 활용한 것은 상당한 도움이 되었으므로 앞으로도 지속적인 지도자들의 모임이 있었으면 좋겠다.

- **장안교회(안관희 전도사)**
  - 장애우 체험을 할 때 휠체어 사용을 꺼려하는 학생들에게 "장애우와 공감대 형성을 위한" 방법 중 하나라고 설명하면서 "성경에 근거한 사회 복지"를 재인식시켜 주었더니 감정이입이 되어 활동에 열심히 참여할 수 있었다.

- **동천교회(신충식 목사)**
  - 은천노인복지회에서 준비한 프로그램과는 별도로 자체 프로

그램을 계획하여 봉사학교 둘째 날 실시하였다. 프로그램 진행을 위한 강사를 섭외하여, 스포츠 신문 모니터링을 하였고, 마지막날에는 장애우 체험을 실시하였다.

- 성복교회(최명자 집사)
  - 각 프로그램마다 실시하기 위한 준비물이 부족하였고, 각 교회와 참가하는 학생들의 봉사학교 준비 상태 및 상황에 따라서 프로그램을 수정 · 변경하여 진행하도록 하는 것이 필요하다고 생각된다.

## 5. 봉사학교 후의 학생 사후 관리

- 창대교회(김영을 목사) :
  - 2002년 1월 1일부터 매 주일마다 1시간 30분에서 2시간 정도를 교회 홍보띠를 두르고 거리 청소와 벽보 · 전단지 제거 등의 활동을 계속하고 있으며, 지역 주민들의 반응도 좋다. 또한 학생들에게 친한 친구들을 1명씩 데리고 오게 하여 봉사 활동도 할 수 있도록 하고 전도도 함께 병행하고 있다.
  - 봉사 활동을 통해서 대학을 사회복지학과에 진학하는 학생도 생겼고, 방학 때에만 하던 봉사 활동을 이제는 매주 실시하게 되어 봉사 활동을 통해서 학생들이 등록하게 되고 학생회가 부흥하게 되었다.

- 한마음교회(유득종 전도사) :
  - 교회에 출석하지 않는 학생들을 중점적으로 정기적인 e-mail을 나누고 있다(현재는 간단한 인사 정도를 주고받는다.).

- 장평중앙교회(신태숙 사모) :
  - 주로 전화로 관리를 하고 있다. 1·2개월에 1회 정도 전화를
    하여 관리를 하며, 간혹 교회 앞을 지나다가 잠시 들렸다 가는
    학생들도 있다.

- 영성교회(정향범 전도사) :
  - 5,6문항 모두 계획에는 없었던 사업이었으나 봉사학교를 통해
    지도자와 학생의 관계가 증진되었다(담이 허물어졌고, 관계성
    이 향상되었다.).

- 새샘교회(신복순 집사) :
  - 믿지 않는 친구들에게 신경을 더 썼다. 관리를 전도사님에게
    위임하여 도움을 요청했다(교회 행사에 e-mail과 초대장을 보
    내었으나 아직 참석한 학생은 없다.).
  - 신앙을 갖지 않더라도 학생들의 자아가 성장되었고, 가정의
    친밀감 회복과 스스로 미래에 대한 계획을 고민하는 것 같다.

- 성복교회(최명자 집사)
  - 봉사학교 후 적은 숫자의 아이들을 교회로 전도할 수 있었다.

## 6. 봉사학교 활동이 교회에 미치는 영향 (현 영향과 기대 효과 모두)

- 창대교회(김영을 목사) :
  - 지역 복음화를 위해서 할 수 있는 일이 무엇인가를 고민하였
    고, 교회띠를 두르고 거리 청소를 함으로써 교회에 대한 지역

주민들의 인식이 좋아지는 결과를 보았다. 또한, 봉사 활동에 대한 포상을 제공하여 100시간 활동을 하였을 경우에 표창을 한다고 하여 학생들의 자원 봉사 활동과 교회 출석이라는 두 마리 토끼를 함께 잡을 수 있었다.

- 봉사학교를 실시할 때마다 중고등부 학생들이 새로 등록하여 학생회가 부흥하게 되었으며, 학생들이 가정에서도 이웃에서도 노인들과 장애인들에게 관심을 갖고 사랑을 실천하는 모습을 보게 된다.


■ 한마음교회(유득종 전도사) :

- 3기 봉사학교 때는 교회 자체에서 활동을 할 때에는 참가하는 학생들도 열심히 하였고, 교회에도 많은 도움이 되었다. 하지만 교회 학생회가 침체된 시기에는 참여하는 학생들도 적었고, 진행하는데도 많은 힘이 들었다. 6기 봉사학교 때는 교회 학생들은 한 명도 없이 학교 신청 학생들만 활동을 하였지만, 교회가 지역 사회와 학교들에 알려지는 효과가 있고, 장기적인 안목에서 보면 미래의 자원 즉, 전도의 대상이 되는 것이다.


■ 장평중앙교회(신태숙 사모) :

- 참가한 교회 소속 학생들의 전체적인 분위기가 전도에 대한 애착이 없는 것 같다.

- 이 봉사학교를 통해 우리는 두 학생의 영혼과 한 할아버지의 영혼을 주님께로 인도했다. 할아버지는 정말 혈육 한 점 없는 가족도 없는 평북 출신의 외로운 할아버지이시지만 교회로 오시면서 교회가 의지되고 주님께로 인도하는 나를 믿고 좋은

일도 어려운 일도 이야기하시면 조금은 의지가 되어 드리는 것 같아 학생들의 잠시 봉사 활동보다 더 큰 보람은 나 자신인 것 같았다. 앞으로도 학생들이 많은 봉사 활동에 점수에 연연하는 형식적인 봉사가 아니라 진정 사랑하는 마음으로 더 많이 참석해 주었으면 한다. 그리고 그들이 이 봉사학교를 배우고 평생을 봉사하는 삶을 살아가는 그들이 되기를 바라는 마음이다.

■ 새샘교회(신복순 집사) :
  - 첫째로 지역 사회가 이해하는 것, 둘째로 전도사님이 이해했다는 것, 셋째로 봉사학교 학생들을 지도하는 방법을 터득하였다는 것, 넷째로 사회 복지를 통한 전도 방법의 새로운 개발을 꼽을 수 있다. 앞으로 전도부에 간증을 통해 관심과 온정을 모을 것이다.

■ 동천교회(신충식 목사)
  - 사전 준비 부족으로 별다른 영향은 없었다.(관련 부서에서 대비하지 못하였다.)
  - 아무리 좋은 프로그램이라 할지라도 홍보와 준비가 없으면 효율성이 없다.

■ 성복교회(최명자 집사)
  - 무엇보다 아이들에게 물심양면으로 베풀었기에 좋은 이미지와 친근함이 생겼고, 길가에서 만나면 인사하고 반가움에 교회 이야기와 짧은 대화도 나눌 수 있게 되었다.

## 7. 교회에서 봉사학교를 운영할 때 가장 어려웠던 점(대안 및 해결 방법)

- 창대교회(김영을 목사)
  (1) 어려운 점 :
  1) 학생들의 참여도를 높이는 방안
  2) 학교측의 봉사 시간 단축
  3) 봉사 프로그램의 개발
  (2) 해결 방안 :
  1) 사명감을 강조하고 체계적이고 제도적인 관리가 필요
  2) 봉사 시간을 자유롭게 많이 하는 학생들에게 혜택과 유익이 되도록 홍보
  3) 봉사 프로그램을 다양하게 개발하여 다양한 체험과 보람을 얻을 수 있도록 한다.
  4) 학생들에게 봉사학교 참가비를 받고 적극적으로 참여하게 한다.
  5) 시상 제도를 활성화하여 자발적이고 지속적으로 봉사하도록 한다(학교장 시상, 교육감 시상 추가 포함).

- 영성교회(정향범 전도사) :
  전체적으로 만족스럽게 끝냈다. 총인원 40명 중 모두 수료하여야 하지만 2/3가 참석하였고, 그중 50%만 수료하였다. 자발적으로 참여하는 학생들 소수를 모아 최선을 다해서 관리하는 것이 필요하다고 본다.

- 새샘교회(신복순 집사) :
  (1) 어려운 점
    1) 봉사학교에 대한 내용을 전도사님이 이해하지 못했다는 점
    2) 비용 부담(개인 부담) : 교회에서 예산을 지원해 주었으면 좋겠다는 생각을 함
    (ex : 선교중앙교회 사례 - 회의를 통하여 노인 지원 비용과 간식비 등을 학생들의 용돈에서 갹출하기로 하고 비용을 충당함)
    3) 조별 배정 인원이 많았다.(1조당 5,6명 정도로 했으면 좋겠다.)
  (2) 대안 - 학생들 스스로 해결할 수 있는 자립 의지 배양이 필요하다.

- 선교중앙교회(박순옥 집사)
  4기 봉사학교 때는 처음으로 참가하였고, 혼자서 학생 여러 명을 관리하는 것이 쉽지는 않았다. 자식 같은 아이들에게 이런저런 요구를 할 수도 없어 특히, 돈이 지출되는 문제는 사비로 충당하였고, 중간 지도자를 하면서 적지 않은 부담으로 작용했던 것이 사실이다. 하지만, 두 번째 참가하는 6기 봉사학교에서는 학생들에게 자율적으로 운영하고 활동할 수 있도록 임원진을 선출하여 주고 모든 활동을 회의를 통한 결정에 따라 움직였더니 중간 지도자로서 학생들의 관리도 수월하였고, 봉사 활동도 적극적으로 참여하는 모습을 보였다. 앞으로도 학생들이 스스로 운영할 수 있도록 하고 활동을 하면서 다른 방향으로 가지 않도록 지도하는 방향으로 참여를 할 것이다.

■ 장안교회(안관희 전도사)

조별 활동을 할 경우 신앙인과 비 신앙인의 비율에 있어 비 신앙인 수가 많을 경우 신앙적인 갈등을 유발하게 되었다. 실제적으로 봉사 학교에 참여한 학생들 중 신앙이 없는 학생들과 함께 수련회를 떠난 일이 있었는데 신앙을 갖고 있는 교회 학생들이 신앙이 없는 학생들에게 휩쓸려서 수련회가 잘 진행되지 않는 결과를 낳은 적이 있었다. 따라서 조별 구성을 할 때에는 신앙인과 비 신앙인의 비율을 1:1 또는 신앙인과 비 신앙인의 그룹을 나누면 운영상의 어려움이 경감할 것이라고 생각된다.

■ 동천교회(신충식 목사)

조별 지도자를 섭외하는 것이 힘들었다. 그 이유는 사전 준비 없이 갑작스럽게 프로그램에 참여하여 은천노인복지회와의 충분한 논의가 부족하였기 때문이다.

■ 성복교회(최명자 집사)

어려웠던 점은 교회가 프로그램에 관심이 없었고, 여름 수련회가 겹쳤기에 어렵고 힘이 들었다. 앞으로는 여름성경학교, 수련회 등 교회 행사와 중복되지 않도록 하고, 교회 차원에서의 배려와 협조가 있다면 더욱 큰 보람과 좋은 열매가 될 것이다.

※매월 정기적인 중간 지도자 모임을 실시할 예정이다. (2째 주 금요일 3-4시) 희망하는 사람은 누구나 참석할 수 있다.

# X. 봉사학교의 교회 적용 후기

유득종 (한마음침례교회 전도사)

은천노인복지회관을 알게 된 것은 한마음교회에서 사역을 시작한 1998년 봄이다. 학교에서 졸업 논문을 쓰면서 사회 복지에 대해서 관심을 갖게 되었고, 근처에 은천노인복지회관이 있다는 것을 교회에 찾아오는 직원들을 통해서 알게 되었다.

1999년 중등부 사역을 시작하면서 학생들이 내가 자랄 때와는 다르게 규정된 봉사 활동 시간이 있다는 것을 알게 되었다. 그리고 학생들이 고등학교 진학하는데 이러한 것들이 필요하며, 내신 성적에 반영이 된다는 것을 알게 되었다.

처음에 학생들이 교회에 와서 '봉사 활동을 할 수 없느냐' 며 봉사 활동을 원했는데 청소를 시키고 시간을 주었다. 교회에 다니는 학생들뿐만 아니라 다니지 않는 학생들도 가끔은 교회에 와서 봉사 활동을 하게 해달라는 요청을 했었다.

다음 해에는 교회에서 봉사한 것은 인정이 안 된다고 했다. 교회에 출석하는 학생들을 위해서 봉사 활동을 할 수 있는 방법들을 찾았으나 학생들과 함께 봉사 활동을 할 수 있는 방법은 쉽지 않았다.

그러한 때에 "은천노인복지회"로부터 연락이 왔다. 학생들을 대상으로 하여 자원봉사학교를 할 예정이라고 했다. 나는 귀가 솔깃해서 지도자 모임에 참석을 했다. 그리고 내가 참가한 첫 번째 봉사 활동이 진행되었고, 수해 중에도 장안4동 동장님을 비롯한 지역 유지분들이 찾아와서 격려를 보내 주었다. 수고하는 복지회 직원들과 동사무소 직원들을 바라보면서 봉사 활동에 대해서 생각을 넓히기 시작했고, 나의 생각을 열게 되었다.

## 1. 연계 봉사 활동의 필요성

교회에서는 봉사 활동에 신경을 많이 쓸 수 없는 상황인 것을 안다. 학생들은 날로 교회를 떠나는 상황에서 봉사 활동이 학생들을 교회에 잡아 둘 수 없는 것으로 보여진다. 많은 학생들을 담당하는 교역자들이 주말 사역자(파트 타임)이기 때문에 주말 이외에는 활동하기가 힘든 상태에서 여러 가지 일들이 밀려 있기에 시간을 빼기가 어려운 상태이다. 이러한 상황에서 파트타임 사역자들은 대부분 눈앞에 해야 할 일들과, 보이는 학생들에게 사역을 집중할 수밖에 없는 것이 현실이고, 학생들의 필요에 의한 봉사 활동에 눈을 돌릴 여유가 없는 상황이다.

반면 교회에 다니는 학생들은 불신 학생에 비해서 더욱 봉사 활동의 필요성이 많이 있는 편이다. 불신자 학생들은 주말을 이용하여 전철역이나, 여러 기관들에 가서 봉사 활동을 할 수 있는 반면, 교회의 학생들은 주말과 주일에는 교회의 여러 활동에 묶여 있는 편이다. 열심이 있는 학생들은 교회에서 맡은 일을 하기에도 주말이라는 시간이 부족한 상태인 경우도 있다. 이들이 봉사 활동을 할 수 있는 것은 주중의 남는 시간인데, 학원을 다니는 학생들은 마땅히 봉사할 만한 시간이 없는 편이다.

교회에 열심이 있는 학생들이 봉사 활동을 할 수 있는 기간이 있다면 방학 기간인데 이 기간에는 다니는 학생들이나 다니지 않는 학생들이나 함께 봉사 활동을 위해서 경쟁하는 기간이 된다. 여러 면에서 교회 다니는 학생들은 봉사 활동에 있어서 뒤쳐질 수 있는 가능성이 많다.

## 2. 연계 봉사 활동의 이점

첫째, 봉사 활동을 할 수 있는 안정적인 장소가 제공된다는 점이다. 은천노인복지회관과의 봉사 활동은 봉사학교가 열릴 때의 단회적이기는 하지만 필요에 의해서는 참가 학생들을 지속적으로 봉사 활동에 참여시킬 수 있는 상설성도 함께 가지고 있다. 지속적으로 봉사 활동을 하는 교회에는 봉사 활동 참여 시간을 은천노인복지회에서 인정해 주고 있다.

둘째, 학생들의 필요에 맞춘 봉사 활동을 제공할 수 있다는 점이다. 단지 시간을 채우기 위한 학생들은 봉사학교를 1회(중학생)나 2회(고등학생) 정도 참석하게 되면 한 해의 봉사 시간을 채울 수 있다. 그리고 봉사 활동을 지속적으로 참여하기를 원하는 학생들은 지속적인 프로그램들을 지원해 줄 수 있으며 또한 대상이나 장소도 보장이 되고 있다.

셋째, 열심인 학생들의 신앙 인격 형성에 도움이 된다는 것이다. 요즘 학생들이 자아 중심적이고, 이기적이다. 그러나 봉사 활동을 통해서 독거 노인들을 만나고, 바자회나, 모금 활동 등을 통하여 학생들은 이전과 달라지는 자신을 반성하게 되고, 학생들의 신앙 인격이 자아 중심적인 신앙 인격이 아니라 타인을 배려할 줄 아는 신앙 인격으로 형성이 되어지게 된다.

넷째, 봉사 활동을 통하여 불신 친구들을 교회로 인도할 수 있다는 점이다. 봉사학교의 경우 짧게는 4일 4회, 길게는 5~6회 정도 교회에서 모인다. 불신 학생을 우리 교회에 4~6회 정기적으로 교회에 오게 할 수 있는 것은 봉사학교 이외에는 없다. 그들에게 충분한 증거와 교제의 시간이 제공이 된다.

다섯째, 봉사 활동이 교회의 이미지 개선에 도움이 된다는 것이다.

봉사학교는 은천노인복지회의 주관으로 하지만 모든 활동은 개별 교회에서 하게 된다. 따라서 개별 교회가 적절한 운영을 하게 되면 교회의 이미지 개선에 도움이 될 수 있는 일들을 많이 할 수 있다.

여섯째, 학생들에게 복음이 전해지기 때문이다. 봉사학교를 통해서 우리 교회에 학생들이 나오지 않는다고 하더라도 다른 교회에 나갈 수 있는 기회가 제공된다. 봉사 활동을 통해서 복음을 들은 학생들은 봉사 활동 그룹의 친한 친구들의 교회에 나갈 수 있게 된다.

## 3. 봉사학교 속에서의 전도

지난해까지는 교회의 학생 중심의 봉사 활동을 했었다. 그러나 올여름봉사학교부터는 교회 중심이 아니라 학교 중심으로 변해 가고 있다. 따라서 전도할 수 있는 더 많은 자원들이 형성될 수 있다. 물론 교회의 학생들의 인맥을 중심으로 한다면 결실을 얻기가 쉽지만, 이렇게 생각해 볼 수 있다. "타종교의 학생들이, 무교의 학생들이 교회에 와 볼 수 있는 가능성이 얼마나 있을까?" "그들이 교회를 방문해 볼 수 있는 가능성이 얼마나 있을까?" 하는 것이다.

생각하기 나름이겠지만 이렇게 본다. 타종교의 학생들이 교회를 방문할 수 있는 가능성은 극히 미약하다. 교회를 단회적인 방문이 아니라 봉사학교가 지속되는 3~4일 동안 계속해서 정기적으로 교회에 와 본다는 것은 그들의 신앙에 있어 하나의 전환점이 될 수 있다.

또한 그들이 교회에 와서 불신 리더를 중심으로 봉사 활동을 하는 것이 아니라는 점을 생각한다면 전도의 효과를 생각할 수 있을 것이다. 타종교든, 무교든 일단 교회에 소속되어 봉사 활동을 하려 한다면 청소년 목회자(파트 타임이나, 풀타임이나)나 청소년을 담당하는 교사가 중간지도자로서 봉사학교 학생들을 이끌게 된다(이들의 영향력에 따라서 봉사학교 학생들이 복음을 접하겠지만). 청소년 담당 교사나, 목회자들이 추수할 곡식들을 그냥 돌려보내겠는가? 그들은 최선을 다해서 그들에게 복음을 전할 것이다.

복음을 전해서 그들이 지금 당장 교회에 다니지 못한다면 또 어떤가? 그들은 이미 금단시 되어 있는 교회에 와 보았다. 그리고 교회의 지도자들의 지도에 의해서 그들은 모임을 모일 때와 헤어질 때 기도하도록 되어 있다. 따라서 그들은 교회에 대해서 과거에 비해서 두려움과 거부감이 덜할 것이다. 그의 가까운 친구 중 교회에 다니는 친구가 있다면 그를 통해서 교회 나가기는 더욱 쉬워질 것이다.

또한 그들이 지금 교회에 나오지 않는다고 해서 포기할 필요도 없다. 성과가 없다고 생각할 필요도 없는 것이다. 그들의 연락처가 있고, 그들과 메일로 안부를 주고 받으며, 신뢰를 쌓아갈 수 있는 길이 있다. 그들의 전도를 위해서 먼 길을 내다볼 수 있다.

끊임없는 교제를 통해서 그들을 복음으로 인도할 수 있다. 나의 경우 학생들이 다니는 학교가 부근에 있다. 교회가 학생들이 지나는 길목에 있으므로 종종 봉사 활동을 했던 학생들을 만나게 된다. 그리고 교제를 나누게 되고, 교회에 나올 수 있도록 초청을 한다.

김영을 목사님의 경우, 교회 학생들 중심의 운영으로 교회에 다니는 학생들이 친한 친구 한 명씩을 데리고 와서 봉사에 참여함으로 더 많고 확실한 전도의 열매를 맺을 수 있었다. 교회에 다니는 친구들도 있겠지만 교회에 다니지 않는 친구들이 교회에 나와서 교회 선생님들과 교회의 담임 목사님과 교제하게 되고, 정기적으로 교회에 나와서 봉사해야 하기 때문에 다른 친구들이 생기게 되고 교회에 정착하게 되는 경우가 많다.

종합하여 본다면 상황에 따라서 눈에 보이는 전도의 열매가 맺을 수도 있고, 눈에 보이지는 않지만 전도의 모체가 되는 관계를 형성할 수도 있다. 그것은 참석하는 교회의 학생들과 교회의 상황에 따라서 다르다. 분명한 것은 어느 상황을 보든지 분명 전도는 되어진다는 것이다.

## 4. 학생들을 어떻게 관리할 것인가?

"학생들을 어떻게 다룰 것인가" 하는 문제는 조금 민감한 문제이기도 하다. 학생들을 다루는 것은 그들의 참여 동기와 연결이 된다. 지금까지 봉사학교를 하면서 참여하는 학생들을 분류한다면 이렇게 분류가 된다. 교회에서 자발적으로 참여하는 학생들, 교회에서 등 떠밀려서 참석하는 학생들, 부모의 강압으로 참여하는 학생들, 학교 선생님에 의해서 반 강제적으로 참여하는 학생들, 봉사 시간만을 때우기 위해서 참여하는 학생들, 봉사 시간과 함께 무언가 하기 위해서 참여하는 학생들로 나눌 수 있다.

교회 학생들은 지도자들이 다루기가 사실상 쉽다. 어느 정도 그들을 파악하고 있고, 안면이 있고, 무리한 요구를 하여도 수용할 준비가 되어 있는 학생들이다. 그러나 학교를 통한 학생들은 다르다. 선생님의 요구에 의해서 바뀔 수 있다.

크게 구별되는 두 번의 경우를 통해서 자원 봉사에 참여하는 학생을 조직한 방법을 기술해 보도록 하겠다.

2001년 하계봉사학교에서는 주축이 되는 인원들이 우리 한마음교회 학생들이었다. 한마음교회 학생 중등부와 고등부 20여명이 참석하였고, 은천노인복지회관과 동사무소에서 모집한 인원 30명을 배정해 주었는데 이중에서 15명 정도가 참석하여 총 35명 정도가 한마음교회 소속으로 활동을 하게 되었다. 자원 봉사자 교육을 마치고 소속 교회별 모임을 통하여 조 배정을 하였는데, 한마음 교회 학생들을 주축으로 하여 고등부 학생만 모인 조, 중등부 학생만 모인 조, 중등부와 고등부를 적당히 섞은 조, 3조로 조를 편성하였다. 필자는 고등부 학생들로 구성된 조를 맡았는데, 조 이름을 봉구라고 지었다. 봉구라는 이름은 봉(봉사 활동을 통해서) 구(구청장 상을 받자!)라는 의미를 가지고 처음부터 구청장 상을 목표로 봉사 활동을 했다. 전반적으로 고등부 학생들의 모임에 중간 지도자의 아이디어가 첨가가 되자 동기 부여가 확실하게 되는 조가 되었다. 중등부 학생으로 구성된 조는 고등부 전도사님이 담당을 했는데 전반적으로 학생들의 열성에 비해서 협조가 부족한 편이었다. 반반씩 섞인 조의 경우는 지도자를 고등부 학생들이 하고 중등부 학생들은 따라가는 편이었다. 모든 조의 구조나 운영은 한마음교회 학생을 중심으로 운영이 되었으며, 한마음교회 학생들이 연락을 주도하는 등 활발한 활동을 이끌어갔다. 결과적으로 열심히 봉사 활동을 하였으며, 참석률도 좋은 편이었다.

2002년 봉사학교는 한마음교회의 학생들이 전혀 없는 상태에서 휘경여중, 휘경여고, 해성여상의 학생으로 구성된 30명의 학생의 명단을 받았다. 그중 22명이 첫날 참석하였고, 22명의 학생을 2개조로 나누었다. 고등부 학생으로 구성된 조와 중등부 6명, 고등부 2명으로 구성된 조로 나누게 되었는데, 고등부 14명으로 구성된 조의 경우 7명은 해성여상 같은 반 학생이었고, 나머지 7명 중 4명은 고2, 3명은 고1로 구성되었다. 이들의 조는 조장과 총무를 선출하여 이들 중심으로 연락이 되고, 모임을 모이도록 하였다. 같은 학교의 학생들이 많다는 점에서 연락이 잘 되고 결석하는 학생들의 상황을 잘 알 수 있었다.

이들 자원 봉사자들의 명단(은천노인복지회에서 모집한 인원)은 1주일 전쯤에 소속될 교회에 보내지게 된다. 명단을 받은 중간 지도자들은 일 주일 간 자원 봉사자들과 전화 또는 이메일을 통하여 연락하여 개회식에 참여하게 된다.

## 5. 동기 부여는 어떻게 할 것인가?

소그룹 지도자들이 동기 부여를 할 수 있는 방법은 일일이 길을 가르쳐 주는 방법이 있다. 이것은 아직 미성숙 된 그룹, 특히 중등부 학생들이 주도적인 그룹에 필요한 것 같다. 중등부 학생들이 주도적인 그룹에서는 적절하게 필요한 것들이 나타나지 않는다. 그래서 지도자가 그들의 길을 안내해 주고, 일일이 진행 사항을 체크해 주어야 할 필요가 있다. 동기 부여 자체를 해야 한다. "이렇게 하는 것이다"라고 보여 주어야 할 필요성이 많다. 그러나 고등부 학생이 주축이 된 경우 그룹원이 천방지축으로 생각이 없이 군중 심리에 따라 움직이는 그룹은 지도자가 모든 방향에서 길을 제시해야 하고, 조금 성숙된 그룹은 스스로 길을 잡아갈 것이기에 동기 부여가 이미 되어 있다고 생각할 수 있다.

2001년의 경우 앞에서 언급한 것과 같이 봉구조 스스로가 봉사 활동에 대해서 목표를 가지고 있었다. 그리고 처음 하는 활동이므로 흥미를 가지고 있었고, 상에 대한 기대감이 많이 있었다. 특히 고등학교 학생들에게는 대학과 직접적인 상관 관계가 있는 "상"이라는 말에 민감하게 반응했다.

봉구조는 조장 및 대부분의 조원들이 지도자에게 2~3년 정도 교육을 받았던 학생들이었기 때문에 중간 지도자의 생각들을 잘 알고 있었고, 중간 지도자의 생각에 대해서 잘 순종해 주었으며, 좋은 아이디어들을 기탄 없이 말하고 실행할 준비가 되어 있는 학생들이었다.

봉구조가 두각을 나타낸 것은 바자회 때였다. 바자회를 알리는 포스터와 벽보들을 바자회 장소를 중심으로 주변에 알리는 벽보와 포스터를 바자회 1일 전에 붙여 놓고, 바자회를 알리기 위해서 각종 도구들을 제작했다. 옛날 극장의 샌드위치맨처럼 포스터를 사방에 붙여놓은 곽을 둘러쓰고, 꽹과리를 준비하고, 피켓을 제작하고, 각종 분장을 하고 장안4동을 한바퀴 돌았다. 다른 조에서는 생각하지 못한 아이디어들이었다.

조 전체가 분명한 목적 의식이 있었고, 자기들 행동 하나하나가 평가의 대상이 된다는 것을 강조하자 모이는 것, 그리고 준비하는 것, 그리고 직접 체험하거나 나가는 것들에 대해서 열심을 내었다.

봉구조의 마지막날 독거 어르신 방문을 하게 되었는데, 바자회를 통한 수익으로 쌀과 과일과 음료수 등을 사서 독거 어르신을 찾아갔다. 그 분이 외출하셔서 1시간 가량 골목에서 서서 기다렸는데 기왕 기다린 김에 오실 때까지 기다리기로 하였다. 그리고 오랜 기다림을 통해서 만난 그 어르신의 모습이 학생들 사이에서 잊혀지지 않는다고 한다.

봉구조는 전반적으로 다른 조에 비해서 굉장히 많은 시간을 준비하고 평가하는데 사용을 했다. 둘째 날부터 10시경에 교회에 와서 준비를 하고 다음날 행사 안내 벽보를 만들고, 샌드위치 판넬을 만들고, 피켓을 준비하기 시작했다. 둘째 날은 아침 아홉 시에 미리 모여서 바자회에서 팔 물건들을 준비하고 점검하고 나가서 오후 네 시가 넘어서 돌아왔었다.

이렇게 봉구조가 많은 시간을 준비하고 투자할 수 있었던 것은 그들에게 그러한 활동을 통해서 얻고자 하는 현실적인 목표가 있었던 것으로 본다. 학생들에게 매 봉사학교마다 뚜렷한 목표를 가지게 한다면 학생들은 좀더 열심히 그리고 더 창조적으로 봉사 활동을 할 수 있을 것으로 본다.

2001년에 비해서 2002년에는 교회 학생들이 전혀 없는 가운데서 진행이 되었다. 교회의 학생들이 없어서 그런지 처음에는 약간 막막하긴 했지만 금새 활동이 진행되었다. 이번에 맡은 학생들은 두 개의 학교의 학생들이었다. 휘경여고와 혜성여상의 학생들이었다. 총 20명(30명 중)을 받았는데 처음에 14명이 참석을 하였다. 휘경여고 7명, 혜성여상 7명으로 이들에게 처음 시킨 것은 그들 스스로 조직을 만드는 일이었다. 조의 이름을 만들고, 조장을 선출하고, 그리고 총무를 뽑고, 일할 사람들을 조직하는 일이었는데 그들 나름대로 조직을 만들었다. 학교 대표 한 명씩 해서 조장과 총무를 맡고 무엇을 할 것인가를 그들 나름대로 고민하는 편이었는데, 혜성 여상 학생들은 학교 선생님이 오셔서 체크를 하는 것에 대해서 신경을 많이 쓰는 편이었다. 선생님이 자신의 반아이들을 일괄적으로 동원하셨던 것 같다.

학생들에 따라 다르지만 이들의 성격을 보아 모든 것을 맡겨 두기로 했다. 그리고 그룹 지도의 기본인 길잡이 역할만 할 생각을 하였다. 그리고 이번에는 고등학생들이므로 모든 것을 그들에게 맡겨 두었고, 어떻게 할 것인지를 가르쳐 주는 일에만 몰두하기로 했다.

실질적으로 2002년 봉사학교의 경우 학생들 스스로 모든 활동들을 하였다. 지정된 활동이 없었다. 예시된 여러 가지 프로그램들 중에서 2가지를 골라서 하도록 되어 있었다. 2가지의 프로그램을 어떻게 조직하고 어떤 방법으로 실행할 지는 조별로 토의하여 결정하도록 되어 있었다. 이들은 처음부터 나와 관계가 많지 않은 상태였기 때문에 자립적이었다. 지도자로서 할 수 있는 것과 하기 위해서 준비가 필요한 것들에 대해서 조금씩의 설명만 해 주면 되었다. 나머지는 학생들 스스로가 준비하고 스스로가 결정하도록 했다.

두 번의 봉사학교가 굉장히 다른 모습으로 진행이 되었다. 진행될 때마다 다른 동기 부여가 필요했다. 그리고 다른 지도 방향들이 필요로 했다.

## 6. 봉사 활동 후의 학생들의 변화는 어떠한가?

학생들이 쉽게 변화되지는 않는다. 그러나 학생들이 이러한 봉사 학교를 마치고 나서 조금씩 변하는 것을 경험한다. 봉사학교를 재미 삼아 시간 채우려고 참석하는 학생들은 별반 변화를 보이지 않지만, 무언가 얻고자 하여 참석한 학생들은 변화를 한다.

첫해에 우리 학생들이 바자회를 해서 모금한 돈으로 쌀과 과일들을 사서 무의탁 어르신들을 방문하고 위로해 주는 시간을 가졌었다. 그리고 학생들이 집에 돌아갔을 때 학생들이 달라졌다는 이야기들을 부모들이 해 주었다. 부모님들에게 더 상냥해지고, 할머니 할아버지들에 대해서 관심을 갖게 되었다는 이야기를 들었다.

봉사 활동을 하고 집에 돌아왔을 때 전에는 집에 누가 있거나 말거나 문을 쾅 닫고 들어가던 한 학생은 엄마에게 "엄마 사랑해. 엄마에게 잘할께"라고 말했다고 하고, 학생들이 모여서 평가회를 할 때, 지금까지 자기들이 생각했던 것과 장애인들이 삶을 살아가는 것에 대해서 많은 차이점을 발견했다고 이야기하면서 앞으로는 도움이 필요한 장애인들이 있으면 적극적으로 도와 줄 수 있는 사람이 되고 싶다고 말했다.

올해에는 길거리 청소와 독거 어르신을 위한 모금을 했었다. 올해의 경우 학생들 스스로가 자신들이 버린 쓰레기도 있었다며 자기 자신이 먼저 변해야 한다는 것을 느꼈다는 말을 했으며, 독거 어르신들을 위한 모금 활동을 통해서 어려운 이웃을 돕는 일들이 쉽지 않음을 느끼게 되었다고 했다.

## 7. 전도사인 나에게 주는 유익함

나는 아직 목회자라고 부르기에는 부족함이 많다. 앞으로도 많이 준비되어야 한다는 것들을 잘 알고 있다. 내가 봉사학교를 통해서 발견한 것들은 내가 좀더 주위에 눈을 돌리고 살아야겠다는 것이다. 지금까지는 교회와 가정 밖에는 눈길을 주지 못하고 있었다. 나의 주위에 대해서는 거의 생각하지 않고 살았다. 전에는 교회 안에 있는 사택에 거주하면서 교회 밖에 거의 나갈 일이 없었기 때문에 주변 사람들을 만날 수 없다는 변명을 할 수도 있었지만, 결혼을 한 후로는 밖에서 집을 얻어서 살고 있다. 그러면서도 주변 사람들이 어떻게 사는 지에 대해서 별로 관심이 없었다. 오직 관심이 있는 것은 교회와 학생들이었다.

봉사 활동을 하면서 주변 환경이라는 것에 대해서 많이 생각하게 되었다. 어쩌면 홀로 사는 어르신들이나, 내가 사는 골목길을 지저분하게 하는 전단지, 벽보들에 대해서 별로 생각하지 않고 살았다. 거기에 관심이 없었기에, 무슨 내용이 붙어 있는지 조차 몰랐다. 봉사 활동을 하면서 하나하나 발견해 나간다. 주위에는 정말 쓸쓸하고 힘들게 살아가는 어르신들이 많다. 그리고 그들을 도울 수 있는 방법들을 하나씩 생각하게 되고, 내가 살고 있는 주변 환경에 대해서도 생각하게 된다.

거리의 쓰레기를 주울 때 사람들의 따가운 눈총을 기억한다. '저 사람들이 뭐하나' 하는 호기심 어린 눈빛으로, 또는 따가운 눈빛으로 거리의 휴지를 줍는 우리들을 바라보는 사람들, 그들을 바라보면서 '저 사람들이 왜 저렇게 우리를 보는 것일까?' 많이 자문도 해 보았다. 몇 몇 사람은 수고한다며 자기 가게 앞은 자신들이 청소할테니 다른데 하라는 사람도 있었다. 어떤 사람은 여기에 있는 쓰레기를 왜 가져가지 않느냐는 사람도 있었다. 다른 사람의 시각에서 환경을 본다는 것에 대해서 사람들은 거의 생각을 하지 않고 있다. 내가 조금만 눈을 낮추면 많은 것이 달라짐을 볼 수 있다. 길거리에서 조금만 눈을 낮추면 수많은 쓰레기가 보인다. 그리고 조금 더 낮추면 휠체어로는 다닐 수 없는 수많은 길들이 보인다. 나는 지금까지 그렇게 눈을 낮추지 않았었다. 이제는 눈을 낮추어야 할 것 같다.

특히 사역적인 부분에 있어서 교회에 출석하는 아이들만이 지속적인 교제의 대상이었는데 봉사학교를 하면서부터 교회에 출석하는 학생뿐만 아니라 출석하지 않는 학생들, 그리고 다른 교회에 다니는 학생들까지 교제의 대상이 되었다는 것이다. 이것은 장래에 막대한 전도의 자원이 될 수 있다. 봉사 활동은 나에게 이 사회를 돌아보는 계기가 되었다.

## 8. 우리가 기독인으로서 생각해야 할 것

봉사학교에 참가하면서 점점 더 느끼는 부분은 부정과 부패가 중고등부 학생들에게까지 영향을 미친다는 것이다. 교회에 다니는 아이들조차도 규정 시간밖에 주지 않는다는 이유로 봉사학교에 참여하지 않는다는 말을 하는 경우가 있다. 물론 이것은 그 학생의 잘못된 생각을 탓할 수도 있으나 학생들을 그렇게 만든 일부의 몰지각한 행동에 대해서도 탓하고 싶다. 그러한 부정 행위들은 학생들의 자원 봉사 활동의 의식을 저해하는 것은 물론, 학생 사회의 전반적인 기류를 적은 시간을 봉사하고 많은 시간을 주는 것이 당연한 것으로 받아들여지게 만들어 규정된 자원 봉사 시간만을 인정하는 기관들에 봉사자들이 줄어들게 하는 요인으로 작용한다.

몇몇 학생에 불과하다고 생각할 수 있지만 자원봉사학교를 하다보면 대부분의 학생이 농담반 진담반으로 시간을 초과해서 달라는 경우가 많다. 이러한 것에 대해서 우리는 정직을 생명처럼 지켜야 할 것이다.

# 5장

# 덕수교회 청소년 선교 프로그램

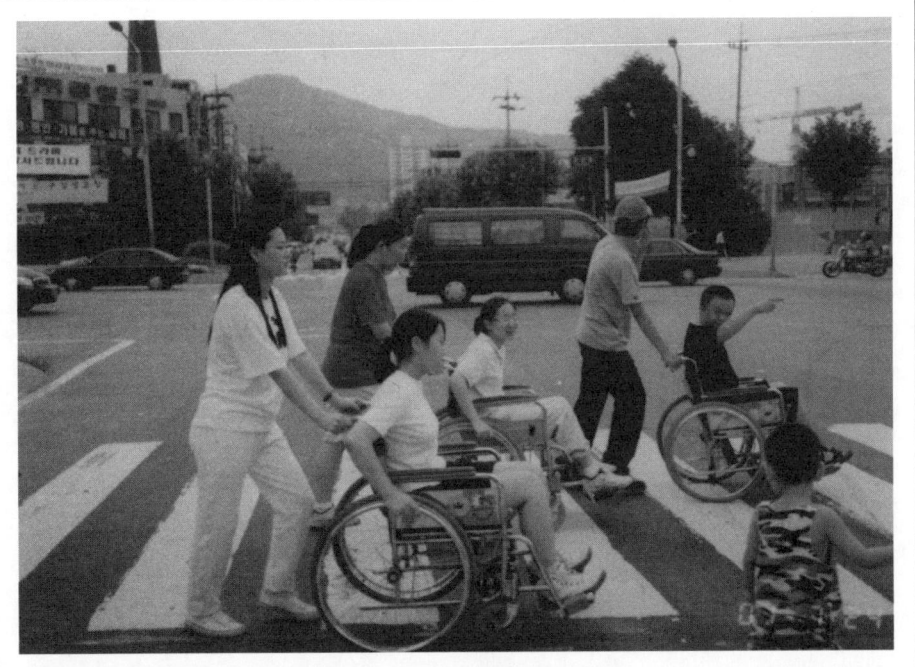

# 덕수교회 청소년 선교 프로그램

손인웅
덕수교회 담임목사
한국기독교사회복지협의회 공동대표

## I. 청소년 선교 프로그램

### l. 사업 개요

1995년 5월 31일 정부의 교육 개혁 발표 이후 그 내용에 따라 중고교생의 봉사 활동이 적극 장려되었으나 이 제도가 정착되기까지 체계적인 준비, 인식 부족, 봉사 교육 및 실습, 체험의 결여로 많은 어려움이 예상되었다. 그 결과 학생들은 봉사 장소를 구하지 못하여 난관에 봉착하고 있으며, 소수의 학생들이 원만하게 활동할 장소의 제공도 어렵게 됨에 따라 학생들의 봉사 활동이 부담스럽게 되었다. 또한 봉사 확인서를 부정 발급하는 사례가 늘어나 비교육적인 현상으로까지 이르게 되었다. 이러한 인식 아래 청소년 봉사와 선교를 위한 새로운 접촉점이 필요했던 교회는 이 기회를 포착하여 아래의 목적을 위해 봉사단을 창단하게 되었다.

(1) 봉사 활동 참가 학생들이 자원 봉사 교육과 경험을 통해 자기를 발견하고 성장시키며 자원 봉사의 인식을 높이는 기회로 삼는다.

(2) 학생들이 사회와의 접촉을 통해 사회에 대한 인식을 높이고 더불어 사는 사랑을 느끼도록 한다.

(3) 지역 사회를 섬기는 교회의 사명을 감당하며 청소년들에게 교회의 이미지를 제고하고 전도하는 계기로 삼는다.

## 2. 사업 목적

봉사 활동에 참가한 학생들이 자원 봉사 교육과 경험을 통해 자아와 사회에 대한 인식을 높이고 건전한 사회관을 갖도록 하며, 사랑의 실천을 통해 복음 전도와 선교적 사명을 다하는 데 그 목적이 있다.

## 3. 2002년 사업 목표

(1) 학생들의 자원 봉사 교육 프로그램과 자원 봉사 현장 프로그램을 개발한다.

(2) 대학(원)생 자원 봉사자 및 교회 내 자원 봉사자를 확보하여 자원 봉사자들이 소속감을 가지고 적극적으로 참여할 수 있도록 한다.

(3) 성북사회봉사단을 수료한 청소년 자원 봉사자들이 사회봉사단의 보조 교사로 봉사함으로써 봉사 활동에 지속적으로 참여할 수 있도록 한다.

(4) 여름 방학 중의 봉사 캠프 프로그램을 계획하고 실행한다.

(5) 청소년들의 자원 봉사 활동에 대한 인식과 책임감을 고양시킨다.

## 4. 실천 방안

(1) 프로그램

1) 기존의 토요봉사학교 프로그램을 수정, 보완하여 실행한다.

2) 사후 설문 조사를 통하여 학생들이 바라는 자원 봉사 프로그램은 어떠한 것들이 있는지 발견하고, 욕구가 강한 프로그램을 활성화시킨다.

3) 지역 특성에 맞는 현장 프로그램을 개발한다.

(2) 자원봉사자

1) 대학생 자원봉사자들을 모집하여 사회사업학과 학생 모집한 학기 기준으로 시행한다.

2) 1년 동안 자원 봉사 활동을 할 수 있는 교회 내 자원 봉사자를 모집하여 교육한다.

3) 사회봉사단 자원봉사자들에 대한 관리를 한다.

(3) 청소년 자원봉사자

1) 매 기가 끝날 때마다 사회봉사단 청소년 자원봉사자를 모집한 다음 그때에 각 조의 보조 교사로 활동하도록 한다.

2) 청소년 자원봉사자들에 대한 관리를 한다.

(4) 봉사 캠프

1) 봉사관 또는 근교 캠프장이나 타 복지관에서 0박 0일을 통해 봉사 활동을 한다.

2) 2000년도 여름 캠프에 대한 충분한 평가를 통하여 프로그램을 수정, 보완한다.

(5) 교육과정 및 관리

1) 성북봉사단 교재를 만들어 배포함으로써 학생들이 사회 봉사에 대한 전반적인 관심을 갖고 참여하도록 한다.

2) 2회 이상 결석하면 수료가 불가능하게 함으로써 학생들이 책임감을 가지고 봉사 활동에 참여하도록 한다.

3) 성북봉사단에서 수료한 학생에게 수료증을 주면 해당학교

에서는 봉사성적을 인정한다.

## 5. 활동 기본 방향

(1) 학교, 공공기관, 덕수교회가 활동의 중심이 된다.
(2) 공공기관 및 사회 시설과 연계하여 성북동과 기타 지역의 봉사 현장을 개발한다.
(3) 성북동 및 인근 지역의 중고등학교와 협력하여 학생들을 활동에 참여시킨다. (중학생 년15시간, 고등학교의 봉사 활동 실적 인정)
(4) 덕수교회 및 사회 복지 관련 대학교의 학생들을 자원봉사자로 활용한다.
(5) 사회 봉사를 위한 교육과 실제 활동을 균형 있게 한다(50:50).
(6) 성북사회봉사단을 학교 및 구청에서 인정하는 기관화하고 참가 학생들의 봉사 활동을 인정한다.

## 6. 활동 기본 구도

〈표 5-1-1〉

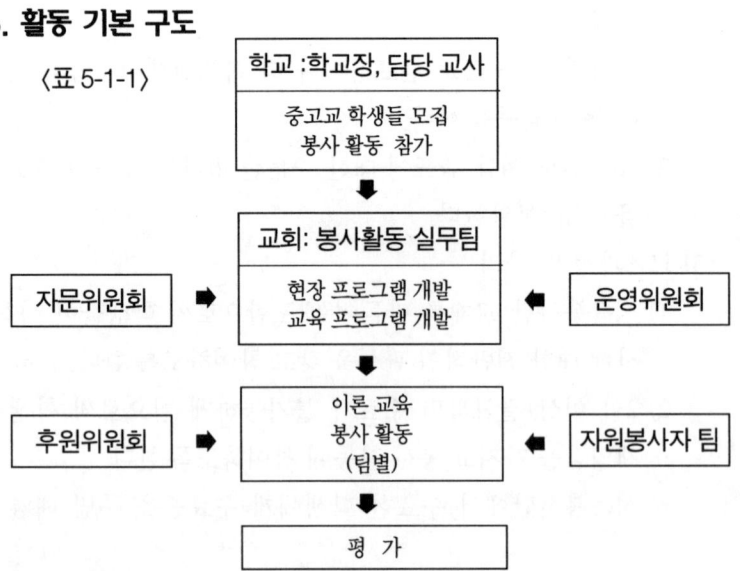

① 활동 전 의식 조사 설문

② 교육

③ 활동(현장 체험)

④ 활동 후 토의

⑤ 설문(변화 평가)

## 7. 조직

단　　　장 : 손인웅 목사

부　단　장 : ○○○ 장로

담당교역자 : ○○○ 목사

실 무 간 사 : 학기 중 실습생

회　　　계 : ○○○ 사무원

〈표 5-1-2〉

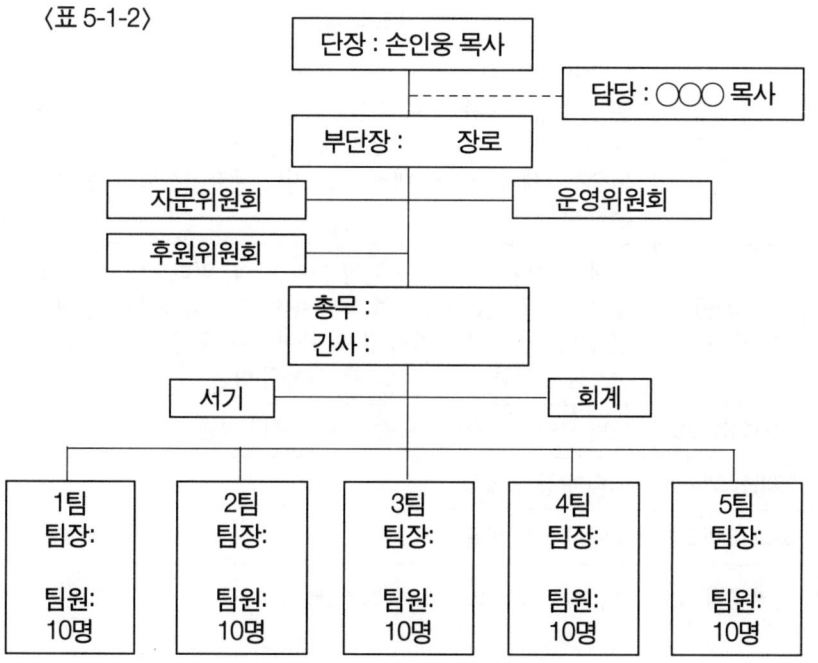

* 자문위원회: 박종삼 교수, 고양곤 장로 등 전공학과 교수
* 운영위원회: 각 학교, 동, 구청, 경찰서 담당 실무자로 구성
* 후원위원회: 덕수교회 사회 봉사 관련 인사 및 어머니
* 팀 장 선 정: 교회 내 자원 봉사자(중고등부 교사, 청년 관련대학
              교 자원 봉사자

## 년도별 새로운 봉사 활동 프로그램명

토요학교 1997년 4월 12일 시작 1기~28기 매주 토요일 오후 2:00~5:00실시

| 년/기 | 프로그램명 |
|---|---|
| 1997년<br>1기-5기 | 발대식, 자원 봉사 이론 교육, 환경 교육 및 지역 환경 운동, 집집마다 홍보 스티커 배부 활동, 노인 서비스 교육 및 독거 어르신 집 방문, 장애우 체험 봉사 활동, 청소년 문화, 사회 교육 및 학교 주변 문화 지도 그리기, 건널목 교통 안내 활동 |
| 1998년<br>6기-10기 | 노인정 방문, 문화 유적 답사 및 청소(삼청공원, 서울산성, 심우장, 간송미술관, 성락원 등), 환경 정화 봉사 활동, 교통 지도, 동사무소·파출소의 생활 홍보 캠페인 참여<br>노숙자들에게 사발면 대접/종묘 시민 광장, 경로 교육 및 양노원 방문 |
| 1999년<br>11기-16기 | 장애우(비디오 및 특강) 환경 교육(강의, 비디오), 조별 토의 및 발표, 지역 조사를 통한 자원 봉사 활동 발표하기, 단체 사진 촬영, 학교 인근 지역 답사, 자원 봉사 현장 지도 발표, 노숙자들에 대한 교육 프로그램, 고아원 방문 |
| 2000년 17기-21기 | 조별 모임 및 평가회, 노숙자 지원 센터 방문 |
| 2001년 22기-26기 | 노숙자 봉사 체험 |
| 2002년 27기-28기 | 장애인 시설 방문 |

  * 봉사 캠프 - 8기, 13기, 14기, 19기, 21기, 24기

# Ⅱ. 청소년 문화 센터

## 1. 목적

인근 지역 청소년들을 위한 문화 공간으로써 바람직한 청소년 문화 복지 사업을 수행하여 지역 사회 내의 청소년 선교에 이바지하는데 그 목적이 있다.

## 2. 목표

(1) 건강한 청소년 문화 육성
(2) 지역 사회 내 청소년간의 유대 강화
(3) 적극적인 지역 사회 참여 기회 제공
(4) 적절한 동아리 활동 지원

## 3. 역사

〈1993년〉
- 교회 성도들의 참여로 시작
- 프로그램 : 자원 봉사자 교육, 인적·물적 자원 조사, 프로그램 수혜자 개발, 상담·문화 프로그램, 지역 사회와 덕수교회 청소년을 위한 문화 동아리 조직 등.
- 홍보 : 각 고교, 덕수교회 중고등부를 대상으로 홍보
- 분과 : 영화/연극, 음악/율동, 교육/정서의 3개 분과
- 1993년 5월 '청소년 문화 센터' 라는 명칭을 '덕수 Y.C.C' 라 약칭

〈1994년〉
- 전년도와 같은 모토 아래, 비슷한 행사들 추진
- 93년도에 미비했던 활동들(공공 행사를 못했던 점, 중고등부에 접근조차 못했던 것 등)의 수정 보완

〈1998년〉
**프로그램**
◐ 사회심리극
· 목적 : 청소년이 청소년기에 겪을 수 있는 여러 가지 문제를 효과적으로 해결할 수 있는 방법을 터득할 수 있는 사회심리극을 제공한다.
· 주요 활동 - 제1회 서울 경인 지역 대학생 사회심리극제

〈1999년〉
**프로그램**
◐ 청소년 모니터 요원 활동(1기)
· 목적 : 청소년들이 보람을 느끼며 자원 봉사 활동에 참여할 수 있는 방안을 찾기 위한 프로그램으로, 청소년들 스스로 자신들의 자원 봉사 활동의 실태와 문제점을 발견하고 개선하여, 바람직한 자원 봉사 활동의 방향을 얻을 수 있는 기회를 마련한다.
· 주요 활동 내용
1. 자원 봉사 활동 현황을 조사하고 청소년들의 의견을 조사.
2. 청소년 자원 봉사 활동 중에서 모범 사례를 발굴하거나 취재한다.
3. 자원 봉사 활동의 문제점을 찾아내고 개선 방안을 찾는다.

4. 청소년들이 활동할 수 있는 자원 봉사 프로그램을 찾아낸다.

· 한 일 : "쩍" 이라는 제목의 신문 발행(사설, 인물 취재, 탐방 기사, 문화 비평, 만화, 정보 · 상식, 학생 글, 좋은 글, 설문 조사, 유머, 이색 지도, 펜팔, 심리 테스트 등의 기사 실음)

○ Rec-dancing 동아리 운영(일명, '늑대와 함께 춤을' 1기)

· 목적 : '건전한 댄스 문화와 체험 학습' 이라는 교육 효과와 더불어 지역 사회 및 또래 청소년에 대한 이해, 자원 봉사 활동을 통한 자아 실현 및 공동체 의식 향상을 추구한다.

· 주요 활동 내용

1. 연 5회 이상 지역 사회 봉사 활동(지역 사회 행사, 복지 시설 방문)

2. 청소년 문화 축제 참가

3. 농촌 체험 자원 봉사 활동

○ 사회 심리극 공연

○ 약물 예방 교실

· 활동 내용 - 인근 지역 중고등 학교에 들어가서 약물 예방 교육을 실시하여 준다

- 음주나 흡연으로 학교 봉사 활동을 하게 된 학생들을 대상으로 4주 프로그램인 바로 알기 교실을 운영한다.

○ 성북사회봉사단(16기)

〈2000년〉

　- 청소년 어울 마당 운영

　　1. 청소년 거리 축제

　　2. 모범 어린이 청소년 표창

　　3. 청소년 전통 문화 체험 도예 교실

　　4. 청소년 힙합 경연 대회

　　5. 청소년과의 대화의 광장

　　6. 서울 유스 챔피언 대회(뮤직, 댄스, 길거리 농구 대회)

**프로그램**

● Rec-dancing 동아리가 '댄싱 동아리' 로 이름 바꿈(2기, 자료 없음)

● 성북사회봉사단(17기)

● 사회 심리극

　· 활동 - 2000년 9월 9일(토), 덕수교회 본당에서 제1회 대학생

　　　　　사회심리극 대회 개최(최우수상 : 서울시립대학교, 금상

　　　　　: 숭실대학교, 은상 : 중앙대학교, 동상 : 성공회대학교)

　　　　- 2000년 9월 ~ 10월 동안 성북 청소년 대축제 때, 총 6회

　　　　　의 사회심리극 공연

● 모니터 동아리(2기, 자료 없음)

● 수화 교실 운영

　· 목적 : 지역 청소년들에게 수화를 교육하여 수화를 사용한 가

　　　　장 기본적인 의사 소통을 가능하게 하고 농아인(청각장애인)

　　　　에 대한 이해를 도우며, 나아가 소그룹 집단 활동을 통하여 인

　　　　성 개발을 이루어 자아 존중감을 향상시키고자 한다.

　　　- 성북구청과 덕수교회가 연합하여 청소년 문화 축제 시행

　　　〈청소년 문화 대축제〉

　　　　· 일　시 : 2000년 9월 22일(금) 17 : 00 ~ 19 : 00

· 장　　소 : 성북구민회관(덕수교회, 인근 대학 강당)
· 참가 대상 : 성북구 관내 청소년 500명 ~ 1,000명
· 주　　최 : 성북구청(가정복지과)
· 주　　관 : 덕수교회
· 행사 방법 : 관내 중고등 학교에서 자랑할 만한 동아
　　　　　　　리를 추천 받아 힙합, 사물놀이, 합창, 보
　　　　　　　컬 등 공연

〈사회심리극 공연〉
· 일　　시 : 2000년 9월 ~ 10월(6회 공연)
· 장　　소 : 심리극 공연을 원하는 중고등 학교 6개교
· 참가 대상 : 심리극 공연 학교 학생 4,800명
· 주　　최 : 성북구청(가정복지과)
· 주　　관 : 덕수교회
· 행사 방법 : 서울 경인 지역 대학생 socio drama 경연
　　　　　　　대회를 개최하여, 중고등 학교 공연팀 선
　　　　　　　발. 사회적으로 청소년에게 문제가 되는
　　　　　　　주제를 선정하여 그것을 해결해 가는 과
　　　　　　　정을 보여 주는 사회심리극 공연

〈2001년〉
**프로그램**

● 댄싱 동아리(3기)
· 평가 (1) 잘된 점 - 학생들에게 댄스 공간의 제공과 전문 강사
　　　　　　　　　　를 섭외하여 연계해 주었다.
　　　　　　　　　　- 잘못된 춤의 습관을 고정해 주었다.
· 평가(2) 잘못된 점 - 댄스 프로그램에 대한 학교의 인식 부족

- 학생들이 선생님의 강제로 인해 비자발적으로 참여
- 프로그램 계획과 운영의 미비
- 참여 학생들의 욕구 불충족

· 평가(3) 개선할 점 - 프로그램 내용을 강의 위주보다는 기초적인 이론과 직접적인 춤 연습을 병행하도록 하자.
- 학생들을 성북구 내의 5개 학교에 국한시키기보다는 인터넷이나, 지역적인 홍보를 통해 모집하자.
- 댄스 동아리에 대한 더 이상의 진행이 어렵다면, 이에 대한 대체 프로그램을 빨리 만들자.

◑ 수화 교실 운영
· 활동 : 2001년 5월 26일(토)과 6월 2일(토)에 통합 교육 과정의 일환으로 서울선희학교 방문 및 교육 참관

◑ 사회심리극
· 2001년 9월 15일(토), 성북구민회관에서 사회심리극 공연(서울여대, 숭실대, 성결대가 공연)

## Ⅲ. 청소년 생명 캠프

### 1. 1998년 여름 봉사 캠프

**제1회 청소년 체험 삶의 현장 - 농촌 일손 돕기(유기 농산물 생산지 견학)**

▶목적 : 자연 환경 파괴와 무분별한 농산물 수입으로 인한 식량
　　　　자급 저하 문제를 인식하고, 농촌 봉사를 통해 우리 농
　　　　산물과 유기농의 중요성을 체험하도록 하는 데 목적이
　　　　있다.

▶대상 : 중학생(경신중, 홍익중, 동구여중, 삼선중 4개 학교)

▶인원 : 학생 60명, 교사 10명

▶날짜 : 1998년 7월 23일(목)~24일(금)1박 2일

▶장소 : 화방교회(강원도 홍천군)

▶확인서 : 봉사확인서 15시간 인정

▶주요 프로그램:농촌 일손 돕기 체험, 텐트 설치 방법, 캠프파
　　　　　　　　이어, 백학 마을 노인정 방문, 조별 발표 등

## 2. 1999년 청소년 봉사 캠프(1차)

**제2회 청소년 여름 봉사 캠프 - 사랑으로 배우는 봉사 체험**
**(서울시 사회 복지 시설 견학 및 봉사 활동)**

▶목적 : 청소년들이 우리 지역 사회의 소외된 이웃을 새롭게 이
　　　　해하고 참다운 인간 사랑의 실천을 가슴과 몸으로 체험
　　　　하도록 하는데 목적이 있다.

▶대상 : 중학생(경신중, 홍익중, 삼선중 동구여중, 한성여중 5개
　　　　학교)

▶인원 : 학생 70명

▶날짜 : 1999년 7월 21일(수)~23일(금) 2박 3일

▶장소 : 덕수교회 사회복지관

▶확인서 : 봉사확인서 15시간 인정

▶주요 프로그램 : 서울 시내 어린이 보육원 봉사, 거택 보호 노
인 및 요양원 봉사, 시각 장애우 학교 방문, 지
역 사회 환경 조사 활동(샛강 오염도 측정),
조별 발표회(활동 일지 및 활동 비디오), 캠프
파이어, 마당 농구, 수료식

## 3. 1999년 청소년 봉사 캠프(2차)

### 제3회 청소년 여름 봉사 캠프 - 사랑으로 배우는 봉사 체험
### (서울시 사회 복지 시설 견학 및 봉사 활동)

▶목적 : 청소년들이 우리 지역 사회의 소외된 이웃을 새롭게 이
해하고 참다운 인간 사랑의 실천을 가슴과 몸으로 체험
하도록 하는데 목적이 있다.
▶대상 : 중학생(경신중, 홍익중, 삼선중 동구여중, 한성여중 5개
학교)
▶인원 : 학생 50명
▶날짜 : 1999년 7월 28일(수)~30일(금) 2박 3일
▶장소 : 덕수교회 사회복지관
▶확인서 : 봉사확인서 15시간 인정
▶주요 프로그램 : 서울 시내 어린이 보육원 봉사, 거택 보호 노
인 및 양로원 봉사, 특수 교육 학교 방문, 지역
사회 환경 조사 활동(샛강 오염도 측정), 조별
발표회(활동 일지 및 활동 비디오), 힙합 댄스
한마당, 수료식

## 4. 2000년 청소년 봉사 캠프

**제4회 청소년 여름 봉사 캠프 및 중등부 수련회 - 사랑으로 섬기는 청소년 리더십(신망애복지재단 봉사 활동)**

▶목적 : 중등부 학생들과 성북사회봉사단 학생들이 함께 자원 봉사를 함으로써 서로의 연대감과 공동체 의식을 길러 선교적 열매를 맺고자 한다..

▶대상 : 인근학교 중학생(경신중, 홍익중, 삼선중 동구여중, 한성여중 5개 학교), 덕수교회 중등부 학생

▶인원 : 학생 150명(성북사회봉사단 100명, 중등부 50명)

▶날짜 : 2000년 7월 27일(목)~29일(토) 2박 3일

▶장소 : 신망애복지재단(경기도 남양주시)

▶확인서 : 봉사확인서 15시간 인정

▶주요 프로그램 : 자원 봉사 이동학습센터, 장애인 재활원 및 요양원 자원 봉사, 연예인과 함께, 선택 특강, 사랑의 캠프파이어, 루치아 인사, 조별 발표회(활동 일지 및 활동 비디오), 조별 시상 및 수료식 등

## 5. 2001년 청소년 봉사 캠프(1차)

**제5회 청소년 생명 체험 캠프 - 갯벌 생태 체험 프로그램**

▶목적 : 환경과 생명에 대한 봉사 활동을 매개로 성북구 내 청소년들에 대한 선교의 장을 확대하여 그 열매를 맺고자

한다.

▶대상 : 성북구 내 15개 중학교 중학생

▶인원 : 학생 100명

▶날짜 : 2001년 7월 25일(수)~27일(금) 2박 3일

▶장소 : 하서 초등학교(전북 부안군), 하서천, 새만금 갯벌

▶확인서 : 봉사확인서 9시간 인정

▶주요 프로그램 : 조별 활동, 갯벌 체험, 갯벌이란(환경 교육), 조별 촌극 대회, 유기농업이란, 일지 작성

## 6. 2002년 청소년 봉사 캠프

### 제6회 청소년 생명 체험 캠프 - 아름다운 서강 지킴이(서강 생태 체험)

▶목적 : 하나님이 주신 자연과 생명의 가치와 소중함을 깨닫게 하고 사회에서 생명을 사랑하는 실천적 삶을 살게 한 다.

▶대상 : 성북구 내 5개 중학교 중학생

▶인원 : 30명

▶날짜 : 2002년 7월 25일~27일

▶장소 : 강원도 영월 서강

▶확인서 : 봉사확인서 9시간 인정

▶주요 프로그램 : 생태체험, 자연물 만들기, 오감활동, 특강, 일 지 작성 및 소감 발표하기, 캠프화이어, 조별 활동 및 발표회 등.

# IV. 청소년 선교 측면에서의 평가

덕수교회에서 실시하고 있는 청소년 대상 프로그램은 토요봉사학교, 청소년문화센터, 여름방학 청소년 생명 캠프로 진행되고 있다. 문서 자료에 남겨져 있지 않은 관계로 청소년 프로그램에 참여한 지역 사회 청소년의 선교 결과에 대한 자료를 확인할 수 없으나, 역대 중등부 부장을 역임한 봉사자들의 구두 보고에 의하면 매년 10명~15명이 덕수교회 청소년 프로그램에 참여를 계기로 교회에 출석하여 예배드리고 신앙 생활을 시작한 것으로 파악된다.

2001년에 청소년 봉사학교와 생명 캠프를 통해 전도된 학생은 30명이며 2002년 상반기에는 5명이다.

# 6장

# 중학생 자원 복지 교육 훈련
# 프로그램의 효과성

# 중학생 자원 복지 교육 훈련 프로그램의 효과성
## - 용인교회학교 중학생을 중심으로 -

이재현
용인교회학교 중등부 교사,
서울시립 백암정신병원 사회복지사

## I. 서론

오늘날 우리 사회는 산업화와 도시화 과정을 거쳐 정보화 사회, 다변화 사회로 급격히 변화하면서 다양한 사회 문제가 발생되고 있다. 이를 극복하기 위해서는 인간은 물질만으로는 복지적인 삶을 누릴 수 없으며, 인간 생명의 존엄성과 가치에 대한 확신과 사랑의 실천이 병행되지 않고는 참다운 공동체를 형성할 수 없게 되었다.

8년째 교회학교 교사를 하면서 행위적인 측면에서 "교회의 본질적인 사명은 무엇인가?"라는 문제를 탐색해 보았을 때 그것은 '케리그마(kerygma, 말씀 선포)', '디다케(didake, 교육)', '미시오(missio, 선교)', '코이노니아(koinonia, 친교)', '디아코니아(diakonia, 봉사)'라 생각하였다. 그러나 현 한국 교회에서는 이러한 것들이 조화되지 않는 모습을 발견하였다. 특히 중학생(청소년)의 경우 '디아코니아'의 개념을 올바르게 이해하지 못하고, 대부분의 학생들이 단지 학교 봉사 점수를 따려는 것을 발견할 수 있었으며, 자원 복지 활동을 통하여 자신을 개발하고 싶으나 그 방법을 모르고 있었다. 미래를 짊어져야 할 교회 중학생들을 바람직한 인간으로 교육하지 않으면 우리의 미래는 더욱 어둡기만 할 것이다. 따라서 이러한 현실을 인식하고 도덕성의 회복과 민주 시민 의식의 자질 함양, 더불어 사는 공동체적 삶의 가치를 내재화(內在化)시켜 '삶의 질'의 향상을 꾀하는 실천적 운동이 필요한 때라 보여진다.

또한 현대 교회의 문제점 중의 하나는 교회가 소외된 자의 편이 되어 그들에게 힘을 주고 도와 주는 분위기를 유지하지 못하고, 가진 자와 힘있는 자의 편이 되어 귀족적 분위기를 유지하는 풍조가 있다고 생각한다.

교회가 이 세상에 계속 존재하는 한 교회가 반드시 추구하고 완수해야 할 사명(kerygma, didake, missio, koinonia, diakonia)이 있다. 이 사명(使命)이 초대 교회의 특징인 교회의 다섯 가지 측면을 잘 조화시켜 그 어느 한 쪽에 치우치지 않고 참다운 교회로 융합시켰다는 데 있다(김태원, 1993: 23-30).

호켄다이크 [1]에 의하면 기독교인의 생활과 교회의 봉사적 기능은 섬김을 받을 필요가 있는 사람들에게 향해야 한다고 하였다. 그는 성서에 근거하여 섬김을 받을 필요가 있는 사람들을 가난한 자, 혹은 작은 자라고 부르며, 참된 디아코니아란 지극히 작은 자들을 받아들이고, 가난한 자로 받아들이며, 가난한 자로 지칭된 이웃과 유대를 가지고 살고 그들에게 구체적으로 봉사할 때 일어난다고 보았다.

이와 같은 모든 점을 고려할 때 교회의 디아코니아 기능은 너무나

---

1) 호켄다이크는 1912년 인도네시아에서 출생하여, 1948년에 선교학 분야에서 박사 학위를 취득하였다. 그의 대표적 저서로 『흩어지는 교회』(The Church Inside Out)가 있다.

도 중요한 측면이라는 것을 알 수 있다. 따라서 교회는 종이 된 예수 그리스도의 구체화로서 일어나는 고통받는 인간을 위한 손과 발의 역할을 다해야 할 것이다. 그러나 현 교회들이 교회의 다섯 가지 기능이 제대로 수행되지 않아 문제가 되고 있다.

교회는 이웃에 대한 봉사에 있어서 사회의 비판을 받을 정도로 소극적이라는 지적을 받고 있다(홍반석, 1991: 10).

필자는 자원 복지의 이념을 실천하는 생활이 곧 성서의 가르침에 충실한 삶이고 기독교인의 사명을 다하는 삶이라 생각한다. 이에 이 글은 교회의 기능인 '디아코니아', 즉 교회 중학생 자원 복지(봉사)에 대한 문제를 제기하고 해결 프로그램의 효과성을 입증하고자 한다.

서울시 교육청은 1995년 5월 31일에 발표한 교육 개혁 방안에서 1995년 중학교 입학생부터 자원 복지 활동을 의무화하여 1998년에는 고등학교 입학 내신 성적 총점의 8%인 24점을 반영하였다(서울특별시교육청, 1997: 4-6). 이 교육 개혁 발표 이후 중고교생들의 자원 복지 활동이 적극 장려되기 시작했다. 그러나 청소년 자원 복지 활동은 실시 초기 단계에서부터 여러 문제점이 나타났는데 중고등 학교 자원 복지 활동에 관한 연구나 여러 자료에서 제기된 바와 같이 교회 중학생들의 문제점도 아래와 같다.

첫째, 대부분의 청소년들은 자원 복지 활동에 대한 인식과 교육이 부족하여 점수를 얻기 위한 수단으로 여긴다.

둘째, 청소년 자원봉사자를 활용하는 사회 복지 기관에서는 청소년들에게 적합한 자원 봉사 프로그램이 부족하고, 봉사할 수 있는 현장의 수요 인원에 비해 많은 학생들이 찾아와 부담을 느끼고 있다.

셋째, 현재 청소년들이 활동하고 있는 대부분의 프로그램들이 기존의 성인 봉사자가 활동하던 프로그램들로서 청소년들의 흥미를 일으키지 못한다.

넷째, 교회나 학교, 사회 복지 시설, 공공 기관 등이 자원 봉사에 대한 체계적인 교육을 실시하지 못해 청소년들이 왜 자원 복지 활동을 해야 하고, 어떻게 하는 것인지 알지 못하는 상태에서 자원 복지 활동을 하고 있다.

다섯째, 청소년들의 자원 복지 활동 동기나 욕구, 흥미 등을 고려하지 않은 채 일회성 자원 봉사 프로그램(노력 봉사)을 진행하고 있다(김동배 · 조학래, 1996: 27-29 재인용).

따라서 한국 교회는 현대 산업 사회 속에서 복음을 해석하고 자원 봉사에 대한 책임과 역할을 재조명해야 할 것이다(홍반석, 1991: 11-12).

현대 교회 중학생을 위한 자원 복지 교육 프로그램은 극히 미미하였다. 지금 우리 나라가 처해 있는 현실에 비추어 볼 때 무엇보다도 교회 자원 복지 교육 프로그램 개발이 시급히 요청된다고 할 수 있다. 이러한 시대의 요청 앞에서 지금까지의 현대 교회 자원 복지 활동은 기대에 부응하지 못하였다.

그러므로 교회 중학생을 위한 자원 복지 활동 활성화의 당면 과제는 하루 빨리 교회의 자원 복지 활동의 필요성에 대한 인식을 제고시키는 것을 기초로 교회의 지도자와 중학생들에게 자원 복지 교육 프로그램을 도입하여 실시하는 일이라고 확신한다.

이에 필자는 인간성과 공동체 회복이 병행해야 함을 인식하고, 이를 가능케 하는 구체적 방법의 하나가 자원 복지 활동임을 확신하게 되었다. 그래서 자원 복지 활동을 교회와 접목시켜 교회 중학생 자원 복지 교육 훈련 프로그램의 효과성을 연구하게 되었다.

본 연구는 자원 복지 활동이 학생들의 신앙과 성향, 그리고 사회적 태도에 대한 변화를 확인하여 자원 복지 교육 훈련 프로그램의 효과성을 입증하고자 한다. 연구 목적을 달성하기 위해 "교회 중학생 자원 복지 활동이 개인의 신앙 변화, 성향 변화, 그리고 사회적 태도에 대한 변화에 영향을 줄 것인가"에 대한 연구 문제를 설정하였다.

본 연구는 경기도 용인시에 위치한 용인장로교회 중학생 24명을 대상으로 2000년 9월 16일~10월 15일까지 신앙 교육과 인성 교육에 역점을 둔 자원 복지 교육 훈련 프로그램을 실시하였고, 총 9회 진행된 것을 중점으로 하였다. 또한 현재까지 자원 복지 동아리로 조직되어 운영하면서 발생한 문제점을 제시해 보고자 한다.

연구 방법은 실험 연구로 질적 분석과 양적(계량) 분석을 병행하였다. 교회학교 교사의 참여 관찰 기록(비디오·녹음), 학생이 작성한 소감문, 교사 소감문과 학생용 사전 사후 설문 조사와 학부모의 학생에 대한 사전 사후 설문 조사 내용을 비교 분석하였다.

본 연구의 자료 분석은 교사들의 참여 관찰 기록(비디오·녹음) 분석과 학생 및 교사 소감문을 분석하고 조사 대상자의 일반적 특성 및 주요 변수의 점수를 파악하기 위해서 백분율, 빈도 분포, 평균, 표준 편차를 살펴보았으며, 설문지에 대한 신뢰도 검사와 "자원 복지 활동이 신앙을 더욱 성숙시킨다", "자원 복지 활동이 개인의 성향을 변화시킨다", 그리고 "자원 복지 활동이 사회적 태도를 변화시킨다"에 대한 인지도를 알아보고자 비모수 검정으로 사전 사후에 평균 차이를 살펴보았고, 윌콕슨(Wilcoxon) 부호 순위 검정을 사용하였으며, 소집단 교육 훈련에 대한 학부모와 학생의 비모수 검정 맨휘트니(Mann-Whitney) 검정을 사용하였다.

연구 결과 자원 복지의 개념을 전혀 모르던 학생들이 교육 프로그램 모형에 따른 자원 복지 기초 교육을 통하여 자원 복지 활동에 흥미를 가졌고, 교회 출석과 프로그램에 적극적으로 참여하였으며, 건강을 주셔서 자원 복지 활동을 할 수 있게 해 주신 하나님과 부모님께 감사하는 마음과 학생들의 신앙 생활에 있어서 변화된 모습을 볼 수 있었다.

처음에는 학생들이 봉사 점수 때문에 프로그램에 참여했는데, 교육 프로그램 과정을 통하여 자원 복지에 참된 의미를 깨닫고 그 가치의 기쁨과 보람을 느꼈다. 그리고 장애인에 대한 이해와 인간의 존엄성과 가치, 공동체의 중요성을 깨닫는 모습을 참여 관찰 기록, 소감문, 설문지 조사 결과를 통하여 개인의 성향 변화를 발견할 수 있었다.

또한 자원 복지 활동을 하면서 다른 사람과 협동심이 향상되었고, 소집단 활동을 하며 발표력, 지도력, 대인 관계 능력이 향상되는 학생들의 사회적 태도 변화를 볼 수 있었다. 따라서 중학생(청소년) 자원 복지 교육 훈련 프로그램의 실시에 대한 효과가 있음을 증명할 수 있었다(프로그램의 세부 내용이 필요하면 각주 참조).[2]

이와 같은 사랑실천 자원 복지 학교 교육 프로그램은 교리와 지식에만 젖어 있는 한국 교회 중학생들이 실천적인 신앙인으로 변화시키는데 효과적이며, 또 한국 교회가 교회 학교 과정에 참고해 볼 만한 과정이라고 생각한다.

## II. 자원 복지 교육 훈련 방법

자원 복지 교육 훈련을 효과적으로 진행하기 위해서는 다음 5단계의 과정을 기초로 진행시키는 것이 바람직하다(김영호, 393 재인용).

---

2) 이재현, "중학생 자원 복지 교육 훈련 프로그램의 효과성에 관한 연구 -Y 교회학교 중학생을 중심으로-", 강남대학교 대학원 석사학위 논문, 2000.

이러한 교육 프로그램은 김영호 교수가 35년 간의 교육 훈련 체험을 통한 결론으로 정리한 것이며, 1998년도에는 서울시가 개설한 서울시 자원봉사학교에서 3월~12월까지 4회와 1999년 3월~12월까지 5개 구청의 구민을 대상으로 한 교육 훈련, 그리고 경기도 중등 교원을 대상으로 한 자원 복지(봉사) 전문 지도자 교육 과정(1월, 8월 각각 60시간)을 통하여 그 효과가 입증되었다.

각 단체와 센터에서 자원 복지 교육 훈련을 올바로 효과적으로 행하기 위해서는 다음의 5단계 과정(원리)과 소그룹 과정을 기초로 하여 진행시키는 것이 바람직하다.

(1) 정규 교육 훈련의 5단계(방법)
제1단계: 만남과 인식 단계(시청각 교육 및 체험 학습)
제2단계: 상호간에 관심 단계
제3단계: 문제 발견 및 협의 단계(실천 과제 협의 단계)
제4단계: 문제 해결을 위한 계획과 실천(생활) 단계
제5단계: 평가 및 발전 단계

(2) 정규 교육 훈련의 내용 및 순서의 개혁

(3) 사랑실천 자원 복지 학교 교육 프로그램의 내용 및 순서
교육 과정을 간단히 소개하면 다음과 같다.
(1) 시작 단계
(2) 활동 단계
(3) 마무리 단계

(4) 소집단 교육 훈련 과정

소집단 교육 훈련 과정은 자원 복지 활동원 육성에 있어서 가장 중요한 비중을 차지하는 부분이다. 소집단이 성공적으로 운영될 수 있느냐에 따라 자원 복지 활동의 활성화 여부가 달려 있다고 해도 과언이 아니다(김영호, 319). 따라서 교회는 자원 복지 활동을 위한 소집단의 육성과 지도에 최대의 관심과 노력을 기울여야 한다.

이와 같이 소집단은 자원 복지 교육 훈련의 성패를 좌우할 정도로 중요하므로 아래에서 그 의미와 중요성, 구성 요건과 운영 방법, 일정과 방법, 내용 및 담당 지도자의 역할 등을 살펴보기로 한다.

1) 소집단의 중요성

도나휴(Donahue)는 소집단은 소집단 성원의 삶을 효과적이고 역동적인 삶으로 변화시키며(Donahue, 송영선 역, 1997: 9), 사람은 누구나 다 공동체를 체험할 곳이 필요하다. 삶의 변화가 일어나고 새로운 사람들이 공동체 안에서 의미 있는 관계를 형성하게 되면 감동과 열정이 일어나게 된다(Donahue, 송영선 역, 17)고 하였다.

예수께서도 세상을 변화시킬 것을 기대하시면서 12제자들을 택하여 소집단을 만드시고 그들과 많은 시간을 보내셨다. 초대 시대의 교회들은 수백 개의 가정 단위의 소집단으로 형성된 교회였다(송상호, 1998: 23).

이상에서 살펴본 것과 같이 소집단은 그룹 성원간의 인간 관계를 통하여 성원 개개인의 인격을 변화시키며, 고독한 인생에게 소속감과 안정감을 주어 보람을 가지고 복지적인 삶을 살아가게 하는 원동력이며, 자원 복지 활동 현장에서의 문제 해결 능력을 향상시켜 주는 자기와 공동의 발전을 실현하는 장이다. 뿐만 아니라, 기독교 신앙인으로서 인격의 변화와 삶의 혁신을 통하여 참된 기독교인의 성숙한 역할을 하도록 함으로써 선교에도 좋은 영향을 끼쳐 교회의 성장에도 기여할 수 있게 되는 것이다(옥한흠, 1997: 194).

따라서 교회의 중학생 자원 복지 활동원 교육 훈련 과정에서도 소집단 교육 훈련 과정은 필수적인 과정이다.

2) 소집단의 구성 요건과 운영 방법 구성 요건은 다음과 같다

① 대면적 관계(face to face)일 것.

② 성원간에는 상호 작용(inter-action)이 행해질 것.

③ 성원상호간에는 개인적인(as a individual person) 인상이나 지각을 가질 것 등이다(김영호, 316).

3) 소집단 교육 훈련 과정의 내용

① 인사 및 찬양과 기도.

② 활동 사례 소감문 발표 및 문제점에 대한 토의.

③ 자원 복지 활동원의 활동 내용을 담은 VTR 시청과 토의.

④ 다음 활동에 대한 연구 및 준비.

⑤ 소집단 회원간의 교제.

# Ⅲ. 조사 도구의 구성

본 연구의 질적 분석의 조사 도구로는 참여 관찰 기록(비디오 · 녹음) 분석과 소감문 분석 등으로 구성하였다. 소집단 운영은 교사의 진행으로 학생 자체적으로 운영하며, 과정 평가에 대해서는 사회사업 전공 대학원생 교사 3명과 비(非)전공한 대학생 교사 3명이 각 2조에 3명씩 한 조가 되어서 주 2회 참여 관찰을 실시하고 분석, 성문화 작업을 실시하였다. 프로그램 실시 전과 과정 중에 레크리에이션과 찬양 인도를 한 교사 1명과 비디오 촬영 1명, 총 8명의 교사가 참여했고

녹음과 사진 촬영도 하였다.

본 연구의 실험 연구 측정 도구로 사랑실천 자원 복지 학교 교육 프로그램을 사용하였다. 이 교육 프로그램은 김영호 교수가 35년 간의 교육 훈련 체험을 통한 결론으로 정리한 것이며, 1998년도에는 서울시가 개설한 서울시 자원봉사학교에서 3월부터 12월까지 4회와 1999년 3월~12월까지 5개 구청의 구민을 대상으로 한 교육 훈련, 그리고 경기도 중등 교원을 대상으로 한 자원 복지(봉사) 전문 지도자 교육 과정(1월, 8월 각각 60시간)을 통하여 그 효과가 입증된 것을 연구자가 교회 학교에 적용할 수 있도록 재구성하였다. 자세한 내용은 〈표 6-3-1〉과 같다(프로그램의 세부 목표는 부록 참조).

〈표 6-3-1〉 사랑실천 자원 복지 학교 교육 프로그램

| 프로그램명 | 자원 복지(봉사) 교육을 통한 더불어 사는 사랑의 교회 만들어 가기 | |
|---|---|---|
| 프로그램의<br>필요성 | • 하나님 사랑과 이웃 사랑의 실천을 위하여<br>• 자원 복지에 대한 올바른 이해를 통해 개인 변화와 사랑의 공동체 의식 회복을 위하여 | |
| 프로그램의<br>목적 | • 인간과 자연을 생각하는 더불어 살아가는 사랑의 공동체를 만들어 가며 하나님 사랑, 이웃 사랑을 실천 | |
| 프로그램의<br>목표 | • 신앙 변화 • 개인의 성향 변화 • 사회적 태도 변화<br>• 소집단 활동을 통한 신앙 훈련과 민주 시민 육성 | |
| 프로그램의<br>내용 | 사랑의<br>마음 열기 | • 내가 건강하고, 행복하고, 평화로울 수 있도록<br>• 내 가족이 건강하고, 행복하고, 평화로울 수 있도록<br>• 우리 교회 친구들이 건강하고, 행복하고, 평화로울 수 있도록<br>• 우리 나라의 모든 것이 건강하고, 행복하고, 평화로울 수 있도록<br>• 이 지구의 모든 것이 건강하고, 행복하고, 평화로울 수 있도록<br>• 이 우주의 모든 것이 건강하고, 행복하고, 평화로울 수 있도록<br>나는 자원 봉사를 하노라 |

| 프로그램명 | 자원 복지(봉사) 교육을 통한 더불어 사는 사랑의 교회 만들어 가기 | |
|---|---|---|
| 프로그램의<br>내용 | 소집단<br>만들기 | • 인원: 교회 중학생 자원 봉사 활동을 희망한 학생<br>10~12명<br>• 학부모 도우미 또는 교사 도우미<br>• 소집단 이름, 소집단 구호, 소집단 대표, 소집단 서<br>기 정하기 |
| | 소집단<br>토의 | • 소집단 과정<br>1단계 : 만남과 인식 단계(시청각 교육 및 체험 학습)<br>2단계 : 상호간의 관심 단계<br>3단계 : 문제 발견 및 협의 단계<br>4단계 : 문제 해결을 위한 계획과 실천(생활) 단계<br>5단계 : 평가 및 발전 단계<br>• 소집단 토의를 통해 봉사 활동 발견<br>(가정 내에서, 교회 내에서, 지역 사회에서…)<br>＊ 가정에서의 자원 복지 활동을 간과해서는 안 됨 |
| | 실천하기 | • 교육적 기대 효과에 따라 실천하기 |
| 프로그램의<br>평가 | 프로그램 운영상의 문제점을 검토하여 수정 · 보완점 모색한다. | |
| | 이런 일련의 과정을 통해 학생들이 문제를 발견하고, 스스로 프로<br>그램을 개발하여 실천해 감으로써 프로그램의 목적을 이루어 간다. | |

〈표 6-3-2〉

| 단계 | 횟수 | 프로그램 명 | 프로그램 목표 | 활동계획 |
|---|---|---|---|---|
| 시작<br>단계 | 1<br>토<br>9/16 | 사전설문<br>조사 | 사전 질문지 문항을 읽으<br>며 자원 복지 활동에 대<br>해 깊이 생각해 봄으로써<br>자원 복지 활동을 하고<br>싶다는 동기를 유발한다. | 사전 설문지를 작성하기 |
| | 2<br>주일<br>9/17 | 개회 예배<br>및 오리엔테<br>이션 | 실천 방향 안내, 프로그<br>램을 실시하는 목적을 인<br>식시킨다. | 예배와 설문지 작성,<br>인사나누기 |
| | | 자원 복지<br>시청각 교육<br>(1) | 중증 장애인 시설 비디오<br>시청을 통한 마음의 문<br>열기 | "한사랑마을"의 비디오<br>시청과 소집단 구성원끼<br>리의 의견 나누기 |

| 단계 | 횟수 | 프로그램 명 | 프로그램 목표 | 활동 계획 |
|------|------|------------|--------------|-----------|
| 시작<br>단계 | 2<br>주일<br>9/17 | 소집단 구성 | 소집단 활동의 중요성을 알게 한다. | 소집단 구성 인원과 소집단 대표, 소집단 이름, 구호 결정 |
| 활동<br>단계 | 3<br>토<br>9/23 | 교회 내 봉사 | 자기 주변의 문제점 발견과 자원봉사를 통한 해결 방안 모색 | 예배 후 뒷정리와 교회 주변 청소 및 주변에 장애 학우 도와주기 |
| | | 자원 복지 현장 체험 (1)<br>-동생 만들기- | 중증 장애 아동 및 장애 영아가 있는 "한사랑마을" 방문을 통한 자원 복지에 이해 | 자원 복지 현장 체험을 통한 소감문 작성 및 발표 |
| | 4<br>주일<br>9/24 | 장애 체험 | 직접 시각장애인이 되는 체험을 해 봄.<br>장애인을 돕는 기술과 장애인에 대한 예의를 알도록 한다. | 직접 장애인이 되어 본 경험을 통하여 소감문을 작성 발표 |
| | | 자원 복지 기초 교육 (1)<br>강남대 김영호 교수 | 전문 사회 사업가가 학생들에게 자원 복지 교육을 시켜 교회에서 자원 봉사할 수 있는 활동을 찾아보고 개발 직접 체험하게 함. 자원 복지의 철학 및 특성을 통한 마음다지기 | 전문 사회사업가 초빙 소그룹별 토의.<br>자원 봉사란 무엇인지 알아보고 소감문 작성 및 레크리에이션 |
| | | 가정, 학교, 지역 사회를 위한 봉사 | 가정과 학교 및 지역 사회 봉사와 교회를 깨끗이! 캠페인 활동을 통해 더불어 사는 공동체 체험 | 가정에서 성실히 생활하기와 지역 사회 내의 유해 환경 및 환경 미화 등 자원 복지 활동 터 개발 (동별 공중전화 박스 확인) |
| | 5<br>토<br>9/30 | 자원 복지 현장 체험 (2)<br>-동생 만들기- | 두 번째 "한사랑마을" 방문 장애우를 돕는 체험 | 자원 복지 현장 체험을 통한 소감문 작성 및 발표 |

| 단계 | 횟수 | 프로그램 명 | 프로그램 목표 | 활동 계획 |
|---|---|---|---|---|
| 활동 단계 | 5 토 9/30 | 교회 안에서 사랑의 편지 보내기 (복지) 캠페인 (1) | 교회 안에서의 사랑의 운동 실천하기(예: 선생님께 간식을 싸다 드린다. 선생님들 안마를 해드린다 등) 하나님 사랑 이웃 사랑을 실천한다. | 교회 안의 친구와 교사, 전도사 목사님께 편지 쓰기와 "한사랑마을" 장애우에게 편지 쓰기(복지) 캠페인 |
| | 6 주일 10/1 | 자원 복지 시청각 교육 (2) 자원 복지 활동 반성 및 앞으로의 자원 복지활동 계획 수립할 수 있는 프로그램 개발 공모전 | 그 동안의 자원 복지 활동을 반성하고 앞으로의 자원 복지 방향을 정함으로 중학생들과 연구자가 자원 복지 교육 프로그램을 개발한다. | 그 동안 계획을 하고 실천 못했던 점을 반성하고 훨씬 자연스런 자원 복지 활동이 되고, 앞으로 지속적인 자원 복지 활동을 다짐하게 될 것이며, 새로운 프로그램을 시도한다. |
| 마무리 단계 | 7 주일 10/7 | 자원 복지 캠페인 | 자원 복지가 무엇인지 알고 보급 발전시킨다. 적극적이고 자신감 있는 삶으로 변화시키기 위해서 사랑을 전파하기 위한 것이다. | 절전 및 우체부 아저씨 감사합니다. 자원 복지가 무엇인지 쓰여진 홍보물을 배포한다. |
| | 8회 9회 | 사랑의 캠프 (1~2일) | 하나님 사랑, 이웃 사랑 실천을 통하여 더불어 사는 복지 국민 만들기 | |
| | 8 토 10/14 | 역할극 | 서로의 인간관, 윤리관, 그리고 가치관과 그의 세계관 등을 깊이 사고하게 하여, 더불어 살아가는 복지 공동체의 세계관을 형성한다. | 역할극 발표 후 소감문 작성 |

| 단계 | 횟수 | 프로그램 명 | 프로그램 목표 | 활동 계획 |
|---|---|---|---|---|
| 마무리 단계 | 8 토 10/14 | 레크리에이션 및 공동체 놀이 | 인간 관계를 친밀하게 하고 협동심을 기르고 공동체적 삶을 체험하게 하는 계기를 만든다. | 협력적인 인간 관계, 공동체 형성 과정, 수화 배우기, 인생 곡선 그리기, 내가 가지고 싶은 것 버리고 싶은 것, 땅도 땅도 내 땅이요, 풍선 축구 |
| | | 찬양 집회 | 찬양을 통하여 하나님 사랑, 이웃 사랑을 실천해야 함을 다짐한다. | 자원 복지와 관련된 찬양을 한다. |
| | | 전체 소감문 쓰기 | 사랑실천 자원 복지학교에 대해 스스로 정리하게 한다. | 자원 복지 현장 체험을 통한 전체 소감문을 작성하여 발표한다. |
| | | 2번째 다녀온 "한사랑마을" 비디오 시청 소그룹 토의 및 발표 | 지속적인 봉사를 하겠다는 동기를 부여한다. | 비디오를 보고 소그룹 토의 발표 |
| | | 자원 복지 기초 교육 (2) -전체 프로그램 종합 토의 및 발표- 김영호 교수 | 전문 사회사업가가 학생들에게 자원 복지 교육을 시킨다. | 전문 사회사업가 초빙 소그룹별 토의 |
| | | 촛불의식 | 종합적으로 자원 복지 활동이 신앙 변화, 성향 변화, 태도 변화가 있는지 찾고 연결시킨다. | 과정 변화 확인 |
| | | 사랑의 편지 보내기 캠페인(2) | 자원 복지 활동 확산 및 소집단 정리 | 그 동안 활동에 대해 친한 사람에게 알리고, 처음 시작 단계와 마무리 단계를 비교해서 변화를 알아본다. |

| 단계 | 횟수 | 프로그램 명 | 프로그램 목표 | 활동 계획 |
|---|---|---|---|---|
| 마무리 단계 | 1/2/3 /4/5/ 6/7/8 공통 | 자원 복지 활동 반성 및 앞으로의 봉사 활동 계획 수립 | 모든 체험 후에는 반드시 소그룹 토의를 하고 정리한다. 그 동안의 자원 복지 활동을 반성하고 앞으로의 자원 복지 활동 방향을 정한다. | 그 동안 계획을 하고 실천 못했던 점을 반성하고 훨씬 자연스런 자원 복지 활동을 하게 되고 앞으로 지속적인 자원 복지 활동을 다짐하게 될 것이다. |
| | 9 주일 10/15 | 아침 운동 | 친교 및 공동체 의식 함양 | 농구, 축구, 배드민턴. |
| | | 사후 설문 조사 | 프로그램 실시 전에 학생들의 변화를 확인한다. | 사후 설문지 작성 |
| | | 종합 발표회 준비 | 준비하는 과정을 통해 소그룹별 결속력과 공동체 의식을 향상시키며 소그룹 모임을 마무리한다. | 사랑실천 자원 복지학교에서 배운 역할극 및 수화 등 연습하기 |
| | | 폐회 예배 및 수료식 | 예배와 수료식 | 수료증을 나누어주기 |
| | | 종합발표회 | 종합 발표회를 통한 가정, 학교, 지역 사회에 확대 | 교사와 학생들이 모두 모여서 종합적으로 실시했던 교육에 대해서 소감을 나누며 전 교우들 앞에서 발표회 시간을 가진다. |

# Ⅳ. 프로그램의 교육적 효과 분석

자원 복지 교육 훈련 프로그램을 9회에 걸쳐 진행하고 참여하면서 실시한 관찰 기록(비디오·녹음)을 분석하고, 학생 개별 분석 및 소감문을 분석한 결과에 나타난 프로그램의 교육적 효과는 다음과 같다.

〈표 6-4-1〉 프로그램의 교육적 효과 분석

| 단계 | 횟수 | 프로그램명 활동 내용 | 교육적 효과 |
|---|---|---|---|
| 시작<br>단계 | 사전<br>준비 | 프로그램 설계, 교회와 기관의 협조체 구성, 자료 준비, 참가 신청서 | |
| | 1회<br>토<br>9/16 | 사전 설문 조사 | 사전 질문지 문항을 읽으면서 자원 복지 활동에 대해 깊이 생각해 봄으로써 자원 복지 활동을 하고 싶다는 동기를 유발한다. |
| | 2회<br>주일<br>9/17 | 개회 예배 및 오리엔테이션 | • 예배를 통해 하나님 사랑, 이웃 사랑에 대해 확인한다.<br>• 실천 방향 안내, 프로그램을 실시하는 목적을 인식시킨다. |
| | | 소집단 구성 | • 소집단 활동의 중요성을 알게 한다.<br>• 소집단 구성을 통하여 소속감을 준다.<br>• 인간 관계에 있어서의 친밀감을 경험하고 안정감과 자신감을 갖도록 한다. |
| | | 나는 요?<br>(자기 소개) | • 자신의 성향에 대하여 타인에게 발표하게 함으로써 발표 증진 및 자아 발견을 꾀한다.<br>• 대인 관계 기술 증진 |
| | | 자원 복지<br>시청각 교육(1)<br>'한사랑마을'<br>비디오 보기 | • 중증 장애인 시설 비디오 시청을 통한 마음의 문 열기<br>• 자신의 행동을 반성하게 된다.<br>• 자신에게 주어진 환경에 대해 감사하게 되고 긍정적인 사고를 하게 된다.<br>• 장애인과 어려운 이웃에 대해 새로운 시각을 갖게 된다.<br>• 자원 복지의 참 의미를 깨닫게 되고 본인도 하고 싶어한다.<br>• 비디오를 보면서 인간의 존엄성을 깨우치게 만들고 부모의 은혜를 깨닫게 한다.<br>• 비디오를 본 후 소집단 구성원끼리의 의견을 나누며 발표력을 증진시킨다.<br>• 의식, 느낌을 공유하여 실천 방안과 목표를 학생들 스스로 세우게 한다. |

| 단계 | 횟수 | 프로그램명 활동 내용 | 교육적 효과 |
|------|------|-------------------|------------|
| 시작 단계 | 2회 주일 9/17 | 소감문 쓰고 발표하기(1) "한사랑마을" 비디오 본 소감 | • 가정의 소중함을 깨달아 부모님께 효도하고 싶어한다.<br>• 사회가 필요로 하는 누군가를 도와 주는 사람이 되려한다.<br>• 자신의 느낌을 글로 표현하여 발표력 증진 |
| 활동 단계 | 3회 토 9/23 | 교회 내 봉사 (학생회실 정리 정돈 및 교회 주변 휴지 줍기) | • 자기 주변의 문제점 발견과 봉사를 통한 해결 방안을 모색하게 된다.<br>• 친구와 같이 활동함으로써 협동심과 우정이 길러진다.<br>• 휴지 줍기와 같은 질서 의식의 체득을 통해 교회를 사랑하는 마음과 민주 시민 의식이 길러진다. |
| | | 자원 복지 현장 체험(1)<br><br>'동생 만들기'<br>청소·식사 보조<br>·아동과 놀기 | • 중증 장애 아동 및 장애 영아가 있는 '한사랑마을' 방문을 통해 자원 복지에 대해 이해<br>• 장애인과 하나됨의 체험을 통해 더불어 사는 복지 공동체 의식 함양되었다.<br>• 교회가 어려운 이웃을 돕는 분위기가 형성되었다.<br>• 봉사자는 장애인의 생활을 이해하고, 이에 관심을 갖게 된다.<br>• 봉사자는 봉사에 따른 보람을 느끼게 된다. |
| | | 소감문 쓰고 발표하기(2) | • 주어진 소감문을 쓰는 능력과 이웃에 대한 관심을 갖게 되고 스스로 문제를 해결하는 능력이 길러진다.<br>• 피드백의 효과를 얻게 된다.<br>• 삶의 보람을 느끼게 되고 자원 복지 활동을 내면화하게 된다.<br>• 사회에 대한 새로운 경험과 학습을 통해 일의 소중함을 깨닫고 사회에 대해 고마운 마음을 갖게 된다.<br>• 가정에 소중함을 깨달아 부모님께 효도하고 싶어 한다.<br>• 하나님께 감사하고 하나님 사랑과 이웃 사랑을 실천하고 싶어 한다. |

| 단계 | 횟수 | 프로그램명 활동내용 | 교육적 효과 |
|------|------|------------------|-------------|
| 활동<br>단계 | 4회<br>주일<br>9/24 | 장애 체험<br>(지체 장애 · 시각<br>장애) | • 직접 장애인이 되는 체험을 해 봄으로 장애인을<br>돕는 기술과 장애인에 대한 예의를 알게 된다.<br>• 장애인과 친밀감을 갖게 하고 인간을 존중하는<br>마음을 갖게 된다.<br>• 장애인도 우리와 똑같은 귀한 존재임을 알게 된<br>다.<br>• 부모의 은혜를 깨닫고 감사하는 마음을 갖게 된다. |
| | | 자원 복지<br>기초 교육 (1)<br>(강남대 사회복지<br>학과 김영호 교수) | • 전문 사회사업가가 학생에게 자원 복지 교육<br>을 시켜 교회에서 자원 봉사할 수 있는 활동<br>을 찾아보고 개발하여 직접 체험하게 된다.<br>• 자원 복지의 철학 및 특성을 통한 마음가짐<br>을 갖게 된다. |
| | | 소감문 쓰고 발표<br>하기(3) | • 주어진 소감문을 쓰는 능력과 이웃에 대한<br>관심을 갖게 되고 스스로 문제를 해결하는<br>능력이 길러진다.<br>• 삶의 보람을 느끼게 되고 자원 복지 활동을<br>내면화하게 된다.<br>• 사회에 대한 새로운 경험과 학습을 통해 일<br>의 소중함을 깨닫고 사회에 대해 고마운 마<br>음을 갖게 된다.<br>• 가정에 소중함을 깨달아 부모에게 효도하고<br>싶어 한다.<br>• 하나님께 감사하고 하나님 사랑과 이웃 사<br>랑을 실천하고 싶게 한다. |
| | | 자원 복지 교육 후<br>가정, 학교, 교회,<br>지역 사회를 위한<br>봉사 | • '가정과 학교 및 지역 사회 봉사와 교회를<br>깨끗이!' 캠페인 활동을 통해 더불어 사는<br>공동체를 체험한다.<br>• 가정에서 성실히 생활하게 된다. |
| | | 자원 봉사 활동 실<br>천하기 과제(예:<br>부모 안마 해 드리<br>기 및 "사랑합니<br>다" 말하기 ) | • 가정의 소중함을 깨달아 부모에게 효도하고<br>싶게 된다.<br>• 자원 복지는 나 자신의 발전과 가정, 지역,<br>사회로부터 시작된다는 것을 알고 실천하게<br>된다. |

| 단계 | 횟수 | 프로그램명 활동 내용 | 교육적 효과 |
|---|---|---|---|
| 활동<br>단계 | 5회<br>토<br>9/30 | 사랑의 편지 보내기 자원 복지 캠페인(1) | • 하나님 사랑, 이웃 사랑을 실천한다.<br>• 교회 안에서의 사랑의 운동을 실천하게 된다. (예: 교사에게 안마 해드린다.)<br>• 부모님께 감사의 편지를 씀으로 부모님에 대한 존경의 마음 표시하게 한다.(사랑의 표현을 하게 됨)<br>• 교회 안의 목사, 전도사, 교사에게 사랑의 편지를 씀으로 존경하게 된다.<br>• 친구에게 편지를 씀으로 교우 사랑하는 마음을 기른다.<br>• '한사랑마을' 동생들에게 편지 씀으로 지속적인 관심을 갖도록 된다. |
| | | 자원 복지 현장 체험(2)<br><br>'동생 만들기'<br>청소 · 식사 보조<br>· 아동과 놀기 | • 그 동안에 봉사 활동을 반성한다.<br>• 2차 장애인 시설 봉사를 통해 앞으로 자원 복지 활동 방향을 정한다.<br>• 중증 장애 아동 및 장애 영아가 있는 "한사랑마을" 방문을 통한 자원 복지에 이해한다.<br>• 장애인과 하나됨의 체험을 통해 더불어 사는 복지 공동체 의식을 함양한다. |
| | | 자원 복지 현장 체험(2)<br>'동생 만들기'<br>청소 · 식사 보조<br>· 아동과 놀기 | • 교회가 어려운 이웃을 돕는 분위기가 형성된다.<br>• 봉사자는 장애인의 생활을 이해하고, 이에 관심을 갖게 된다.<br>• 봉사자는 봉사에 따른 보람을 느낀다.<br>• 이웃에 대한 진정한 사랑과 이해를 깨닫게 한다. |
| | | 소감문 쓰고 발표하기(4) | • 주어진 소감문을 쓰는 능력과 이웃에 대한 관심을 갖게 되고 스스로 문제를 해결하는 능력이 길러진다.<br>• 삶의 보람을 느끼게 되고 자원 복지 활동을 내면화 하게 된다.<br>• 사회에 대한 새로운 경험과 학습을 통해 일의 소중함을 깨닫고 사회에 대해 고마운 마음을 갖게 된다.<br>• 가정에 소중함을 깨달아 부모님께 효도하고 싶어 한다.<br>• 하나님께 감사하고 하나님 사랑과 이웃 사랑 실천에 대한 동기 부여가 된다. |

| 단계 | 횟수 | 프로그램명 활동 내용 | 교육적 효과 |
|---|---|---|---|
| 활동 단계 | 6회 주일 10/1 | 자원 복지 시청각 교육 (2) 자신들이 찍힌 비디오 시청 | • 자신이 잘한 점과 부족함 점을 시청각 교육을 통하여 직접 발견하게 한다(반성하고 앞으로의 계획을 세움). |
| | | 봉사 활동 반성 및 앞으로의 봉사 활동 계획 수립 | • 그 동안의 봉사 활동을 반성하고 통해 앞으로 자원 복지 활동 방향을 정한다. |
| | | 자원 복지 프로그램 개발 공모전(아이디어 공모전) 프로그램 명·사업 목적·사업내용(방법)·기대 효과 작성 | • 중학생들과 연구자가 자원 복지 교육 훈련 프로그램 개발한다. • 자원 봉사에 대한 지속적인 관심을 갖게 된다. • 자원 복지 프로그램 개발 공모 중 재활용품 분리 수거와 자원 봉사 홍보 캠페인을 하기로 결정 된다. |
| | | 과제로 쓰레기 분리 수거·재활용품 수거해서 가지고 오기 | • 환경을 생각하게 된다. • 생활 속에서 자원 복지에 대한 의지를 가지게 된다. • 자신이 결정한 것에 대한 책임 의식을 가지게 된다. |
| | 7회 주일 10/7 | 자원 복지 캠페인 (2) 자원 복지가 무엇인지 쓰여진 홍보물 배포 | • 자원 복지가 무엇인지 알고 보급 발전된다. • 적극적이고 자신감 있는 삶으로 변화된다. • 사랑을 전파하게 된다. • 절전하는 생활을 하게 된다. • 우체부 아저씨 감사하는 마음을 가지게 된다. |
| 마무리 단계 | 8회 토 10/14 | 사랑 실천 자원 복지 학교 캠프(1~2일) | • 하나님 사랑, 이웃 사랑을 깨닫고 실천을 통하여 더불어 사는 복지 국민이 만들어진다. (사랑실천 자원 복지학교 총정리) |
| | | 캠프 오리엔테이션 | • 캠프에 대한 이해와 일정 소개를 통하여 학생들이 적극적으로 참여한다. |

| 단계 | 횟수 | 프로그램명 활동 내용 | 교육적 효과 |
|---|---|---|---|
| 마무리<br>단계 | 8회<br>토<br>10/14 | 역할극 | • 통찰력(insight)을 갖게 된다.- 세상, 사회 환경 관점에서 보는 나의 분리된 인격을 통합시키고, 진정한 인간 이해, 사회 문제를 인식하게 된다.<br>• 인간 관계 형성- 너와 나의 직접적인 만남과 현재적인 만남으로 소그룹의 관계가 이루어지고, 소그룹 구성원끼리의 친밀감이 형성되며 소그룹의 일체감을 형성하게 된다.<br>• 타인 존중(역지사지)- 인간, 상황의 공통점과 상이점을 발견하며, 의사 소통의 중요성을 인지하므로 새로운 의사 소통을 숙지하고 다른 사람의 입장에 서 보게 된다.<br>• 창의력 개발이 된다.<br>• 잠재력 발견이 된다.<br>• 미래를 향한 비전을 설계한다. |
| | | 자원 복지 프로그램 개발(아이디어) 공모 실천 평가 부분 작성 | • 자원 복지 프로그램 개발(아이디어) 공모한 것을 실천하게 만든다.<br>• 자신이 공모한 자원 봉사를 실천하였다는 것에 자신감을 갖게 된다.<br>• 스스로 반성하게 된다. |
| | | 공동체 놀이 및 인간 관계 훈련 | • 인간 관계 친밀해 지고 협동심이 생긴다.<br>• 공동체적 삶을 체험하는 계기가 된다. |
| | | 수화 노래 배우기 | 장애인들과 공감대를 형성할 수 있게 된다. |
| | | 인생 곡선 그리기 | • 자신의 삶을 체계적으로 고찰함으로써 앞으로의 삶에 대한 방향과 계획을 긍정적이고 자기 개발적으로 바꾸도록 한다. |
| | | 내가 가지고 싶은 것 버리고 싶은 것 7가지 씩 작성 | • 자신의 성향에 대하여 발견하게 된다.<br>• 자신의 모습을 바르게 인식하게 하고 자아 발견을 도모한다. |
| | | 땅도 땅도 내 땅이요 | • 소집단 별로 협동심 가지게 된다. |
| | | 풍선 축구 | • 소집단별로 협동심 가지게 된다. |

| 단계 | 횟수 | 프로그램명 활동내용 | 교육적 효과 |
|------|------|------------------|-----------|
| 마무리 단계 | 8회 토 10/14 | 찬양 집회 | • 찬양을 통하여 하나님 사랑과 이웃 사랑을 실천해야 함을 다짐한다. |
| | | 전체 소감문 작성 | • 사랑실천 자원 복지학교 활동에 대해 스스로 정리하는 시간을 가지게 된다. |
| | | 2차 '한사랑마을' 다녀 온 비디오를 보고 소그룹 토의 및 발표 | • 비디오 시청을 통해 지속적인 자원 복지 활동을 해야겠다는 재동기화 된다.<br>• 지속적인 봉사로 실질적인 도움을 줄 수 있음을 발견하고 깨닫는다. |
| | | 자원 복지 기초 교육(2) 전체 프로그램 종합 토의 및 발표 (강남대 사회복지학과 김영호 교수) | • 프로그램의 목적을 확인하게 된다.<br>• 학생들로 하여금 자발적 참여 유도로 자신감과 성취감이 생긴다.<br>• 자원 복지 활동을 지속적으로 하겠다는 동기 부여와 관심이 필요하다는 것을 깨닫는다.<br>• 자원 복지 활동이 실제로 남을 돕는 것뿐만이 아니라 다양한 인간 관계 형성과 인격 형성에 많은 도움이 되어서 자원 복지 개념을 올바로 깨닫게 된다. |
| | | 촛불 의식 및 기도 (김영호 교수) | • 종합적으로 자원 복지(봉사) 활동이 개인의 신앙 변화, 성향 변화, 태도적 변화를 일으킨다.<br>• 지속적인 자원 복지를 하는 다짐과 결단을 하게 된다. |
| | | 사랑의 편지 보내기 캠페인(2) | • 하나님 사랑, 이웃 사랑을 실천한다.<br>• 교회 안에서의 사랑의 운동을 실천하게 된다.(예: 교사에게 안마해 해드린다.)<br>• 부모님께 감사의 편지를 씀으로 부모님에 대한 존경의 마음 표시하게 한다(사랑의 표현을 하게 됨).<br>• 교회 안의 목사, 전도사, 교사에게 사랑의 편지 씀으로 존경하게 한다.<br>• 친구에게 편지를 씀으로 교우 사랑하는 마음이 생긴다.<br>• '한사랑마을' 장애인에게 편지 씀으로 장애 아동 동생들에게 지속적인 관심을 갖게 |

| 단계 | 횟수 | 프로그램명 활동내용 | 교육적 효과 |
|---|---|---|---|
| 마무리 단계 | 8회 토 10/14 | 사랑의 편지 보내기 캠페인(2) | 된다.<br>• 그 동안 활동에 대해 친한 사람에게 알리게 하여 적극적인 대인 관계를 하도록 한다.<br>• 처음 시작 단계와 마무리 단계를 비교해서 변화를 알아본다. |
| | 9회 주일 10/15 | 아침 운동 | • 친교 및 공동체 의식이 함양된다.<br>• 인간 관계 각각의 성격을 파악하게 된다. |
| | | 사후 설문 조사 | • 프로그램 실시 전에 사용한 설문지를 다시 한 번 돌려 학생들의 변화를 확인한다. |
| | | 예배 준비 | • 교회에서 자신이 필요한 존재임을 확인한다. |
| | | 주일 예배 | • 신앙 훈련이 된다.<br>• 전도 효과를 얻는다. |
| | | 동아리 만들기 및 임원 선출 | • 동아리로 결성 지속적인 자원 복지 활동을 하게 한다.<br>• 임원 선출을 통하여 책임을 부여한다. |
| | | 종합 발표회 준비 | • 준비하는 과정을 통해 소그룹별 결속력과 공동체 의식을 향상시킨다. |
| | | 종합 발표회 | • 자원 복지 활동이 종합 발표회를 통한 가정, 학교, 지역 사회에 확대된다.<br>• 자원 복지 활동을 교회 교육자 및 성도, 부모 친구들에게 홍보하고 전파한다.<br>• 교육의 주체가 혼연일체가 된다.<br>• 자신의 의지를 확인하고 자신감과 성취감을 가지게 된다.<br>• 지도력과 발표력 증진된다.<br>• 창의력 개발 된다. |

# V. 결론 및 제언

## 1. 결론

결과적으로 자원 복지의 개념을 전혀 모르던 학생이 자원 복지의 기초 교육을 담당한 김영호 교수의 강의와 현장 체험을 통하여 자원 복지 활동의 흥미를 가졌고 교회 출석과 프로그램에 적극적으로 참여하였으며, 건강을 주셔서 자원 봉사를 할 수 있게 해 주신 하나님과 부모님께 감사하는 모습을 보며 학생들의 신앙 변화를 볼 수 있었다.

처음에는 학생들이 봉사 점수 때문에 프로그램에 참여했는데, 교육 프로그램 과정을 통하여 자원 복지에 참된 의미를 깨닫고 자원 복지 활동의 기쁨과 보람을 느꼈다. 그리고 장애인에 대한 이해와 인간의 존엄성과 가치, 공동체의 중요성을 깨닫는 모습을 참여 관찰 기록 분석, 학생 개별 분석, 소감문 분석, 설문지 조사 결과를 통하여 개인의 성향 변화를 발견할 수 있었다.

또한 자원 복지 활동을 하면서 다른 사람과 협동심이 향상되고, 소그룹 활동을 하여 발표력, 지도력, 대인 관계 능력이 향상된 학생들의 사회적 태도 변화를 볼 수 있었다. 따라서 중학생(청소년) 자원 복지 활동 교육 훈련 프로그램의 실시에 대한 효과성이 있음을 증명할 수 있다.

본 연구의 조사 결과를 요약하면 다음과 같다.

첫째, 사랑실천 자원 복지 학교 과정에 보다 많은 중학생들을 참여시키기 위해서는 적절한 사전 홍보가 이루어져야 한다. 사전 홍보 방법은 홍보물을 이용한 광고, 담임 목회자의 적극적인 관심과 예배 시간의 광고, 목회자의 설교, 교사의 개인적인 설득과 권유 등의 방법을 통합적으로 활용하는 것이 효과적임을 알 수 있었다.

둘째, 교육 훈련 과정을 성공적으로 진행하기 위해서는 인적 · 물적 환경의 조성이 필요하다.

셋째, 기초 교육 훈련 과정은 사회 복지 및 자원 복지에 대한 의식을 일깨우는데 기초적으로 필요한 과정이다. 이 과정은 특히 인간의 존엄성과 가치, 자원 복지의 가치, 장애인의 어려움, 자원 복지와 선교, 자신과 인생의 참된 의미 등을 이해시키는데 효과적이었다. 자원 복지의 실천은 인간관을 정립하고 인간성을 회복해야 가능한 것이다. 그러므로 교회의 중학생을 위한 교육 훈련 방법으로서 기초 교육 훈련 과정은 기본적으로 필요한 과정이다. 기초 교육 훈련 시간은 2시간 정도가 적당하며 학생들이 자원 복지에 대한 이해와 효과를 높이는데 꼭 필요한 과정임을 알 수 있다.

넷째, 소집단 교육 훈련 과정은 자원 복지 교육 훈련 과정의 성패가 달려 있는 핵심적인 과정으로 소집단 성원의 인성을 변화시켜 자원 복지 활동에 능동적으로 적응하고 실천하는 사람으로 변화시켜 주는 자원 복지 활동 활성화를 위한 필수적인 과정임을 참여 관찰 기록(비디오 · 녹음) 분석과 개별 기록 분석에서 볼 수 있고, 소집단 활동을 통하여 전체의 87.5%가 '변화를 받았다' 라는 기록과 '소집단 활동이 자신들에게 변화를 주었다' 라고 응답자들의 83.3%가 말한 것으로 보아 소집단 교육 훈련 과정이 학생들의 자원 복지 교육 훈련 프로그램의 효과성을 높이는데 중요한 방법임을 알 수 있다.

다섯째, 자원 복지 교육 훈련은 자원 복지의 이념과 가치, 그리고 자원 복지 활동에 대한 지식과 기술을 가르쳐 줄 뿐만 아니라, 참가자의 인간성도 회복시켜 인생의 참된 의미와 보람을 갖게 해 주며 자신과 가정, 그리고 교회와 이웃에 대한 삶에 충실하도록 함으로써 해체

되어 가고 있는 지역 사회 공동체를 재생시키고 진정한 민주 복지 사회를 건설하는 생활 교육 훈련이 되었다.

여섯째, 지역 사회의 자원 복지 활동에 참여하는 중학생들의 변화된 생활은 교회에 호감을 갖게 하여 궁극적으로 하나님의 영광을 나타내면서 교회의 선교에 기여하게 된다.

끝으로, 이러한 사랑실천 자원 복지 학교 프로그램의 성과가 교회의 자원 복지 활동 활성화로 연결되어 자원 복지 활동이 지속되고 확산되려면 소집단의 운영을 지도하고 지원할 전문 지도자의 개입이 반드시 필요하다. 자원 복지 활동 활성화는 소집단의 활성화에 달려 있다. 그러므로 교육 훈련을 받은 중학생들을 활동원으로 계속 활동하게 하고 교회의 자원 복지 활동을 지역 사회로 더욱 확산시켜 나가기 위해서는 전문 지도자가 개입하여 지속적으로 소집단을 지도하는 것이 반드시 필요하다.

## 2. 제언

필자는 자원 복지론을 접하면서 자원 복지 활동은 다름 아닌 성경 말씀의 하나님 사랑, 이웃 사랑 실천 운동이라는 생각을 갖게 되었다. 그래서 교회의 중학생 자원 복지 교육 훈련 프로그램의 효과성을 연구하게 되었다.

본 연구 결과가 필자가 출석하고 있는 교회의 중학생들을 대상으로 실험 조사 연구를 하였기 때문에 전국의 모든 교회 중학생의 일반적으로 적용하기에는 대표성에 한계가 있음에도 불구하고 연구자가 실험 조사 연구한 중학생 자원 복지 교육 훈련 프로그램의 상당한 효과가 있었음을 강조하고 싶다.

사랑실천 자원 복지 학교 교육 훈련 과정을 마친 학생들은 앞으로 지속적인 봉사 활동을 하고자 교회 학생회 정식 동아리로 만들어졌고, 동아리 대표자를 선출하여 앞으로 주 1회 소그룹 활동 모임과 월 1회 현장 봉사 체험을 하기로 결정하여 실천하고 있으며, 인터넷 카페를 운영하여 자원 복지를 활성화하고 있다.

이와 같은 '사랑실천 자원 복지 학교' 교육 프로그램은 교리와 지식에만 젖어 있는 한국 교회 중학생들이 실천적인 신앙인으로 변화시키는데 효과적이며, 또 한국 교회가 반드시 실천해야 하는 부분임을 생각하기에 다음과 같이 3년 동안에 동아리를 지도하면서 느꼈던 문제점 몇 가지와 이를 극복하기 위한 몇 가지 제언을 제시하면서 이 글을 끝맺고자 한다.

3년 동안 자원 복지 동아리를 지도하면서의 문제점을 제시하면 다음과 같다.

첫째, 자원 복지에 대한 이해를 가지고 있던 목회자가 사임하게 된 경우

둘째, 자체적으로 인터넷 카페를 만들어 운영 중 학생회 전체 카페가 생기게 되면서 학생회 카페로 소속하여 운영하게 되었을 때, 동아리 회원들의 소속감이 결여되는 경우

셋째, 교회 환경적인 요인으로 인하여 자원 복지에 대한 성도들의 이해 부족

넷째, 지속적인 자원 복지에 대한 중요성에 대한 교육 부족

다섯째, 예산 부족

여섯째, 봉사 활동을 통하여 처음 교회 오게 된 새신자 관리

일곱째, 사회 복지 목회자 즉, 지도자의 양성 부족

더욱 성숙된 자원 복지 활동 프로그램 운영을 위한 제언은 다음과 같다.

첫째, 이 사랑실천 자원 복지 학교 교육 프로그램을 교회에서 활용한다면 교회의 자원 복지 활동 활성화를 통하여 중학생들의 신앙의 성장과 개인의 성향과 사회적 태도 변화뿐 아니라, 교회의 봉사적 기능이 재생되어 지역 사회로부터 관심과 신뢰를 회복할 수 있으며, 궁극적으로는 하나님께 영광을 돌리면서 교회의 선교적 목표 달성에도 기여하게 될 것이라 생각한다.

둘째, 교회의 자원 복지 프로그램의 효과성을 위해서는 담임 목회자의 자원 복지 실천 의지가 선행되어야 한다. 아무리 효과적인 교육 훈련 방법이라도 활용하지 않는다면 자원 복지 활동의 활성화는 요원하다. 담임 목회자가 자원 복지의 이념과 가치를 인식하고 실천할 의지가 있느냐 없느냐에 따라서 교회의 자원 복지 활동의 활성화와 직결된다.

셋째, 교회를 섬기는 목사는 여러 분야를 담당하는 목사가 있어야 한다. 예로 교육 목사, 음악 목사, 선교 목사를 꼽을 수 있다. 교회의 '케리그마(kerygma, 말씀 선포)', '디다케(didake, 교육)', '미시오(missio, 선교)', '코이노니아(koinonia, 친교)', '디아코니아(diakonia, 봉사)', 5가지 분야로써 역할을 한다. 봉사도 중요한 부분의 하나임으로 사회 복지를 담당하는 목회자가 필수적이라 생각한다. 사회 복지 목회의 내용을 제시하여 한국 교회가 힘써야 할 분야들을 언급하고, 그러한 일들을 위한 제도적 정비와 지도자의 양성이라는 당면 과제들을 한국 교회 앞에 제시한다. 이제 한국 교회는 이와 같은 사회목회적 사명을 깨닫고 이 사명을 이루기 위하여 보다 적극적인 실천에 나서야 할 것이다.

# 물망초 교사의 감상과 몇 가지 고민

이승훈
아주대학교 심리학과 4학년

1. (생략) 프로그램은 성공리에 끝마쳤으며 이후로도 학생회 동아리 형식으로 계속하기로 했다. 여기까지가 우리의 작은 성공이었다. (생략) 결국 목회자가 바뀌는 상황이 되고서는 우리는 더욱 힘든 상황에 직면하게 되었다. 사실 이전의 우리는 K목회자의 과감한 지원과 학생회 내의 관심 속에서 출발했고 프로그램을 마칠 때까지 그러한 것은 계속되었다.

단순한 프로그램이 아니라 학생회의 한 축으로서 당당히 일익을 담당하고 있었다. 그런 위치에서 목회자가 바뀌는 충격은 정말 견디기 힘든 것이었다.

특히 학생회는 자기 자신의 예배마저 축소되고 어른들의 대예배에 편입되는 큰 변화가 있었다. 게다가 담당 목회자와 총무 교사 모두 사라지는 비극을 맞게 된 것이다.

2. ① 물망초 캠프는 프로그램의 지속성을 위해 동아리(물망초)가 된 구성원 모두에게 지난 기간을 반성하고 새로운 준비를 하는 것이다. (생략) 이제 물망초는 봉사와 자원 복지의 개념을 모두가 공유된 의식으로 가지게 되었다. (생략)

② 동아리의 조직화와 의식화는 무엇보다도 중요하다. 어쨌든 물망초는 서로 공유하는 부분이 많다. (생략) 교사와 임원과의 보다 많은 친교가 있어야 한다고 보인다.

③ 동아리는 학생회 내에서 일익을 담당하고 또한 소외되기 쉬운 학생회 내의 아웃사이더들을 규합하는 활동을 할 수 있다. 교회에서 학생회가 늘 활력이 넘치는 부서이고 (생략) 중학생들의 봉사 점수와 봉사에 대한 욕구를 어느 정도 채워주는 역할을 담당한다.

3. (생략) 목회자가 바뀌면 지금까지의 목회자가 이루어 놓았던 것을 새로운 목회자가 새롭게 평가하여 정책을 가감하고 이전의 의지가 새로운 사람의 의지로 계승되는 지도 미지수다. (생략) 예를 들자면 물망초가 한참 '한사랑마을' 이라는 봉사 단체에 봉사 활동을 다니던 때였다. 교회에서는 차량 지원을 약속했고 우리는 당연히 차량을 지원 받을 것으로 기대했었다. (생략) 결국 담임 목회자를 직접 설득하는 지경에까지 이르렀다. 물론 지금에 와서는 오히려 목회자의 신임을 받는 봉사 단체로 인식되고 있으며 차량도 신청하면 꼭 지원하는 형편이다.

마지막으로 나는 3년 이상 교사로 물망초라는 학생 봉사 단체에 참여했다. (생략) 나는 실제로 그것을 경험했다. 내가 봉사해서 나만 기쁜 것이 아니라 치매가 걸린 우리 할아버지도 봉사를 받는 것이다.(할아버지는 요양원에 계시는데 1주일에 한 번씩 봉사 단체가 방문해서 목욕 봉사를 한다고 한다.) 즉 내가 남에게 하는 서비스를 똑같이 내가 남으로부터 받을 수도 있는 것이다.

(생략) 봉사 활동을 하면서 학생회의 소외된 학생들을 좀더 알 수 있었고, 또한 그들 스스로 교육을 받고 활동하는 동안에 내적 치유를 경험하고 다시 학생회로 돌아가는 훌륭한 피드백이 발견된다. (생략) 몇 가지 당부하고 싶은 것은 목회자가 일단 이러한 비전과 성도들의 다양한 욕구를 들어줄 수 있는 마음을 가져야 한다(생략). 둘째로 비전있는 교사다. 아무리 목회자가 비전과 말씀으로 무장했다한들 중간에서 교사가 바로 이끌어 주지 않으면 무의미하다. 특히 물망초는 평신도 위주의 프로그램이기 때문에 영적인 부분과 많이 떨어져 있다. 목회자와 교사의 유기적인 협조 체계와 결합이 요원하다.

# 부록

## - 관련자료 모음

Ⅰ

# 문교부 자료

# 2002 학생 봉사 활동 지도 방법

## 1. 지도 방침

○ 봉사 활동은 초·중·고등 학교 전 학년 학생에게 적용·시행한다. 단, 제7차 교육 과정에 따른 봉사 활동은 초등학교는 2000학년도 1, 2학년부터, 중학교는 2001학년도 1학년부터, 고등학교는 2002학년도 1학년부터 연차적으로 적용한다.

○ 봉사 활동은 '학교 교육 과정에 의한 봉사 활동'과 '학교 교육 과정 이외의 봉사 활동'으로 구분하여 실시한다.(단, 제6차 교육 과정이 적용되는 중학교 3학년, 고등학교 2~3학년의 경우는 종전과 같이 '학교 계획에 의한 봉사 활동'과 '개인 계획에 의한 봉사 활동'으로 구분하여 실시한다.)

○ 학생 봉사 활동의 지도를 위하여 각 학교에 '학생봉사활동추진위원회'를 구성, 운영한다.

○ 봉사 활동은 학생들의 봉사 능력 함양을 위한 봉사 학습 과정으로서의 교육 활동이 되도록 지도한다.

○ '학생봉사활동정보안내센터' 및 봉사 활동 유관 기관과의 연계 시스템을 구축하여 학생들이 다양한 프로그램에 참여할 수 있게 한다.

○ 학생들에게 봉사 활동 과정 전반에 걸친 사전 교육을 철저히 실시하여 봉사 활동 과정에서 나타날 수 있는 문제점을 최소화한다.

○ '학교 교육 과정 이외의 봉사 활동' 또는 '개인 계획에 의한 봉사 활동'은 담당 지도 교사 또는 담임 교사의 사전 지도를 받은 후에 실시하도록 한다.

○ 봉사 활동은 복지 분야뿐만 아니라 봉사 활동 전 영역에 걸쳐

다양한 활동이 이루어지도록 지도한다.
- ㅇ 봉사 활동 지도자로서 봉사 활동 담당 지도 교사 및 학급 담임 교사의 역할을 강화한다.
- ㅇ 봉사 활동 상황은 '학교 생활 기록부' 봉사 활동란에 전산 입력한다.

## 2. 학생 봉사 활동 시간

- ㅇ 제7차 교육 과정의 적용과 함께, 초·중·고등 학교 학교 급별 및 학년별 봉사 활동 권장 시간을 연간 7시간~20시간으로 다양화한다.
- ㅇ 단, 제6차 교육 과정이 적용되는 학년은 종전의 기준을 적용한다.
- ㅇ 제7차 교육 과정이 적용되는 학년의 경우에는 학교 교육 과정의 특별 활동 시간 중에 봉사 활동을 초등 학교는 연간 5~7시간 이상, 중·고등 학교는 연간 10시간 이상 편성·운영해야 한다.

〈표 II-1-1〉 학교 급별, 학년별, 연간 봉사 활동 시간

| 학교급 | 학년 | 봉사 활동 권장 시간 | 학교 교육 과정에 의한 봉사 활동 시간 |
|--------|------|---------------------|---------------------------|
| 초등학교 | 1~4 | 연간 7시간 이상 | 연간 5~7시간 이상 |
| | 5~6 | 연간 10시간 이상 | |
| 중학교 | 전학년 | 연간 18시간 이상 | 연간 10시간 이상 |
| 고등학교 | 전학년 | 연간 20시간 이상 | |

## 3.봉사 활동 내신 반영 방법

(1) 중학교

〈표 II-1-2〉

| 중학교 1·2학년 | 중학교 3학년 |
|---|---|
| ○ 연간 기준 시간 : 18시간<br>○ 고입 내신 성적에 반영<br>　• 연간 18시간 이상 : 8점<br>　• 연간 15시간 이상 18시간 미만 : 7점<br>　• 연간 15시간 미만 : 6점 | ○ 연간 기준 시간 : 15시간<br>○ 고입 내신 성적에 반영<br>　• 연간 15시간 이상 : 8점<br>　• 연간 10시간 이상 15시간 미만 : 7점<br>　• 연간 10시간 미만 : 6점 |

(2) 고등학교

　　○ 대학에 따라 대입 내신 성적에 반영

# 청소년 자원 봉사 활동 프로그램 안내

〈표 II-1-3〉

| 기수 | 일시 | 프로그램 | 소그룹별 추진 내용 |
|------|------|----------|--------------------|
| 일손<br>돕기<br>활동 | 복지 시설 | • 아동 노인 복지 시설<br>• 장애인 복지 시설 | 어린이 돌보기, 청소, 세탁, 배식, 시설물 관리, 노인 · 장애인 외출 돕기 |
| | 공공 기관 | • 우체국 • 동사무소<br>• 각종 공공 기관 | 민원인 안내하기, 우편물 분류 돕기, 청소 돕기, 도서, 자료 정리, 간단한 업무 돕기 |
| | 병원 | • 인근 병원<br>• 보건소 | 이용자 안내, 물품 관리 보조, 병원 주변 정리, 간단한 업무 보조, 환자 돌보기, 심부름하기 |
| | 농 · 어촌 | • 농촌 • 어촌 | 벼농사 돕기, 밭농사 돕기, 주변 청소하기 |
| | 학교 | • 학교 | 학교 행사 안내, 운동장 정리, 환경 미화 |
| 위문<br>활동 | 복지시설<br>방문 | • 보육원 • 양로원<br>• 재활원 • 무의탁 노인<br>• 보건소 | 봉사 활동 목록 조사, 친선 게임, 위문품 전달, 위문 편지 쓰기, 자매 결연, 노래, 연주, 춤, 연극, 무의탁 노인 · 환자 위로, 함께 놀기 |
| 캠페인<br>활동 | 공공 질서<br>확립 | • 대중 이용 시설<br>• 공공 장소 | 차례 지키기 캠페인, 경기장 질서 캠페인, 부정부패 추방 캠페인, 공정 선거 캠페인 |
| | 교통 안전 | • 학교 주변 통학로<br>• 가두 | 교통 안전 캠페인, 안전 사고 예방 캠페인, 거리 질서 확립 캠페인 |
| | 학교 주변<br>정화 | • 학교 주변 | 유해 업소 방문 계도, 전단 나누어주기, 교육 환경 저해 업소 조사 |
| | 환경 보전 | • 공원 • 하천<br>• 등산로 | 자연 보호 캠페인, 자연 보호 포스터 붙이기 |
| 자선<br>구호<br>활동 | 재해 구호 | • 재해 지역(수해 화재) | 재해 구호를 위한 노력 봉사, 모금 활동 |
| | 불우 이웃<br>돕기 | • 무의탁 병자 • 빈민<br>• 노약자 • 장애인 | 독거 노인 돕기, 바자회 개최, 소년 · 소녀 가장 돕기, 장애 청소년과 등반, 지체 부자유자 등하교길 돕기 |

| 기수 | 일시 | 프로그램 | 소그룹별 추진 내용 |
|---|---|---|---|
| 자선 구호 활동 | 헌혈 및 골수 기증 | • 병원 | 헌혈, 골수 기증 |
| | 국제 협력 및 난민 구호 | • 학교주변 | 외국인에게 한국 가정 소개, 민박 알선, 외국 학생 초대하기, 난민 구호 활동 |
| 환경 시설 보존 활동 | 깨끗한 거리 만들기 | • 학교<br>• 자기 동네 | 거리 청소, 껌 떼기, 불법 벽보·스티커 제거, 공동 이용 시설 청소 |
| | 자연 보호 | • 지역 사회(하천, 산) | 하천·산 오염 방지 활동, 샛강 살리기 활동, 오염 물질 수거 활동, 철새 모이 주기 |
| | 문화재 보호 | • 지역 사회 문화재 | 훼손된 문화 유적 조사, 유적지 주변 정화 활동 |
| 지도 활동 | 교통 안전 지도 | • 학교 주변 통학로 | 등·하교생 지도, 교통 신호 지키기, 건널목 교통 안전 지도, 등하교 길 안전 지도 |
| 지역 사회 개발 활동 | 지역 실태 조사 | • 지역 사회 | 지역 사회 현황 파악 활동, 지역 사회 복지·문화재 지도 만들기, 지역 문화 전통 문화 익히기 |
| | 지역 사회 가꾸기 | • 지역 사회 | 재활용 분리 수거, 놀이터 청소, 지역 대청소·환경 미화, 공중 질서 위반자 적발 |
| | 지역 홍보 | • 학교<br>• 지역 사회 | 지역 신문 만들기, 지역 안내지 만들기, 지역 사회 여행 안내 |
| | 지역 행사 지원 활동 | • 지역 사회 | 지역 행사 일손 돕기, 공공 행사장 안내, 질서 및 안전 계도, 주차장 안내 |

Ⅱ
# 은천노인복지회관 자료

# 2002년도 제6기 여름봉사학교 계획서

## 1. 목적

봉사학교를 실시함으로써 자원 봉사 활동에 대한 참된 의미를 깨달을 수 있는 교육의 기회를 제공하고, 실제적으로 경험할 수 있는 체험 활동에 참여함으로써 봉사학교 후에도 생활 속에서의 자원 봉사 활동을 지속할 수 있도록 한다.

## 2. 사업의 필요성

(1) 본 기관은 지역 내의 교회, 학교, 사회 단체와 연계하여 2000년부터 현재까지 5기의 청소년봉사학교를 운영하고 있으며, 자원 봉사자 교육과 무의탁 노인 돕기, 지역 내 환경 개선 활동에 최선을 다하고 있다.

(2) 가정의 핵가족화와 더불어 경로효친의 마음이 점차 퇴색되어 개인주의적으로 변해 가고, 탈선과 비행 등 청소년들에게 일어날 수 있는 많은 문제에 별다른 대책 없이 방치하고 있는 것이 사실이다.

(3) 따라서 청소년들에게 비행과 탈선에 대한 경각심을 줄 수 있는 교육의 기회를 제공하고 불우 이웃 돕기, 장애 체험, 거리 청소 등 여러 자원 봉사 활동을 통하여 청소년들에게 바른 문화를 제시하고 다양한 자원 봉사 활동을 지속할 수 있도록 해야 한다.

## 3. 사업의 목표

(1) 동대문구 장안동 인근 지역 내의 중고등 학교와 교회를 통하여 봉사학교 참석자를 200명 모집
(2) 자원 봉사 교육 및 다양한 활동을 통한 참된 의미 재인식
(3) 체계적인 사후 관리를 통한 지속적 봉사 활동 유도

## 4. 추진 방침

(1) 봉사학교의 모집 및 활동 영역은 본 기관이 위치한 거점을 고려하여 장안동 인근 지역으로 한한다.
(2) 참가 학생의 모집 대상은 본 기관이 위치하고 있는 장안동 인근 지역의 학교를 선정하며, 1~5기 봉사학교 참가 학생들도 모집 대상에 포함한다.
(3) 봉사학교 참가 학생의 모집은 참가를 요청하는 공문을 작성하여 담당 사회복지사가 각 학교를 방문하여 자원 봉사 활동 담당 지도 교사와의 상담을 통해 홍보 · 모집한다.
(4) 참가 학생의 접수는 각 학교별 봉사 활동 지도 교사에게 일임하여, 접수 완료 후 본 기관에서 전체 명단을 우편, 방문, 팩스 등을 통하여 취합하도록 한다.
(5) 각 학교별 모집 인원을 관리 · 지도할 중간 지도자들은 장안동 지역의 교회에서 모집하도록 하며 사전 모임을 통하여 각 교회별로 담당할 수 있는 학생 인원을 결정하고 학생 관리 방법을 교육하도록 하며, 교육을 실시하여 중간 지도자로서의 자질 함양을 하도록 한다.
(6) 학생 교육은 전체 교육을 1회 갖도록 하고 봉사학교에 참여하

는 학생들의 모임 장소와 활동은 학생들을 담당하게 되는 각 교
회별로 정하며, 개별 교육과 모임 등 전반적인 봉사 활동은 중
간 지도자가 관리하게 한다.

(7) 봉사학교의 전체적인 운영은 본 기관의 담당 worker가 하며,
각 교회 및 중간 지도자에게 학생 배정과 교육, 정보 제공 등 활
동에 대한 전반적인 사항을 체크, 관리한다.

(8) 봉사학교 참가자들에게 봉사학교 학생증을 발급하여 자원 봉사
활동에 대한 긍지와 소속감을 갖게 한다.

(9) 6기 봉사학교의 봉사 활동 인정 시간은 10시간으로 하되 단, 월
드컵봉사학교 수료 학생은 금번 봉사학교에도 참여할 수 있도
록 하고, 활동 시간은 누적하여 인정 가능하도록 한다.

(10) 활동 후 시상식은 본 기관의 시설장 등이 수여하는 상장을 제작
하여 표창하는 자리로 개학식 전에 실시한다.

(11) 봉사학교에서 활동하는 모든 대원에게는 본 회에서 할 수 있는
모든 지원을 하도록 한다.

(12) 봉사학교에 참가하는 모든 대원은 법으로 정하는 위법 행동 및
기타 약물 복용을 금한다.

(13) 운영 예산은 자체 회비와 지역 사회 각 단체의 후원금으로 충당
한다.

(14) 활동 일정, 내용, 장소 등은 기관의 사정에 의하여 변경될 수 있
다.

## 5. 사업 개요

(1) 주　　최 : 은천노인복지회, 장안4동 주민자치위원회
(2) 모집 대상 : 동대문구 장안동 인근 지역 중고등 학교 재학생 및

　　　　　　1~5기 봉사학교 참가 학생

(3) 모집 인원 : 중고등 학생 200명

(4) 모집 기간 : 2002년 6월 26일(수)~2002년 7월 20일(토) 총 25일
　　　　　　간

(5) 활동 기간 : 2002년 7월 25일(목)~2002년 7월 27일(토) 총 3일
　　　　　　간

(6) 수 료 식 : 2002년 8월 개학 전

(7) 교육 일정 : 1) 일시 : 2002년 7월 25일(목) PM 13:00 ～ 16:00
　　　　　　　　(3시간)

　　　　　　2) 장소 : 한마음교회

　　　　　　3) 대상 : 봉사학교 참가자 전체(학생 및 중간 지도
　　　　　　　　자)

(8) 교　육 : 1) 자원봉사란?

　　　　　　2) 치매란 무엇인가?

　　　　　　3) 청소년 흡연 문제(강의 or 비디오시청)

(9) 활동 내용 : 1) 공통 사항 - 거리 청소 및 벽보·전단지 제거, 거
　　　　　　　리 캠페인

　　　　　　2) 선택 사항 - 가) 치매 어르신 수발

　　　　　　　　　　나) 무의탁 독거 어르신 방문

　　　　　　　　　　다) 장애 체험

　　　　　　　　　　라) 자선 바자회

(10) 특　전 : 1) 활동 기간 봉사 활동 확인서 발급(10시간)

　　　　　　2) 수료식 및 시상식

(11) 소요 예산 : 금 삼십오만 원정 (₩350,000.-)

# 6. 세부 추진 계획

〈표 II-2-1〉

| 목표 | 전략 | 전술 | 세부 내용 | 비고 |
|---|---|---|---|---|
| 가. 지역 내의 중고등 학교와 교회를 통한 봉사학교 참석자 200명 모집 | 인원 모집 | 홍보 | - 참가 대상 학교의 자원 봉사 지도 교사에 대해 유선 홍보<br>- 참가 대상 학교별 참가자 모집 공문 작성 및 발송<br>- 참가 대상 학교를 자원 봉사 지도 교사 방문 홍보<br>- 자원 봉사 지도 교사를 통한 학생 등록 및 접수<br>- 지역 신문 홍보 : 정보지, 동대문신문, 구정소식지 등<br>- 지역 내 교회 : 유선 작업을 통한 중간 지도자 모집과 참석 학생 모집 | |
| | | 접수 | - 접수 명단 작성<br>- 참석 교회별 인원 배정(중간 지도자 참여 교회)<br>- 자원 봉사 지도 교사를 통한 전화 및 팩스 접수<br>- 담당 w'er의 학교 방문을 통한 접수 | |
| 나. 자원 봉사 교육 및 활동을 통한 참된 의미 재인식 | 자원 봉사 교육 | 장소섭외 및 강의준비 | - 교육 장소는 비디오시청과 음향시설이 갖추어진 200명 이상을 수용할 수 있는 곳으로 섭외(한마음교회)<br>- 모집홍보 시 교육 장소 및 일정에 대한 사전 홍보를 실시<br>- 비디오 시청 및 강연 내용 :<br>  (자원 봉사 활동 및 흡연, 음주 등에 관한 내용)<br>- 강사 및 비디오 등 사전 섭외를 통한 교육 준비<br>- 강사 및 비디오 대여자에게 교육 취지 및 내용 설명 | |

| 목표 | 전략 | 전술 | 세부 내용 | 비고 |
|---|---|---|---|---|
| 나. 자원 봉사 교 육 및 활 동 을 통 한 참 된 의 미 재 인식 | 자원 봉사 교육 | 중간지도 자 사전모 임 | - 교회별 관리 인원수 파악<br>- 중간지도자 교육을 통한 학생 관리 의 만전<br>- 운영회의를 통하여 봉사학교의 진 행 방향과 교회 행사들과의 조율 실시<br>- 사전 모임에 미참석한 중간 지도자 는 전화 또는 e-mail을 통한 개별 통지<br>- 2~3회 모임을 통한 정보 공유 및 전달 | |
| | | 가이드북 제작 | - 봉사학교의 전반적인 활동과 교육 에 대한 내용 수록<br>- 자원 봉사 활동과 봉사 활동 체험 내용 집중 기재<br>- 사전 제작을 통한 교육 시 1인 1부 배부<br>- 마스터 복사를 통한 책자의 완성도 를 도모 | |
| | | 교육실시 | - 전체 교육은 1회로 하며, 각 팀별 교육은 수시로 실시<br>- 봉사학교 활동 내용 및 활동 방향 제시<br>- 레크리에이션을 진행 참가 학생들 의 친밀 관계 형성<br>- 전문 강사를 초청하여 자원봉사자 교육 실시<br>- 교육 후 정리 및 문제점 파악, 점검 | |
| | | 흡연예방 교육 | - 청소년수련관, 청소년문제연구소 등 유 관기관 명단 파악<br>- 동대문구내 금연학교 및 금연협회 등 명단 파악<br>- 명단을 통한 유선 작업 및 최신 금연 비 디오와 강사 섭외<br>- 후두암 수술자 등 실제 피해자를 강사 로 섭외 추진 | |

| 목표 | 전략 | 전술 | 세부 내용 | 비고 |
|------|------|------|-----------|------|
| 나. 자원봉사 교육 및 활동을 통한 참된 의미 재인식 | 소그룹 활동 | 사전 준비 | - 모집된 인원을 소그룹별 즉, 팀별로(10인 1팀) 구분<br>- 중간지도자들에게 사전 조율을 통해 이루어진 교회별 담당 인원을 배정(팀 배정)<br>- 참가 학생들과의 관계 형성을 위한 사전 전화 작업 실시 | |
| | | 소그룹 모임 | - 전체 모임은 교육과 수료식 때 각 1회씩 총 2회로 한정<br>- 중간지도자들이 소속되어 있는 교회에서 각 팀별로 모임을 실시<br>- 모든 프로그램의 시작과 끝은 교회에서 시작하여 교회에서 마치는 것으로 한다. | |
| | | 소그룹 관리 | - 팀별 관리는 중간지도자들과 보조하는 교회 교사들에게 일임<br>- 참여 학생들의 봉사 시간 관리는 철저하게 기록<br>- 봉사학교의 작성 서류는 본 기관의 서류로 기재<br>- 프로그램의 참여를 위한 유선 작업은 중간지도자들에게 일임<br>- 참가 프로그램의 사전 신청으로 프로그램 진행 조율 및 중복 방지(대상자 보호) | * 명찰 제작 |
| | 프로그램 참여 | 치매 · 중풍 어르신을 위한 프로그램 참여 | - 주 · 단기보호센타의 프로그램<br>- 참여 팀별 노래 부르기, 장기 자랑 등의 프로그램을 준비하여 참여토록 한다. | |
| | | 무의탁 독거 어르신 돕기 | - 본 회관의 가정봉사원파견센타 대상 어르신 중 장안동 거주 노인 선정<br>- 각 조별 어르신 방문 및 말벗, 가사, 나들이 등 독거 노인 돕기 활동 체 | |

| 목표 | 전략 | 전술 | 세부내용 | 비고 |
|------|------|------|----------|------|
| 나. 자원 봉사 교육 및 활동을 통한 참된 의미 재인식 | 프로그램 참여 | 무의탁 독거 어르신 돕기 | 험 실시<br>- 지원 물품과 후원금 등은 중간지도 자와 조별 학생들의 자율 의사에 따른 결정 및 지원 실시<br>- 각 팀의 사전 신청(사생활 침해 및 중복 방지) | |
| | | 장애 체험 | - 일상 생활에서 불편함을 느끼지 못 하는 일들을 장애 상황으로 설정하 여 각 조별로 장애 체험 실시<br>- 휠체어 체험, 시각 장애 체험, 청각 장애 체험 진행<br>- 장애 체험의 형식 및 내용은 가이드 북에 세부 계획으로 수록<br>- 장애 사항의 특성을 고려한 실질적 인 체험이 되도록 구성 | |
| | | 거리 청소 및 벽보·전단지 제거, 신고 | - 동사무소에 공문 발송 : 집중 관리 구역 선별 요청<br>- 장안동 지역 교회별 청소 구역 배정<br>- 거리, 전봇대 및 건물 벽 등에 부착 된 벽보·전단지 제거 | |
| 다. 체계 적인 사후 관리를 통한 지속적인 봉사 활동 유도 | 수료식 | 장소 섭외 | - 음향 시설이 갖추어진 200명 이상 모임이 가능한 곳<br>- 교육 실시 장소로 지정(한마음교 회)<br>- 장소 사전 섭외와 수료식 참가자 사 전 홍보 실시 | |
| | | 준비 | - 구청장, 동장, 주민자치위원장상, 시설장상 및 기타 상 섭외, 준비<br>- 운영 지침에 의한 수상자 선정<br>- 참석 내빈 명단 작성 및 유선 작업 실시<br>- 시상자 선정 및 통보 | |

| 전략 | 전술 | | 세부내용 | 비고 |
|---|---|---|---|---|
| 다. 체계적인 사후 관리를 통한 지속적인 봉사 활동 유도 | 수료식 | 수료식 | - 식순지 제작<br>- 준비 사항 확인<br>- 수료식 진행<br>- 정리 및 문제점 확인 및 점검 | |
| | 사후 홍보 | 활동 결과 홍보 | - 행사 후 활동 내용 및 사진 등 기사 내용 발송<br>- 4대 일간지<br>- TV 매스컴<br>- 지역 신문 및 CATV 등 | |
| | | 사진 전시회 개최 | - 구청, 동사무소 및 지하철 구내 장소 섭외<br>- 활동 사진 촬영<br>- 팀별 준비 설명 실시 | |
| | | 학교 홍보물 발송 | - 활동 사진 촬영<br>- 우수 봉사 활동 학생 추천<br>- 제7기 봉사학교 홍보 | |
| | 사후 관리 | 청소년 모임 공간 제공 | - 각 교회에 의뢰하여 봉사학교 참가 학생의 생활 및 놀이, 공부 등 활용 공간 제공<br>- 지속적인 활동 유도 및 건전한 청소년 문화 구축 | |
| | | 지속적인 학생 관리 | - 각 팀장에 의한 탈선 방지 및 선교<br>- e-mail 발송 및 전화 방문을 통한 관리 | |

## 7. 추진 일정표

〈표 Ⅱ-2-2〉

| 시기 / 내용 | 6월 | | | | | | | | 7월 | | | | | | | | | | | | 8월 | | | | | | | 9월 |
|---|---|---|---|---|---|---|---|---|---|---|---|---|---|---|---|---|---|---|---|---|---|---|---|---|---|---|---|---|
| | 19 | 24 | 25 | 26 | 27 | 28 | 29 | 30 | 1 | 3 | 5 | 6 | 19 | 20 | 22 | 23 | 24 | 25 | 26 | 27 | 1 | 10 | 19 | 23 | 24 | 26 | 31 | |
| 세부 사업 준비 완료 | | | | | | | | | | | | | | | | | | | | | | | | | | | | |
| 공문 작성 및 발송 | | | | | | | | | | | | | | | | | | | | | | | | | | | | |
| 현수막 제작 | | | | | | | | | | | | | | | | | | | | | | | | | | | | |
| 중간 지도자 섭외 | | | | | | | | | | | | | | | | | | | | | | | | | | | | |
| 지도자 회의 | | | | | | | | | | | | | | | | | | | | | | | | | | | | |
| 참가자 접수 시작 | | | | | | | | | | | | | | | | | | | | | | | | | | | | |
| 접수 마감 및 취합 | | | | | | | | | | | | | | | | | | | | | | | | | | | | |
| 팀 조직 | | | | | | | | | | | | | | | | | | | | | | | | | | | | |
| 지역 구분 및 팀 배정 | | | | | | | | | | | | | | | | | | | | | | | | | | | | |
| 가이드 북 제작 준비 | | | | | | | | | | | | | | | | | | | | | | | | | | | | |
| 가이드 북 제작 | | | | | | | | | | | | | | | | | | | | | | | | | | | | |
| 교육 실시 | | | | | | | | | | | | | | | | | | | | | | | | | | | | |
| 결연 대상 어르신 선정 | | | | | | | | | | | | | | | | | | | | | | | | | | | | |
| 결연 어르신 방문 | | | | | | | | | | | | | | | | | | | | | | | | | | | | |
| 수료식 장소 섭외 | | | | | | | | | | | | | | | | | | | | | | | | | | | | |
| 취재 의뢰 | | | | | | | | | | | | | | | | | | | | | | | | | | | | |
| 수료식 상장 준비 | | | | | | | | | | | | | | | | | | | | | | | | | | | | |
| 수료식 상품 준비 | | | | | | | | | | | | | | | | | | | | | | | | | | | | |
| 상장 수상자 선정 | | | | | | | | | | | | | | | | | | | | | | | | | | | | |
| 활동 결과 홍보(학교, 신문, 방송 등) | | | | | | | | | | | | | | | | | | | | | | | | | | | | |
| 사진전 장소 섭외 | | | | | | | | | | | | | | | | | | | | | | | | | | | | |
| 사진전 준비 | | | | | | | | | | | | | | | | | | | | | | | | | | | | |
| 사진전 개최 | | | | | | | | | | | | | | | | | | | | | | | | | | | | |
| 사후 관리 | | | | | | | | | | | | | | | | | | | | | | | | | | | | |

## 8. 행사일정표

〈표 II-2-3〉

| 시 간 | 25일(목) 3시간 | 26일(금) 3시간 | 27일(토) 3시간 |
|---|---|---|---|
| 13:00-13:30 | 레크리에이션<br>개회식(인사말, 내빈 소개) | 팀별 모임(교회) | 팀별 모임(교회) |
| 13:30-14:00 | 1. 자원봉사란?<br>2. 치매란?<br>3. 흡연(강의 or 비디오<br>시청)<br>4. 조별 모임 | 오전 프로그램<br>(대상 어르신 방문/<br>치매·중풍 어르신 돌보기) | 오전 프로그램<br>(대상 어르신 방문/<br>치매·중풍 어르신 돌보기) |
| 14:00-14:30 | | | |
| 14:30-15:00 | | 오후 프로그램<br>(자선 바자회/장애우<br>체험) | 오후 프로그램<br>(자선 바자회/장애우<br>체험) |
| 15:00-15:30 | 가두 캠페인<br>(청소 및<br>벽보·전단지 제거) | | |
| 15:30-16:00 | | 팀별 모임(교회)<br>(활동 평가 및 귀가) | 팀별 모임(교회)<br>(활동 평가 및 귀가) |

※ 활동 프로그램의 시간, 내용, 장소 등은 기관의 사정에 의하여 변경될 수 있다.

## 9. 예산

〈표 II-2-4〉

| 프로그램명 | | | 비 고 | | |
|---|---|---|---|---|---|
| 구분 | 금액 | 내역 | 구분 | 금액 | 내역 |
| 후원금 | 350,000 원 | 후원금 200,000<br>자부담 150,000 | 교재<br>제작 | 200,000원 | 1,000×200부=200,000 |
| | | | 현수막<br>제작 | 20,000원 | 20,000×1개=20,000 |
| | | | 장소<br>셋팅비 | 30,000원 | 셋팅재료구입 30,000 |
| | | | 예비비 | 100,000원 | |
| 계 | | 350,000 | 계 | | 350,000원 |

## 10. 기대 효과

가. 자원 봉사에 대한 교육으로 청소년들에게 참된 자원 봉사에 대해서 깨달을 수 있는 기회를 제공한다.

나. 장애 체험과 거리 청소, 무의탁 독거 어르신 돕기를 통하여 우리 모두가 함께 도우며 살아가는 삶의 장이라는 사실을 깨달을 수 있도록 한다.

다. 봉사학교 수료 후에도 지속적인 관리로 봉사 활동과 선교에 밑거름이 되게 한다.

# 2001년도 제3기 여름봉사학교 결과 보고서

〈표 II-2-5〉

| 교역자 간담회 | | |
|---|---|---|
| | 진행 상황 | 평 가 |
| 준<br>비<br>단<br>계 | -일시: 5월 26일(토) 오전10:00<br>-목적: 장안4동 지역 학생 봉사 활동<br>     활성화<br>-장소: 장안4동사무소 지하층<br>-참석자: 장평중앙교회<br>        빛된교회<br>        한마음교회<br>        영성교회<br>        무궁교회<br>        장안4동사무소<br>        은천노인복지회<br>-사회: 장안4동사무소 계장 | - 동사무소에서 홍보를 맡고, 장안4동<br>내 15개 교회에 교역자 간담회의 취<br>지와 참석 요청에 대한 공문을 보낸<br>후 수 차례 전화 작업을 했으나 당일<br>날 5개 교회가 참석하는데 그쳤다.<br>- 원인은 대부분 교회의 목사와 전도<br>사들이 학생 봉사 활동의 필요성을<br>못느끼는데다, 교회에 학생부가 활<br>성화되어 있지 않은 작은 교회가 많<br>은 탓도 있었다.<br>- 또 다른 원인은 담임목사는 흔쾌히<br>참여 의사를 밝혔으나 실제로 일을<br>하게 될 전도사들이 부정적인 태도<br>를 보이거나 바쁜 일정을 이유로 적<br>극성을 보이지 않은 데 있다. 결국 평<br>소에 봉사 활동의 활성화에 관심이<br>있었던 교회와 전도사들이 주축이<br>되어 간담회가 이루어졌다. |
| | 소그룹 지도자 교육 | |
| | 진행 상황 | 평 가 |
| | -일시: 6월 9일(토) 오전10:00<br>-목적: '더불어 사는 장안4동 만들기'<br>     프로그램 소그룹 지도자를 대<br>     상으로 한 이념 교육 및 프로그<br>     램 운영 방법을 숙지시킴<br>-장소: 장안4동사무소 지하층<br>-강사: 강남대 김영호 교수, 덕수교회 | -장안4동사무소 계장이 사회를 보기<br>로 했으나 당일 휴가를 받은 관계로<br>은천노인복지회측에서 사회를 진행<br>했다.<br>-김영호 교수에게 일정을 당일날 알<br>리고 강의 자료를 미리 복사해 놓지<br>못한 점에서 행사 준비의 미비점이 |

| 진행 상황 | 평 가 |
|---|---|
| 이기범 목사<br>-참석자: 총24명<br>　　　　한마음교회 전도사 2명<br>　　　　빛된교회 전도사 2명<br>　　　　영성교회 전도사 1명<br>　　　　장평중앙교회 사모 1명<br>　　　　지역주민 및 주최 16명<br>-사회: 은천노인복지회 유광자<br>-일정: 참석자 소개<br>　　　　이병만 회장 인사말<br>　　　　김영호 교수(이론 교육)<br>　　　　이기범 목사(실천 교육)<br>　　　　장안4동장 맺음말<br>　　　　점심 식사 | 드러났다.(담당 직원을 도와 줄 보조 인력의 필요성 절실)<br>-덕수교회 이기범 목사는 이론보다는 덕수교회에서 실천하고 있는 실제 사례를 소개함으로써 참석자들에게 많은 실제적인 도움을 줌과 더불어 관심을 유도하였다.<br>-평소에 봉사 활동에 대한 관심이 많지 않았던 탓에 지역 주민들의 반응은 시큰둥했으나 이기범 목사의 강의에 관심을 보이는 것을 볼 때 여러 차례 참여를 반복하면 관심도가 높아질 것으로 보여진다. |
| -일시: 7월 18일(수) 오후2:00<br>-목적: '여름봉사학교 진행 과정 논의'<br>-참석자: 장평중앙교회 사모<br>　　　　한마음교회 전도사 2명<br>　　　　장안제일교회 전도사<br>　　　　은천노인복지회<br>-사회: 유광자<br>-안건: 자원봉사 교육 장소 결정<br>　　　　→장안교회<br>　　　　자원 봉사 교육 시 레크리에이션 인도자 결정<br>　　　　→창대교회 김종수 전도사<br>　　　　교육시 간식 준비<br>　　　　→교회별 준비<br>　　　　바자회 준비(물량, 종류 등)<br>　　　　→교회별 준비<br>　　　　장애 체험 준비 물품<br>　　　　→휠체어 대여<br>　　　　은천/동사무소/휘경여고<br>　　　　인원 수용 방식<br>　　　　→교회에 배분 | -빛된교회와 영성교회가 행사 불참 의사를 밝혀서 학생 모집과 관리에 어려움을 겪을 것으로 생각했으나 장안교회와 창대교회가 적극적인 참여 의사를 밝혀옴으로써 오히려 처음보다 추진력을 얻을 수 있었다.<br><br>-그러나 여름성경학교 등과 시기가 맞물려 교회 전도사들이 너무 바쁜 관계로 지도자 모임에 모두 참여하지 못해서 충분히 논의를 하지 못한 아쉬움이 있었다.<br><br>-어쨌든 참여한 교회 담당자 모두 무척 적극적이어서 행사 진행의 모습을 어느 정도는 그려볼 수 있었다. |

준
비
단
계

〈표 II-2-6〉

| 자원 봉사자 교육 | | |
|---|---|---|
| | 진행 과정 | 평 가 |
| 준<br>비<br>단<br>계 | -일시: 2001. 7. 23(월)<br>-장소: 장안교회 예배실<br>-시간: (오후)1:00~4:00<br>-일정: 사회(은천노인복지회 유광자)<br>　　　VTR시청(자원 봉사란 무엇인<br>　　　가)<br>　　　교육: 자원 봉사의 실제(이병<br>　　　만 회장)<br>　　　소그룹별 인사<br>　　　소그룹별 토의 방법 안내(은천<br>　　　노인복지회 유광자)<br>　　　소그룹별 토의<br>　　　소그룹 구성표 및 자원 봉사<br>　　　신청서, 설문지 복지관에 제출 | -참여 학생수: 85명<br>-행사 진행 요원: 9명<br>-갑작스럽게 동대문구에 닥친 수해로 인하여 장안4동사무소가 불참하고 은천노인복지회 단독으로 자원 봉사자 교육을 실시하게 되어 행정력에 있어 아쉬움이 많았다.<br>-레크리에이션을 담당하기로 한 전도사의 지각으로 초기에 행사장 분위기를 잡지 못해 제대로 시작을 못하였다. .<br>-VTR 내용은 자원 봉사에 관한 체계적인 내용을 담고 있어서 아주 좋았다는 반응이었으나 화면과 소리가 너무 작아 뒤쪽에서는 거의 볼 수가 없었다. 주의를 집중시키기에는 좀 더 큰 화면과 성량이 준비되어야 할 것이다.<br>-행사장 준비 부족<br>행사장 밖에 안내 표지판이 없어서 행사장이 어딘지 몰라 헤맸는데 간단한 이정표 하나만이라도 있었으면 이런 문제를 해결할 수 있었을 것이다.<br>-교사들의 준비 부족<br>교사들이 소속 학생들에게 소속 소그룹명을 명확히 통지하지 않아서 학생들이 행사장에서 자리를 잡지 못해 우왕좌왕했다.<br>-간식은 장안교회측에서 충분히 준비해 주어 참석자 모두 만족해 했다. |

| 봉사 활동 실천 | | |
|---|---|---|
| | 진행 과정 | 평 가 |
| 준<br><br>비<br><br>단<br><br>계 | **2001. 7. 20(금)**<br>-현수막 제작: '이웃 돕기 중고등 학<br>생 알뜰 바자회'<br>-이웃 돕기 중고등 학생 바자회를 위<br>한 홍보 의뢰 및 행사 취재 협조 요<br>청 건<br>(UBS연합방송국)<br>-이웃 돕기 중고등 학생 알뜰 바자회<br>행사 취재 협조 요청 건<br>(동대문신문사)<br><br>**2001. 7. 21(토)**<br>-휠체어 대여 건: '여름봉사학교 장<br>애 체험' (한국뇌성마비복지회)<br><br>**2001. 7. 24(화)**<br>-장안 근린 공원 행사장 사용 의뢰건<br>(동대문구청 공원녹지과) | -현수막은 아벨기획에서 저렴하게 제<br>작하여 바자회 하루 전날(24일) 장안<br>교회 안관회 전도사에게 전달하여 학<br>생을 시켜 행사 장소에 부착토록 하<br>였다.(사전 홍보 효과)<br><br>-불우 이웃 돕기 알뜰 바자회장 행사<br>취재 협조를 요청하여 당일 두 곳에<br>서 모두 와서 취재를 해 갔다. 동대문<br>신문 사장은 행사장인 근린 공원이<br>너무 외져서 사람들이 잘 모르지 않<br>느냐는 의견을 내 놓았다.<br><br>-휠체어는 총 16대를 준비했는데 이<br>중에서 8대는 한국뇌성마비복지회로<br>부터 빌렸고 나머지는 은천노인복지<br>회 소유이다.<br><br>-장애 체험이 끝나고 휠체어를 반납할<br>때 고장이 났는지 여부를 확인하지<br>않은 탓에 뇌성마비복지회로부터 휠<br>체어 한 대에 이상이 있다는 말을 듣<br>고 원래 상태 여부를 몰라 약간 감정<br>이 안 좋았다. 앞으로는 휠체어를 대<br>여할 때 고장 여부를 확인해야 할 것<br>이며 빌려 가는 학생들에게도 함부로<br>다루지 말 것을 철저히 숙지시켜야<br>할 것이다.<br><br>-장안제4동사무소 앞마당을 수해로<br>인해 사용하지 못하게 되어 차선으로<br>인근의 장안 근린 공원을 빌렸다. |

| | 자원 봉사자 교육 | |
|---|---|---|
| | 진행 과정 | 평 가 |
| 준<br>비<br>단<br>계 | **〈장애 체험〉**<br><br>-일시: 2001. 7. 24(화) 시간은 소그룹<br>　별로 자율적 선택<br>-장소: 소그룹별 선정<br>-체험 종류: 소그룹별 선정<br>■ 장안 1조<br>-장안교회에서 당일 체험할 내용에<br>대해 설명<br>-은천노인복지회에서 휠체어를 대여<br>해 2인 1조로 장한평역으로 출발<br>-매표소까지 가려면 계단을 지나야<br>하는데 휠체어를 타고서는 내려갈<br>수가 없어서 4명이 들어서 내려감<br>-2인 1조로 장안교회로 복귀<br>-장안교회에서 장애 체험에 대한 소<br>감을 나눔<br>■ 장안 2조<br>-교회 출발<br>-장평교 경유<br>-뚝방길로 장안교 도착<br>-교회로 복귀<br>■ 봉구 조<br>-휠체어 대여<br>-동사무소(목발 체험, 시각 장애 체<br>험, 휠체어 체험)<br>-슈퍼(시각 장애 체험)<br>-서점(목발 체험)<br>-교회(휠체어 체험, 청각 장애 체험) | -아이들은 순간 순간 힘들다고 말했지<br>만 장애 체험 후 소감문을 받아보니<br>아이들 나름대로 체험 과정에서 느낀<br>게 많았다.<br><br>-장안교회 안관희 전도사의 경우 휠체<br>어 타는 것을 부끄러워하고 안 타려<br>하는 학생들을 어떻게 설득할까 고민<br>했다고 한다. 그래서 장안교회 앞뜰<br>에서 육체적 장애와 정신적 장애가<br>있고 정신적 장애가 더 큰 장애라는<br>설명을 해 주었다고 한다. 그러자 아<br>이들이 진지하게 듣고 휠체어 체험에<br>나섰다고 한다.<br><br>-아이들이 특히 힘들어하면서도 장애<br>인의 현실을 느낀 곳은 지하철역이었<br>다. 리프트가 없는 지하철은 몇 명이<br>서 힘을 합쳐 휠체어를 들어도 힘이<br>들 정도였고 지나가는 사람들의 시선<br>도 태어나서 처음 받아보는 것이었다<br>고 한다. 또한 도로에 있는 아주 나즈<br>막한 턱 하나도 휠체어 장애인에게는<br>넘기 어려운 난관일 수밖에 없다는<br>현실을 깨닫고 어서 빨리 많은 문제<br>점들이 개선되기를 바란다고 소감문<br>에 진솔하게 써 주었다. |

| 봉사 활동 실천 | | |
|---|---|---|
| | 진행 과정 | 평 가 |
| 준<br>비<br>단<br>계 | ■장평조<br>-장평중앙교회에서 장한평역을 왕복<br>(휠체어 체험, 시각 장애 체험, 청각<br>장애 체험)<br>■창대조<br>-롯데월드, 교보문고, 경복궁 왕복(휠<br>체어 체험, 시각 장애 체험)<br>■너와나조<br>-배봉산근린공원 왕복(휠체어 체험)<br>■다사랑 조<br>-동사무소(시각 장애 체험,휠체어 체험)<br>――――――――――――――<br><불우 이웃 돕기 바자회><br><br>-일 시: 2001. 7. 25(수) 오전9:00~<br>-장 소: 장안근린공원<br>-수익금: ☞봉구조 103,000<br>　　　　☞너와나 100,000<br>　　　　☞다사랑 104,000<br>　　　　☞장 평 333,000<br>　　　　☞장안(1조, 2조) 156,000<br>　　　　☞창 대 150,000 | -힘들게 장애 체험을 한 조도 있었고 쉽게 쉽게 시간만 때운 조도 있었다. 그러나 모두의 공통된 목소리는 장애라는 것이 얼마나 불편한 것이며 나도 언제든 장애인이 될 수 있다는 것을 조금이나마 느끼는 시간이 되었다는 것이다.<br><br>――――――――――――――<br><br>-불우 이웃 돕기 바자회는 각자가 준비한 물품과 은천노인복지회와 지역사회가 후원하는 물품들이 속속히 도착하고 장안4동사무소에서 빌린 천막 3개가 쳐지면서 시작되었다.<br><br>-장안교회와 창대교회, 한마음교회 3곳에서 모두 빈대떡과 떡볶이를 메뉴로 들고 나와 가격 인하 경쟁이 벌어지는 문제가 발생했는데 사전에 메뉴 선택을 완전히 자율에 맡기고 전혀 조정을 하지 않은 데 문제가 있었다.<br><br>-날씨가 뜨거운 탓에 정오가 다 되어 갈 때까지도 손님이 그리 많지 않다가 정오가 지나면서 많이 팔리기 시작했다. 바자회 시간대를 서늘할 때로 해야겠다는 의견이 여기 저기서 나왔다. |

| 봉사 활동 실천 | |
|---|---|
| 진행 과정 | 평 가 |

<table>
<tr><td rowspan="2">준<br>비<br>단<br>계</td><td>

**불우이웃돕기**

-일 시: 2001. 7. 26(목)
-대상 가정: 장안제4동사무소, 은천
　　　　　노인복지회, 각 교회에서
　　　　　자체 선정


- 지원내역 -

■ 봉구조(103,000)
-대상 가정: 길분순(장안4동 93-91
　　　　　　전화: 2248-6925)
 추　천: 장안제4동사무소
-지원 내역: 쌀 49,000/ 과일 25,000/
　　　　　　필름 10,000/ 인화비 29,000
■ 너와나(100,000)
-대상 가정: 정성갑(장안4동 93-113
전화: 2249-1953)
 추　천: 교회 자체
-지원 내역: 이 불　88,000/ 기 타
　　　　　　12,000
■ 다사랑(104,000)
-대상 가정: 김정섭
 추　천: 교회 자체
-지원 내역: 쌀 2포 94,000/ 과일
　　　　　　10,000
■ 장　평(333,000)
-대상 가정①: 이중년(장안4동93-70
　　　　　　　전화: 2246-7732)
 추　천: 장안제4동사무소
-지원 내역: 음료수외 9,000/ 병원비
　　　　　　30,000

</td><td>

-불우 이웃 돕기 총 판매액이 예상보
다 높아서 많은 불우한 가정을 도울
수 있었다.(총판매액: 946,000원)

-이렇게 판매 금액이 높을 수 있었던
것은 수해를 당한 옷 공장으로부터
대량의 옷을 가져와 교회별로 나누어
팔게 했기 때문이다.이 의류가 입수
되지 않았더라면 바자회 판매 금액이
상당히 낮아졌을 것이다

-대상 가정의 선정에 있어서 장안 제4
동 사회 담당의 도움을 받았는데 정
말 어려운 가정이 선정되지 않아 고
생하여 번 돈으로 뿌듯한 마음과 설
레는 마음을 가지고 물건을 사가지고
간 아이들에게 실망을 주는 일이 발
생하기도 했다. 이런 조의 경우 자체
로 정말 어려운 가정을 선정하여 도
와 주기도 했는데 다음에는 사회 담
당에게 전적으로 의뢰하는 일은 피해
야 할 것 같다.

-또한 학생들 스스로가 주체가 되어
바자회를 할 수 있도록 어른들의 도
움을 최소화 해야겠다는 의견도 모아
졌다.

</td></tr>
</table>

| 봉사 활동 실천 | |
|---|---|
| 진행 과정 | 평 가 |

<table>
<tr><td rowspan="40">준<br>비<br>단<br>계</td><td>

-대상 가정②: 정진순(장안4동293-3
　　　　팜팜연립 303호  전
　　　　화: 2244-8737)
-추　천: 장안제4동사무소
-지원 내역: 파스, 음료수 9,600

-대상 가정③: 표현봉(장안4동291-5
　　　　정풍연립 가동 201
　　　　호)
-추　천: 장안제4동사무소
-지원 내역: 쌀47,000/. 계란, 김, 라
　　　　면 1상자 40,600/ 전기
　　　　세, 수도세 20,000

-대상 가정④: 오사숙
-추　천: 은천가정봉사원파견센터
-지원 내역: 카세트(성경,찬송)
　　　　77,000

-대상 가정⑤: 김한묵
-추　천: 은천가정봉사원파견센터
-지원 내역: 병원비 100,000

■ 장안조(156,000)
-대상 가정①: 이종찬(휘경2동  49-
　　　　133  전화 : 2248-
　　　　8898)
-추　천: 교회 자체 선정
-지원 내역: 쌀 20kg 52,000

</td><td>

지도자 소감

**- 유득종 전도사**
전체적으로 매우 보람 있는 시간이었
다. 자원 봉사자 교육시 좀 더 체계적
인 준비가 되어졌으면 하는 바램이
다. 한마음교회에서는 아이들에게 라
면까지 사다 주며 열심히 홍보 문안
을 만들고 모든 일정에 최선을 다했
다. 현재 신앙이 없는 학생들도 e-
mail을 관리해서 학생들에게 기억에
남는 자양분이 될 수 있도록 이끌어
야겠다.

**- 안관희 전도사**
처음하는 봉사 활동 프로그램인 점을
감안할 때 참여 학생의 인원수도 적
절했다고 본다. 너무 많았으면 감당
하기 어려웠을 것이다.
아이들이 참여 과정에서 눈물을 흘리
며 감동을 느끼는 것을 볼 때 보람 있
는 일정이었다. 지도자 교육을 좀 더
철저히 해서 담당한 학생들을 좀더
확실하게 리드할 수 있도록 해야겠
다.

</td></tr>
</table>

| | 봉사 활동 실천 | |
|---|---|---|
| | 진행 과정 | 평 가 |
| 준<br>비<br>단<br>계 | -대상 가정②: 문정태 (전화: 2244-<br>　　　　9638)<br>　추　천: 교회 자체 선정<br>-지원 내역: 쌀 20kg 52,000<br><br>-대상 가정③: 최부희(장안4동 96번<br>　　　　지)<br>　추　천: 교회 자체 선정<br>-지원 내역: 쌀 20kg 52,000<br><br>■ 창대조(150,000)<br>-대상 가정①: 위선숙(장안4동 139-<br>　　　　17 전화: 2215-9763)<br>　추　천: 장안제4동사무소<br>-지원 내역: 쌀외 생활용품 110,000<br><br>-대상 가정②: 교회 할머니<br>　추　천: 교회 자체 선정<br>-지원 내역: 쌀 20kg 40,000 | **- 장평중앙교회 사모**<br>휠체어를 서로 안 타려고 해서 서로<br>업무 분담을 했다. 장애 체험을 하고<br>나니 모든 일에 솔선해서 참여하려고<br>한다. 여학생들이 모여 있다 보니 소<br>극적이고 쭈볏쭈볏했는데 바자회를<br>하는 동안 맡겨진 역할을 충실히 수<br>행하는 것을 보고 '아! 무언가 맡겨<br>주면 잘 할 수 있는 아이들' 이라는<br>것을 발견하게 되었다. 세워 놓으면<br>할 수 있다는 것을 알게 되었다.<br>여학생 2명이 독거 어르신 가정을 정<br>기적으로 방문하겠다고 의사를 밝혀<br>왔으며 이번에 도움을 드렸던 어르신<br>을 주일에 교회에 나오시도록 했다.<br>앞으로도 장평조는 일주일에 한 번은<br>교회에서 만나기로 했다.<br><br>**- 이병만 회장**<br>학생들은 자립할 수 있는 능력이 있<br>는데 자꾸 부모나 주변에서 앞장서서<br>도와 주면 아이들이 책임감을 상실한<br>다. 내년 프로그램을 어떻게 할 것인<br>지 지금부터 연구해 보자. 아이들 스<br>스로 계획해서 실천에 옮겨서 얼마든<br>지 해낼 수 있다. |

| 수료식 | |
|---|---|
| 진행 과정 | 평 가 |

| | 진행 과정 | 평 가 |
|---|---|---|
| 종결단계 | -일 시: 2001. 8. 18(토) 10:00 ~ 12:00<br>-장 소: 장안교회 청년부 예배실<br>-참석 인원: 총 72명(자원 봉사자 교육 참여 학생 총 85명)<br>수료식 참여 학생 총 56명<br>수료증 수령 학생 총 69명<br>내빈(장안제4동장, 장안교회 당회장 목사, 창대교회 목사, 구의원, 은천노인복지회장) 총 5명<br>행사 진행 요원 3명<br>실무 담당자 2명(윤대영 계장, 유광자)<br>소그룹지도자 6명<br>-사 회: 장안제4동사무소 윤대영 계장<br>-일 정: ☞내빈 소개 및 인사 말씀<br>☞표창: 동대문구청장상, 장안제4동장상, 은천노인복지회장상<br>☞폐회<br>☞수료증 분배<br>☞담당자와 내빈이 함께 모여 점심식사 | **총 평**<br><br>-평가 방법에 대한 논의가 좀더 심도 있게 진행되어 올바르며 다양한 의견을 수렴할 수 있는 평가틀이 마련되어야 할 것이다.<br><br>-사전 설문지를 받았으나 사후 설문지를 받지 못해 봉사 활동 이후 학생들의 변화를 통계 낼 수 없는데 주진행자를 보조할 수 있는 인력이 있어서 행사 준비에서 마무리까지 자칫 차질이 없도록 해야 할 것이다.<br><br>-학생들에게는 봉사 활동을 한 시간만큼만 점수로 인정해 줌으로써 해이해지기 쉬운 마음을 미리미리 잡아주어야 한다.<br><br>-다음 봉사학교는 좀 더 많은 사람들의 관심 아래 학생들이 스스로 준비할 수 있는 프로그램이 되었으면 한다.<br><br>-참여한 지도 선생님들과 학생들 모두 이번 프로그램에 너무 열심을 내주었기 때문에 성황리에 끝마칠 수 있었다고 본다. |

# 설문지

본 설문지는 청소년의 노인에 대한 이해와 자원 봉사 활동에 관하여 알아보
고자 마련된 것입니다. 솔직하게 한 문항도 빠짐없이 작성하여 주시면 감사
하겠습니다.

I. 다음은 여러분의 일반적인 사항에 관한 질문입니다. 각 문항을 읽으신 후 해당
번호에 V표 하거나, 빈칸에 간단히 기입해 주세요.

| 성 별 | 남자(   )   여자(   ) |
|---|---|
| 나 이 | 만(   )세 |
| 학 교 | 중학교 1학년 (   )   2학년(   )   3학년(   )<br>고등학교 1학년 (   )   2학년(   )   3학년(   ) |
| 종 교 | 기독교(   ) 천주교(   ) 불교(   ) 없다(   ) 기타; _____ |
| 가족구성원 | 부, 모( ) 할머니, 할아버지( ) 친척( ) 형제, 자매( ) 기타; __ |

II. 다음은 노인에 대한 관심과 이해에 관한 설문입니다. 각 문항을 읽고 여러분의
생각을 잘 나타내 주는 칸에 V표를 해주기 바랍니다.

|  | 전혀 그렇지 않다 | 그렇지 않다 | 그렇다 | 매우 그렇다 |
|---|---|---|---|---|
| 1. 나는 평소에 노인 문제에 관심이 있다. |  |  |  |  |
| 2. 나는 노인 치매에 대해 잘 알고 있다. |  |  |  |  |
| 3. 나는 할아버지, 할머니를 좋아한다. |  |  |  |  |
| 4. 나는 할아버지, 할머니와 함께 살고 싶다. |  |  |  |  |
| 5. 나는 할아버지, 할머니들은 할 수 있는<br>일이 별로 없다고 생각한다. |  |  |  |  |

III. 다음은 자원 봉사 활동에 관한 질문입니다.
1. 본 자원 봉사를 어떻게 알게 되었습니까?
(1) 친구를 통해  (2) 현수막을 보고  (3) 교회를 통해

(4) 부모님이나 주위 어른들을 통해  (5) 이웃을 통해  (6) 기타;

2. 다음은 본 자원 봉사 활동에 대해 여러분이 기대하는 바에 관한 질문입니다. 각
   문항을 읽고 여러분의 생각을 잘 나타내 주는 칸에 ∨표를 해 주시기 바랍니다.

| | 전혀 그렇지 않다 | 그렇지 않다 | 그렇다 | 매우 그렇다 | 무응답 |
|---|---|---|---|---|---|
| 1. 나의 성장과 발전을 기대한다. | | | | | |
| 2. 남을 돕는 마음이 생기기를 바란다. | | | | | |
| 3. 친구를 사귀기 바란다. | | | | | |
| 4. 노인에 대한 이해와 관심을 가지게 되길 바란다. | | | | | |
| 5. 지역 사회에 대해 알게 되기를 바란다. | | | | | |
| 6. 사회 문제에 대해 관심이 생기기를 기대한다. | | | | | |

<자료 II-2-2> 사후 설문

# 설문지

본 설문지는 청소년의 노인에 대한 이해와 자원 봉사 활동에 관하여
알아보고자 마련된 것입니다. 솔직하게 한 문항도 빠짐없이 작성하
여 주시면 감사하겠습니다.

I. 다음은 여러분의 일반적인 사항에 관한 질문입니다. 각 문항을 읽으신 후 해당
번호에 ∨표 하거나, 빈칸에 간단히 기입해 주세요.

| 성 별 | 남자(   )   여자(   ) |
|---|---|
| 나 이 | 만(   )세 |
| 학 교 | 중학교 1학년 (   )   2학년(   )   3학년(   )<br>고등학교 1학년 (   )   2학년(   )   3학년(   ) |
| 종 교 | 기독교( )  천주교( )  불교( )  없다( )  기타;＿＿ |
| 가족구성원 | 부, 모( ) 할머니, 할아버지( )  친척( )  형제, 자매( )  기타;＿＿ |

II. 다음은 자원 봉사 활동 후 노인에 대한 관심과 이해에 관한 설문입니다. 각 문항
을 읽고 여러분의 생각을 잘 나타내 주는 칸에 ∨표를 해주기 바랍니다.

| | 전혀 그렇지<br>않다 | 그렇지 않다 | 그렇다 | 매우 그렇다 |
|---|---|---|---|---|
| 1. 나는 노인 문제에 관심이 생겼다. | | | | |
| 2. 나는 노인 치매에 대해 잘 알게 되었다. | | | | |
| 3. 나는 할아버지, 할머니를 좋아하게 되었다. | | | | |
| 4. 나는 할아버지, 할머니와 함께 살고 싶어졌다. | | | | |
| 5. 나는 할아버지, 할머니들은 할 수 있는<br>일이 별로 없다는 생각을 하게 되었다. | | | | |

III. 다음은 여러분의 자원 봉사 활동 경험에 관한 질문입니다.
 1. 본 자원 봉사 활동을 통해 여러분이 얻게 된 것들에 관한 질문입니다. 각 문항을
읽고 여러분의 생각을 잘 나타내 주는 칸에 ∨표를 해주시기 바랍니다.

|  | 전혀 그렇지 않다 | 그렇지 않다 | 그렇다 | 매우 그렇다 |
|---|---|---|---|---|
| 1. 나의 성장과 발전에 도움이 되었다 |  |  |  |  |
| 2. 남을 돕는 마음이 생겼다. |  |  |  |  |
| 3. 친구를 사귀게 되었다. |  |  |  |  |
| 4. 노인에 대한 이해와 관심을 가지게 되었다. |  |  |  |  |
| 5. 지역 사회에 대해 알게 되었다. |  |  |  |  |
| 6. 사회 문제에 대해 관심이 생겼다. |  |  |  |  |

2. 여러분은 앞으로 기회가 있으면 자원 봉사를 다시 할 의향이 있습니까? 해당되
   는 곳과 이유에 O표해 주십시오.

      _____ 자원 봉사를 할 생각이 있다.
    (1) 봉사 활동 점수 때문에
    (2) 나의 성장과 발전을 위해
    (3) 남을 돕고 싶어서
    (4) 친구를 사귀기 위해
    (5) 사회 문제에 관심이 있어서
    (6) 지역 사회 발전을 위해
    (7) 기타; _____

      _____ 자원 봉사를 할 생각이 없다.
    (1) 관심이 없어서
    (2) 학업에 지장을 주기 때문에
    (3) 활동이 힘들어서
    (4) 보람을 찾을 수 없어서
    (5) 가족들의 반대로
    (6) 다른 활동에 참여해야 하기 때문에
    (7) 기타; _____

제 2002- 70 호

# 수 료 증 서

휘경여자고등학교 2학년

이　　름 : 0 0 0

봉사그룹명 : 0　0　0조


위의 학생은 2002년 자원 봉사 활동의 일환으로

실시한 『제4기 겨울봉사학교』 프로그램에 참여하여

본 과정을 성실히 수행하였기에 이 증서를 수여합니다.


2002 년 2 월 2 일

사회복지법인　　**은천노인복지회관장　이 병 만**
은천복지재단

**장안4동 주민자치위원회 위원장 김 점 판**

# 치매 노인 방문기

김양욱
천웅장로교회 전도사

등장 인물: 전도사, 사회복지사, 간병인, 치매 노인 1, 2, 3, 4,
학생회장, 학생1, 2, 3, 4,

해설: 이 촌극은 실제로 천웅교회 학생회가 매달 외로운 사람들에
게 찾아가서 한 달에 한 번씩 봉사 활동하는 것을 연극화한
것이다.
천웅교회 학생회의 올해 목표 중의 하나가 예수님의 사랑을
실천하는 것이었다. 그래서 그들은 어떻게 하면 우리 주위에
서 예수님의 사랑이 필요한 곳에 실천할 것인가를 고민하게
되었다.

## 제1장 - 교회에서

학생회장: 전도사님! 우리 봉사 활동을 고아원으로 가요?
전도사: 그것도 좋은 생각인데 고아원보다는 양로원이 더 좋을 것

같은데?

학생1: 왜요?

전도사: 그것은 만약에 우리가 고아원으로 가게 되면 우리가 봉사 활동을 마치고 돌아오면 고아원 학생들이 우리와 자기들의 처지를 비교하면서 비관할 지도 모르니까. 우리는 좋은 의도로 갔지만 같은 연령의 학생들이라 상처받을 수도 있잖아?

학생2: 그럼 어떤 양로원이예요?

전도사: 아무래도 우리가 하는 이 봉사 활동은 한 번 반짝하고 마는 것으로 끝나는 것이 아니라 지속적으로 정기적으로 1달에 한 번씩 가야 하니깐 우리 교회에서 가까운 지역으로 가야겠지?

학생3: 그럼 그곳이 어디인데요?

전도사: 장안동에 있는 은천노인복지회관이야?

학생회장: 여기서 얼마나 걸리나요?

전도사: 버스로 15분 정도, 그런데 그곳은 치매 노인들이 계시는 곳이야?

학생들: (다같이 놀란 듯이 한 목소리로) 예? 치매노인들이라고요?

학생4: 전도사님! 치매 노인은 절대 안 돼요?

전도사: 왜 안 돼?

학생4: 무섭잖아요?

전도사: 나는 그런 네가 더 무섭다.(조금 시간을 두고) 애들아! 주님의 사랑을 실천하는 것은 우리가 하기 좋은 사람을 하는 것이 아니라 진정으로 우리의 도움이 필요한 이웃에게 주님의 사랑을 실천할 때 바른 봉사고 실천이란다. 너희들 성경에 나오는 선한 사마리아인의 이야기 알잖아!

학생회장: 아이고! 또 우리 전도사님 설교하게 만드시네. 얘들아!
　　　　　 무조건 잘못했다 그래 지금 시작하면 최소한 1시간이야.

전도사: 1시간이 아니라 10시간이라도 옳은 것은 가르쳐야 돼!

(생략)

학생4: (긍정하는 의미에서) 그래도 우리가 할 수 있을까요?

전도사: 그 치매 노인들도 우리와 똑같이 사람이고 가깝게는 우리
　　　　 의 할머니고 할아버지야! 만약에 너희 할머니가 할아버지
　　　　 가 치매에 걸렸다고 해도 무섭겠니?

학생4: 아니요.

전도사: 그래 중요한 것은 따뜻한 마음과 사랑이야. 그리고 너무 걱
　　　　 정하지 않아도 되는 것은 처음부터 무조건 치매 노인을 돌
　　　　 보는 것이 아니라 먼저 그곳에 계시는 사회복지사 선생님
　　　　 에게 일단 교육을 받고 시작하면 두려움을 극복할 수 있을
　　　　 거야?

학생회장: 그럼 전도사님 말씀대로 그렇게 하기로 해요! 다들 할 수
　　　　　 있겠지? 이왕에 하는 건데 한 번 해 보자.

학생1: 중요한 결단은 역시 회장이 한단 말이야 ! 역시 멋있어.

(생략)


## 제2장 - 거리에서


전도사: 여보세요, 거기 은천노인복지회관이죠? 저는 천웅교회 전
　　　　 도사인데요, 저번에 말씀대로 지금 그곳으로 갈려고 합니
　　　　 다.

사회복지사: 아! 전도사님이세요! 정말 반갑습니다. 저도 전화 기다
　　　　　　 리고 있었습니다. 오십시오. 잠시 후에 뵙겠습니다.

전도사: 애들아! 통화되었으니깐 이제 가서 치매 노인에 대해서 교육받으면 우리가 외로운 할머니 할아버지를 잘 섬길 수 있을 거야.

학생4: 그래도 좀 걱정이 되기도 하지만 잘 할 수 있을까?

학생회장: 그래! 우리 힘으로 하려면 두렵고 걱정되지만 주의 은혜 가운데 주님의 도구로 써 달라고 기도하면 주님께서 힘을 주실 거야!

전도사: 회장, 내가 해야 할 이야기를 대신해 줘서 고맙구나.

학생2: 역시 우리 교회 학생회장이라니깐.

학생1: 그럼 괜히 회장이 아니야.


사회복지사: 안녕하세요. 이곳에 오신 천웅교회 학생 여러분들을 진심으로 환영합니다. 저는 이곳 은천노인복지회관 단기보호센터를 맡은 사회복지사입니다.

학생3: 단기보호센터가 뭐지요?

(생략)

복지사: 단기보호센터 뭐냐면? 이곳에 계시는 치매 노인들은 이곳에 장기적으로 계실 수 없어요. 계실 수 있는 기간이 3개월이예요. 그리고 계속 계시기를 원하면 일 년이 지난 후에 다시 들어오실 수 있어요. 그래서 단기라고 하고요. 이분들이 계시는 동안에 그냥 잠만 주무시고 잡수시는 것이 아니라 월요일부터 토요일까지 프로그램이 있어요. 저는 한 주간 동안 치매 노인들을 위한 프로그램을 기획하고 연구하는 복지사예요. 그래서 단기보호센터라고 하지요.

학생4: 그럼 우리가 할 일이 뭐예요?

복지사: 3층과 4층에 계시는 치매 노인들을 돌보는데 평일에는 자

원 봉사자들이 있어서 일손이 부족하지 않는데 주말이 되면 직원들도 퇴근하고 간병인만 계셔요. 그래서 더욱더 주말에 자원 봉사자들의 손길이 필요하죠.

학생1: 그러니깐 어떤 일을 저희가 하게 되나요? 되게 궁금해요?

복지사: 궁금하죠? 우선 치매 노인들에 대해서 조금 더 알고 대답하는 것이 좋을 것 같은데요. 봉사하면서 잊지 말아야 할 수칙이 있어요.

학생2: 그게 뭔데요?

복지사: 치매 어르신의 치매 증상 가운데 밖으로 나가려고 해요. 만약 밖으로 나가게 되면 이분들은 기억력이 없어 길을 잃기 때문에 집을 잃어버리게 되죠. 그러므로 방에 들어가고 나올 때 먼저 해야 할 일이 문을 잠가야 해요. 그러나 절대 이분들을 두려워하거나 당황해 하지 마세요. 이분들은 대개 옆집 할머니 할아버지처럼 순박하시고 좋은 분들이예요.

학생3: 정말이예요?

(생략)

복지사: 가장 중요한 것은 이곳에 찾아온다는 것 자체가 우리 치매 할머니에게는 가장 큰 봉사 활동이랍니다. 여기서 청소를 하고 할아버지, 할머니들을 목욕시키고 어떤 힘든 일을 하는 것보다도 이곳에 찾아오는 것 자체가 이분들에게는 가장 큰 봉사 활동이지요.

학생1: 왜 그런가요?

복지사: 여기 계신 분들은 외로워해요. 가족들도 바쁘고, 또한 가족들은 치매 노인을 수발하는데 힘들고 어려워서 이곳에 맡겼는데 오죽 하겠어요?

학생1: 아. 그래서 우리가 이분들을 찾아뵙는 것이 바로 우리 할머니, 할아버지에게는 큰 기쁨일 수 있겠네요?

전도사: 너희들 혹시 마태복음 25장에서 최후 심판 때에 대하여 예수님이 하신 말씀 기억나니?

학생2: 주님이 최후 심판 때에 대해 뭐라고 하셨는데요?

전도사: 주님이 말씀하시길 천국 갈 수 있는 의인들에게 "너희들은 내가 나그네 되었을 때 나를 영접하였고, 내가 옥에 갇혔을 때, 내가 병들었을 때, 나를 찾아보며 나를 도와 주었느니라" 그랬더니 그 의인들이 대답하기를 "주님! 우리가 언제 그랬습니까?"

학생2: 그랬더니 주님께서 뭐라고 말씀하셨어요?

전도사: "지극히 작은 자에게 한 것이 곧 내게 한 것이란다"라고 말씀하셨지. 그러니까 여기 매일 올 때마다 주님을 영접하는 심정으로 치매 노인들을 대하면 되겠지?

학생1: 그냥 동정심이나 불쌍해서 하는 것이 아니라 주님께 대하는 심정으로 해야 하는 것이구나.

학생4: 복지사 선생님!

복지사: 그냥 선생님이라고 불러요.

학생4: 선생님! 그럼 우리가 구체적으로 어떤 일을 하게 되나요?

복지사: 학생들이니까, 너무 힘든 일은 하지 말고 우선 식사 시간에 혼자서 밥을 못 드시는 분들이 좀 있으니깐 식사 보조를 하고 할머니들의 말벗이 되어 주고 답답해하는 할머니들을 공원으로 모시고 가서 2인 1조가 되어서 산책 보조를 하면 되겠어요.

학생4: 그렇게 힘든 일은 아니네요.

(생략)

## 제3장 - 은천노인복지관에서

전도사: 할머니, 할아버지 안녕하세요? 우리는 청량리 천웅교회에
서 할머니, 할아버지가 보고 싶어서 이렇게 찾아왔습니다.
이제부터 자주 만나서 재미있는 놀이도 하고 이야기도 하
는 즐거운 시간이 되도록 하겠습니다. 우선 예배부터 드리
지요.

간병인: 할머니, 할아버지 다들 이리 오세요.

전도사: 다같이 찬송합시다. 찬송가 411장 찬송하겠습니다.

다같이: 예수 사랑하심은 거룩하신 말일세…

전도사: 우리를 위해서 학생회장이 기도하겠습니다.

학생회장: (기도 생략)

전도사: (일장 설교 생략!)

치매노인1: 참으로 고맙습니다. 고맙습니다. 그런데 어디서 오셨습
니까?

학생1: 저희는 청량리 천웅교회에서 왔습니다.

치매노인2: 집에 아들인교? 사위인교?

치매노인3: 아니 우리 며느리입니다.

치매노인4: 선생님! 우리 집에 좀 가게 해 주세요. 빨리 집에 가서
우리 아들 밥도 해 주고 빨래도 해야 하는데 여기서 있
으면 안 돼요!

전도사: 할머니! 이곳에 조금만 계시면 아들이 찾아오셔서 할머니
꼭 모시러 직접 올 것입니다.

치매노인4: 진짜입니까?

전도사: 정말입니다. 그러니까 여기 계시는 동안에 식사 잘하시고
간병인 선생님 말씀 잘 듣고 계시면 됩니다.

치매노인4: 고맙습니다. 그러면 우리 집이 경북 상주인데 꼭 한 번 놀러 오이소. 알았지 예?

간병인: 저 할머니는 아직 한 번도 식구들이 찾아오지 않았어요. 이 곳에 모셔만 놓고 소식이 없으니깐 저렇게 외로운 거예요. 그래도 저분은 좀 나은 편이지요. 자기 가족을 알아볼 수 있으니까요.

전도사: 그럼, 자기 가족도 모르는 경우도 있습니까?

간병인: 그럼요 있지요.

치매노인1: 야! 예쁜아! 참으로 예쁘게 생겼구나.

학생2: 네가 예쁘대.

치매노인2: 집에 며느리입니까?

치매노인1: 그래요. 이 아이가 바로 우리 집 며느리 아닙니까?

학생1: 아유 아직 시집도 안 갔는데 벌써 며느리가 되는구나.

치매노인2: 참으로 며느님이 이쁘고 착하네요.

간병인: 저 할머니는 여자만 오면 꼭 자기 며느리라고 합니다.

전도사: 평소에 며느리를 참으로 사랑하고 이뻐했나 보지요?

간병인: 그런데 며느리는 한 번도 이곳에 찾아오지 않았습니다.

치매노인3: (큰소리로) 내 집에 가게 빨리 문 열어 줘! 안 열어 주면 우리 아들이 방송국에 있는데 고발할 거야! 빨리 문 열 어!

간병인: 저 분은 지금 3일 째 저러고 있습니다. 조금 성질도 있는 분 이고요.

치매노인4: 내 신발 빨리 줘! 왜 내 걸 네가 훔쳐가냐?

치매노인2: 무슨 소리야! 이건 내 신발이야! 내가 산 거야!

치매노인4: 뭐라고 네 신발이라고? 이건 우리 아들이 사 준 내 신발 이야!

(신발을 가지고 도망간다.)

치매노인2: 도둑이야, 내 신발 훔치고 도망간다. 저 놈 잡아라!(같이 잡으러 뛰어 간다)

(생략)

학생3: 간병인 집사님! 이 할머니가 밖에 나가고 싶으신가 봐요.

간병인: 그러면 이 앞에 공원에 산책할 수 있도록 도와주세요.

치매노인1: 저, 총각 선생님! 우리 노래하고 놉시다. "해 저문 소양 강에 황혼이 지면 외로운⋯⋯"('소양강 처녀'를 부른 다.)

간병인: 자 식사 시간입니다. 학생들 식사 보조 좀 해 주세요.

학생회장: 애들아! 얼른 하자.

간병인: 혼자 드실 수 있는 분은 괜찮지만 혼자 드실 수 없는 분들 은 세심하게 잘 도와드려야 해요.

치매노인2: (신경질적으로) 왜 나는 밥만 주고 반찬은 안 주지?

학생1: 어? 옆에 반찬이 있는데⋯.

간병인: 저 분은 밥과 반찬을 구분할 줄 몰라서 식사 시간만 되면 저래. 먼저 밥부터 드신 다음에 반찬을 드시기 때문이지요. 도와주세요.

학생2: 집사님! 이 할머니는 식사 안 하시고 가만히 눈감고 밥만 바 라보고 있어요. 왜 식사를 안 하시는 거죠?

간병인: 그 분은 앞이 안 보여서 그러니까 학생이 직접 천천히 밥을 떠 먹여 주세요.

학생3: 집사님! 할머니가 밥 더 달라고 하는 데요.

간병인: 그 분은 그만 드셔야 합니다. 그 분은 오늘 설사를 하여 정 량만 드시게 그만 주세요. 그리고 다른 분들 것 못 뺏어 드 시게 하세요.

학생회장: 전도사님! 이제 식사 다 끝났는데요.

전도사: 그래 이제 가자. 다음에 또 와야지 뭐. 집사님 우리 이제 가 겠습니다. 할머니 우리는 오늘 이만 갑니다. 다음에 또 오 겠습니다.

치매노인2: 고맙습니다. 꼭 다시 오세요.

치매노인3: 우리 아들한테 꼭 좀 이야기해 주세요. 빨리 데리러 오 라고요.

치매노인4: 나중에 우리 집 꼭 놀러 오이소.

치매노인1: 학생들아! 참으로 고맙다. 꼭 또 와야 한다.

## 제4장 - 다시 교회에서

전도사: 오늘 처음으로 치매 노인 봉사 활동하니까 어때?

학생4: 저는 처음에는 아주 무서울 것 같았는데 할머니가 너무 재 미있고 정이 참으로 많아요. 자주 갔으면 좋겠어요.

학생3: 너 그 할머니가 예쁘다고 불러서 좋아서 그러치?

학생2: 할머니들이 너무 불쌍해요.

학생1: 저는 그곳에서 일하시는 간병인 집사님들과 선생님들이 무 척 힘드실 것 같아요.

학생회장: 좀 힘들기는 했지만 보람 있는 시간이었어요.

전도사: 그래. 우리 주님께서도 우리 모습을 보고 참으로 기뻐하실 거야. 그리고 우리가 오늘 봉사 활동의 즐거움과 기쁨을 우 리만 갖지 말고 다른 사람에게도 전하고 나누자. 그리고 우 리 가정과 교회에서도 지속적으로 실천하기 위해, 또 오늘 우리 자신도 좀 돌아보기 위해서 감상문을 한 번 써 보자.

학생들: 지금요?

전도사: 그래.

(잠시 후)

감상문을 발표하고 마음에 깊은 결단을 한다.

# 그 사람의 부족한 점을…

창대교회 윤희정
봉사학교 제4기

생각해 보면 남을 돕는다는 것은 쉬운 것 같지만 한편으로는 정말 어려운 일인 것 같다. 그 사람의 부족한 점을 내가 채워 줘야 한다는 것…. 그것은 아마도 내가 그 사람에 대한 사랑과 이해가 없으면 안 된다는 것을 나는 이번 봉사 활동을 통하여 알게 되었다. (중략)

그리고 봉사를 하기 위해서는 사전에 많은 것을 알고 가야 한다는 것을 알게 되었다. 나는 무조건 봉사하는 것이 봉사라고 생각하지 않는다. 진정으로 그분들이 원하는 것을 알고 그 일을 해 드렸을 때에 진정한 봉사라는 생각을 하게 되었다. "그 때 내가 이것을 알았다면, 그 할머님께 조금은 더 따뜻하게 해 드렸을 텐데"라는 생각을 하니 그 할머님께 조금은 죄송하다는 생각이 들었다. 그래서 "내일부터는 정말로 열심히 해야지"라는 생각을 하게 되었다. (중략)

내가 장애인이 된다? 이건 한 번도 생각해 본 적이 없었다. 왜냐하면 난 여태껏 큰 병 한 번 안 걸려본 건강 체질이기도 했지만 지금까지의 내겐 부족한 것이 없었기 때문이었을 것이다. 하지만 이런 나의 생각은 몇 시간 후 완전히 달라졌다. 우리들(나와 우리 교회 아이들)은 모두 3조로 나누어서 휠체어 한 대씩을 가지고 각자의 목적지를 향하였다. 물론 그냥 갔다오는 것이 아니라 몇 가지 원칙을 정해 놓고 갔다 오는 것이었다.(중략)

그 중에서 가장 힘들었던 것은 사람들의 시선이었다. "왜 아픈 사람이 나와서 저렇게 힘들게 다니지?"하는 그 표정들. 불쌍하다는 그

표정들이 나를 너무 창피하게 만들었다. 사실 장애는 불쌍하거나 동정 받을 일이 아닌데 말이다. 장애인도 똑같은 사람인데 말이다. 단지 신체의 일부가 남들보다 약간 불편한 뿐인데. 그것을 마치 딴 세상 사람처럼, 자신들과는 차원이 다른 사람이라고 보는 사람들의 시선에 제일 견디기 힘들었다. '실제로 장애인들도 그렇겠지!' 하는 생각을 하니 정말로 안타까웠다. 장애인을 정말 장애인으로 만드는 것은 어쩌면 우리들의 그런 냉랭한 시선인지도 모르겠다. 남과는 다르다는 것 때문에 평생 마음의 상처를 안고 사는 그들의 마음이 조금이나마 나에게 전해지는 느낌이었다. 이렇게 봉사학교의 두 번째 날이 지나갔다. 정말 나에게는 많은 것을 일깨워 준 날이었다. (중략)

이번 봉사학교를 통해 나는 더욱더 많은 것을 느꼈다. 내 작은 친절이 다른 사람에게는 정말 큰 힘이 될 수 있다는 것과 남을 돕는 것이 얼마나 큰 기쁨인지를 말이다. 주위를 보면 남을 돕기 싫어하고 자기만을 생각하는 친구들이 있다. 나는 이런 친구들에게 봉사 활동을 추천해 주고 싶다. 내가 아닌 다른 사람을 위해 일한다는 것이 얼마나 즐거운지를 알게 해 주고 싶다.

# 작은 실천이 만드는 아름다운 세상

전동중학교 1-4 심보람
2002 월드컵봉사학교 제5기

처음에 VTR을 보기 전에는 "나하나 쯤이야" 하는 생각이 앞섰다. 솔직히 말해서 나 하나야 대충 쓰레기를 버려도 다른 사람이 치우면 된다고 생각했다. 하지만 모든 사람이 나와 같은 생각을 가지고 있다는 것에 무척 놀랐다.

이것도 놀란 사실인데, 우리가 일본보다 못하다는 사실을 알고 더 충격을 받았다. '일본' 이라는 나라는 조선 시대에 우리보다 여러 분야에서 부족함을 보였으며, 우리 나라가 문화도 많이 전파해 주었는데, 우리 나라가 일본보다 '예절과 질서' 를 더 못 지킨다는 것이 나와 같은 생각을 한 사람이 많아서 인 것 같다.

이제 월드컵도 시작하여 많은 외국인이 우리 나라와 일본의 거리를 활보하는데 일본과 비교 당하지 않았으면 하는 간절하고 작은 소망이 있다. 그 소망이 이루어지려면, '나 하나쯤이야' 하는 생각을 버리고 외국인에게 웃는 얼굴로 친절을 베풀어야 할 것이라 다시금 결심해 본다…

2002 KOREA TEAM FIGHTING !!!

"대--- 한 민 국 짝짝짝 짝짝"

# 다른 사람을 생각하는 마음

장평중학교 2년 박정목
봉사학교 제6기

방학 때면 의례 하는 일로 생각하며 봉사 활동을 하기 위해 오전부터 일찍 출발했다. (중략) 다른 봉사 활동과는 첫째 날부터 달랐다. 이곳에서 3일 동안의 봉사 활동에 대한 설명을 해 주시고 처음의 프로그램으로 흡연이 인체에 얼마나 치명적인가를 배웠는데, 후두암에 걸린 아저씨께서 직접 나오셔서 자신의 경험담과 담배에 관해 설명을 해 주셨다.(중략) 요즘 호기심을 가지고 있는 친구들도 보았고, 어른들의 흉내도 내고 싶은 생각도 들었는데, 그분의 이야기를 듣고 난 절대로 흡연을 하지 않겠다는 생각을 하게 되었다.

흡연에 대한 경험자의 강의를 듣고 우리들은 길거리 청소를 하러 나갔다. (중략) 하지만 막상 일을 해보니 처음 생각과는 너무나 달랐다. 아무렇게나 버려진 쓰레기와 벽에 붙어 있는 전단지들은 정말 장난이 아니었다. 그 날은 무척 날씨가 더웠는데, 쏟아지는 햇빛을 받으며 쓰레기를 주우니 땀도 정말 많이 나고 짜증도 났다. 하지만 그 날 모인 최고 학년인 만큼 열심히 하기 위해 나는 노력했다. (중략) 평소에 그냥 지나치던 쓰레기들과 벽보들이 하나하나 주울 때마다 그 동안 내가 아무 생각 없이 버린 쓰레기들이 어떤 이들의 손에 의해 힘들게 치워졌다는 것이 가슴에 와 닿았다. 쓰레기를 주우면서 참 여러 가지 생각을 많이 했다. 많은 사람들이 "나 하나쯤", "이런 작은 쓰레기쯤" 하고 버린 것들이 차곡차곡 쌓여서 엄청난 쓰레기들이 된다는 것을 알게 되었다. 그리고 자기의 이득만 생각하고 붙여 놓은 벽보들이

주위의 환경까지 망친다는 것도 생각하게 되었다. (중략)

　우리가 배정 받은 구역을 청소하다 너무 더워서 잠시 모두 우리 집에 들러서 물을 마시고 세수를 하였다. 그 잠시 동안 쉬는 것이 얼마나 편하고 즐거웠는지 모른다. 특히 1학년 동생들이 내가 힘들까봐 들고 있는 짐을 자신이 들어주겠다고 할 때는 정말 기분이 좋았는데, 모든 친구들이 이런 마음가짐을 가지고 있다면 얼마나 좋을까 생각이 들었다. 이렇게 많은 것을 느끼게 하고 있는 봉사 활동을 하는 것이 정말 보람있었다. (중략)

# 은 천 노 인 복 지 회 관

우 : 130-104 서울시 동대문구 장안4동 304-8 / 전화 (02) 2249-9980 / 전송 2214-6393
Homepage : http://www.eunchon.or.kr 처리센터 : 단기보호센타 담당 : 임 정 호

문서번호 : 은노단 3 - 17
시행일자 : 2002. 6. 25.
받    음 : 휘경여자고등학교
참    조 : 자원 봉사 활동 담당 교사

| 선결 | | | 지시 | |
|---|---|---|---|---|
| 접수 | 일자 시간 | | 결재· 공람 | |
| | 번호 | | | |
| 처리과 | | | | |
| 담당자 | | | | |
| 심사자 | | 심사일 | | |

제    목 : 2002년 여름봉사학교 참가 학생 모집 협조 의뢰

　　　　1. 국가 발전의 초석이 되는 학생들의 학업 지도에 최선을 다하시는
귀 교의 무궁한 발전을 기원합니다.
　　　　2. 본 기관은 동대문구 장안4동에 위치하고 있으며, 치매·중풍 어르
신을 낮 시간 동안 돌봐드리는 주간보호센터, 무의탁 독거 어르신들에게 서비스
를 제공하는 가정봉사원파견센터, 55세 이상 어르신들의 재취업을 알선해 드리
는 고령자취업알선센터, 치매 어르신들을 24시간 보호해 드리는 치매단기보호
센터 등의 사업을 수행하고 있는 재가노인복지기관입니다.
　　　　3. 본 기관에서는 금번 여름 방학을 맞이하여 제6기 여름봉사학교를
실시하고자 합니다. 이에 학생 참가자들을 모집하고자 하오니 귀 교의 적극적인
협조를 의뢰합니다.

첨    부 : 1. 2002년도 제6기 여름봉사학교 계획서 1부
　　　　　2. 봉사학교 신청서 1부. 끝.

# 은 천 노 인 복 지 회 관 장

# 소그룹 활동 및 회의 일지

| 소그룹 명 | | 지도자 | | 반장 | | 서기 | |
|---|---|---|---|---|---|---|---|
| 활동 일자 | | | | | | | |
| 활동 시간 | | | | | | | |
| 참가자 | | | | | | | |
| 활동 장소 | | | | | | | |
| 활동 내용 | | | | | | | |
| (회의 내용)<br>①준비 과정<br>②진행 과정<br>③사후 토의 | | | | | | | |
| 다음<br>봉사 활동<br>일정 | | | | | | | |

※ 활동 시간은 ①봉사 활동을 위해 준비한 시간 ②실제 봉사 활동 시간 ③봉사 활동 이후 소그룹 회의 시간이 모두 포함되니 그 과정에 소요된 시간을 정확히 기입하시기 바랍니다.

# 개인별 평가 기록지

○ 해당란에 체크하세요

## ◆출석/지각 상황

| 횟수 | 프로그램 | 출석 여부 | 지각 여부 | 지각 시간 |
|------|----------|-----------|-----------|-----------|
| 1회 | 봉사자 교육 | | | |
| 2회 | 장애 체험 | | | |
| 3회 | 바자회 | | | |
| 4회 | 이웃 돕기 | | | |
| 5회 | 수료식 | | | |
| 합계 | | | | |

## ◆참여도 ▶소그룹 모임과 봉사 활동 과정에 적극적으로 참여하는가 여부

| 매우 높음 | 높음 | 보통 | 낮음 | 매우 낮음 |
|-----------|------|------|------|-----------|
| 5점 | 4점 | 3점 | 2점 | 1점 |

## ◆협동심 ▶소그룹 모임과 봉사 활동 과정에서 팀원들과 얼마나 협동적으로 조화를 이루는가 여부

| 매우높음 | 높음 | 보통 | 낮음 | 매우낮음 |
|----------|------|------|------|----------|
| 5점 | 4점 | 3점 | 2점 | 1점 |

## ◆소감문 제출

| 매우 높음 | 높음 |
|-----------|------|
| 장애 체험<br>바자회<br>이웃 돕기 | |
| 합계 | |

## ◆아이디어 제출

| 매우 높음 | 높음 | 보통 | 낮음 | 매우 낮음 |
|-----------|------|------|------|-----------|
| 5점 | 4점 | 3점 | 2점 | 1점 |

## ◆비고란 ▶지도자 추천 사항 등 기타 기록 사항

| |
|---|
| |

〈자료 II-2-7〉 벽보/전단지 신고양식

# 봉사학교 벽보/전단지 신고 양식

| 연번 | 일시 | 장소 | 신고자(교회) | 종류(벽보/전단) | 수량 | 광고내용 | 비고 |
|---|---|---|---|---|---|---|---|
| 1 | | | | | | | |
| 2 | | | | | | | |
| 3 | | | | | | | |
| 4 | | | | | | | |
| 5 | | | | | | | |
| 6 | | | | | | | |
| 7 | | | | | | | |
| 8 | | | | | | | |
| 9 | | | | | | | |
| 10 | | | | | | | |
| 11 | | | | | | | |
| 12 | | | | | | | |
| 13 | | | | | | | |
| 14 | | | | | | | |
| 15 | | | | | | | |

※ 참 고
• 사진기(디지털카메라, 핸장) 또는 벽지 원본을 수거하여 증빙 자료로 제출하면 됨.
• 광고물은 종류에 관계없이 수량에 따라 세금을 물린다고 함. (벽보 : 1장당 5,000원, 전단 : 1장당 3,000원)
• 전화번호만 있는 전단의 경우 추정이 불가능해서 제발이 힘들다고 함.
• 광고 내용에는 광고물의 제목 정도를 기재하는 것으로 하면 된다고 함.
• 신고자는 비밀 보장을 원칙으로 한다고 함.

<자료 II-2-8> 봉사학교 운영 일지

# 봉사학교 운영 일지

그룹명 : _____

| 일시 | 년  월  일  시  ~  월  일  시 ( 시간) | | |
|---|---|---|---|
| 장소 | | 전화 | ( )  - |
| E-mail | @ | fax | ( )  - |
| 지도자명 | | 참석인원 | 명 |
| 참석인명 | | | |
| 활동 내용 | | | |
| 결과 | | | |
| 문제점 | | | |
| 건의 사항 | | | |

<자료 II-2-9> 봉사학교 활동 시간

# 봉사학교 활동 시간

| 소그룹명 | | 소속 | |
|---|---|---|---|
| 지도자 | | 기록자 | |

| 연번 | 성명 | 25일(목) | 26일(금) | 27일(토) | 수료식 | 총시간 | 평가 |
|---|---|---|---|---|---|---|---|
| | | 시간 | | | | | |
| 1 | | | | | | | |
| 2 | | | | | | | |
| 3 | | | | | | | |
| 4 | | | | | | | |
| 5 | | | | | | | |
| 6 | | | | | | | |
| 7 | | | | | | | |
| 8 | | | | | | | |
| 9 | | | | | | | |
| 10 | | | | | | | |
| 11 | | | | | | | |
| 12 | | | | | | | |
| 13 | | | | | | | |
| 14 | | | | | | | |
| 15 | | | | | | | |
| 16 | | | | | | | |
| 17 | | | | | | | |
| 18 | | | | | | | |
| 19 | | | | | | | |
| 20 | | | | | | | |

〈자료 II-2-10〉 소그룹 구성 및 일정표

# 소그룹 구성 및 일정표

| 소그룹명 | | 소속 | |
|---|---|---|---|
| 지도자 | | 기록자 | |

### ◆구성원

| 번호 | 이름 | 학교 | 학년/반 | 번호 | 이름 | 학교 | 학년/반 |
|---|---|---|---|---|---|---|---|
| | | | | | | | |
| | | | | | | | |
| | | | | | | | |
| | | | | | | | |
| | | | | | | | |
| | | | | | | | |

### ◆봉사 활동 일정표

※ 자원 봉사 활동 교육과 수료식 시간도 봉사 활동 시간에 포함됨

| 횟수 | 프로그램 | 월/일/요일 | 활동 시간 | 활동 장소 | 활동 내용(방법) |
|---|---|---|---|---|---|
| | | | ~<br>(    시간) | | |
| | | | ~<br>(    시간) | | |
| | | | ~<br>(    시간) | | |
| | | | ~<br>(    시간) | | |
| | | | ~<br>(    시간) | | |
| | | | ~<br>(    시간) | | |

# 봉사학교 참가 신청서

| 성명 | | 주민등록번호 | | | |
|------|--|------------|--|--|--|
| 주소 | | 성별 | | 종교 | |
| e-mail | | 전화번호 | | | |
| 학교명 | | | | | |

상기 본인은 월드컵 기간 중에 실시하는 자원 봉사 활동에 참여하고자 신청합니다.

2002년 　　월 　　일

신청인 :

확　인 : 　　　　(인)

은 천 노 인 복 지 회 관 장
장안4동주민자치위원회장　귀 하

# 은천어린이봉사대 연혁

| 1987.11. 2 | 어린이 7명에게 저금통 배부 |
|---|---|

1987.11. 2    어린이 7명에게 저금통 배부
1987.12.23    노인 집방문실시(전동초등국교 김대희, 이명희선생외 2명)
1988. 1.14    제1기 어린이 자원 복지 활동원 교육 23명(강사:김영호교수)
1988.11. 1    어린이봉사대 모임 명칭 : 새싹회(전동초등학교)
1988.11.11    어린이 서예 프로그램 개설
1988.12.12    제 2기 어린이 자원 복지 활동원 교육 65명(강사: 김영호,오금자)
1989. 1.10    어린이봉사대 모임 명칭: 사랑회(장평초등국민학교) 임원선출
1989. 5. 5    제 1회 경로효친 글짓기 시상식 및 어린이잔치
1989. 7. 5    제 3기 어린이자원 복지 활동원 교육75명(강사:김영호, 유춘옥)
1989. 8.11    어린이자원 복지 활동원 모임 명칭:한마음회(동답초등국민학교)
1989. 8.18    어린이 봉사대 야유회(어린이 대공원)11명
1989.10. 4    노인가정방문소감 발표, 설문조사(새싹회)
1989.10. 6    노인가정방문소감 발표, 설문조사(사랑회)
1989.11.14    노인가정 방문사례 연극발표(사랑회)
1989.11.18    제4기 어린이봉사대 교육 및 송년회82명(강사: 최문자선생)
1989.12.13    제2새싹회(전동초등국민학교)
1989.12.15    제2사랑회(장평초등국민학교)
1990.2.14    졸업환송회36명
1990. 2.22    어린이 자원 복지 활동원 좌담회(선후배 대화)
1990. 3.24    제5기어린이봉사대 교육27명(강사:김영호교수)
1990. 4. 5    경로효친사례발표 대회(백일장)38명
1990. 5.12    제 2회 경로효친 사례발표회
1990. 5.13    제 6기 만민교회 어린이봉사자 교육39명(강사: 김영호교수)
1990. 5월중    봉사활동테프6,161명시청(제목:할머니 우리할머니)
1990. 8. 6    어린이 야유회18명
1990. 9.26    어린이 자원 복지 활동원 재교육30명 (강사: 김영호교수)
1990.12.24    MBC여론광장 출연(어린이봉사자교육)
1991. 2.21    제7기 어린이봉사대교육18명
1991. 2.27    어린이 졸업환송회(동부근로청소년회관) 50명
1991. 5. 4    제 3회 경로호친 시례발표 실시
1991. 5.23    제 7기 어린이 자원 복지 활동원 교육 31명(강사: 김영호교수)
1991. 8. 6    어린이봉사대 야유회 장소: 송추 유원지
1991.12. 4    어린이 봉사대 재교육실시 40명 (강사: 이병만관장)
1992. 4.22    제 8기 어린이봉사대 교육40명
1993. 6. 2    제 9기어린이봉사대 교육 145명(강사: 박명환과장)
1993. 7.10    어린이 봉사대 총동문회
1994. 4.28    제10기어린이봉사대 교육13명

| 1994. 7.19 | 어린이 재교육27명 |
| 1994. 7.26 | 어린이 봉사대 시설견학(청암요양 양로원) |
| 1994.12.27 | 어린이 봉사대 총동문회82명 |
| 1994. 4. 6 | 제11기 어린이봉사대교육25명 |
| 1994. 4.22 | 제12기 어린이봉사대교육31명 |
| 1995. 5.20 | 제 4회 경로효친 사례 발표회 |
| 1995. 8. 8 | 어린이 봉사대 시설견학(과천요양원) |
| 1995. 9. 2 | 어린이재교육74명(강사:김영호교수) |
| 1995.10.24 | 학생봉사학교 중간지도자 교육(강사: 이윤구 박사. 선명회) |
| | 제목: 더불어사는 사회 장소: 동천교회 교육관 약100명 |
| 1995년 중 | 수시교육81명 |
| 1996. 5. 4 | 제 5회 경로효친 사례발표회 |
| 1996. 8.14 | 어린이 봉사대 캠프실시(여주 라파엘의 집) |
| 1996.12.21 | 어린이 봉사대 총동문회 |
| 1996년중 | 수시교육 8회93명 |
| 1997. 4.26 | 제 6회 경로효친 사례발표회 |
| 1997. 8.16 | 어린이 봉사대 캠프 실시 |
| 1997년 중 | 수시교육33회218명 |
| 1998. 5. 9 | 제 7회 경로효친 사례발표회 |
| 1998.12.30 | 어린이봉사대 총동문회 |
| 1998년 중 | 수시교육5회 26명 |
| 1999. 7.28 | 장애우 캠프실시(문혜 요양원)110명 |
| 2000. 5. 4 | 장애우 결연가족 교육 및 결연식 |
| 2000. 6.24 | 제1회 결연가족 야유회 실시 |
| 2000. 7.19-21 | 제 1기 은천봉사학교 실시 |
| 2000. 7.26 | 제 2차 결연가족 결연식 |
| 2000. 8.18-19 | 결연가족 캠프실시 |
| 2000. 9. 3 | 제1회 어린이봉사대 발대식 평가회 |
| 2000.10.29 | 결연가족(조민우가족) 사랑체험 |
| 2000.12.19 | 송년 가족사랑 체험 |
| 2001. 1.11-14 | 제 2기 은천봉사학교 실시 |
| 2001. 2.24 | 어린이봉사대 졸업생 환송회 실시 |
| 2001. 7.23-26 | 제 3기 은천봉사학교 실시 |
| 2002. 1.7-10 | 제 4기은천봉사학교 실시 |
| 2002. 2.23 | 어린이봉사대 졸업생 환송회 실시 |
| 2002. 5.11-6.30 | 제 5기 은천봉사학교 실시 |
| 2002. 7.25-27 | 제 6기 은천봉사학교 실시 |
| 2002.10.12 | 제 7기 은천봉사학교 실시 |

# 표창 평가 기준

### -소그룹 운영 관리 평가-

■ 조직성 : 구성원을 모집하고 관리하고 조직하는 일련의 과정

| 매우 높음 | 높음 | 보통 | 낮음 | 매우 낮음 |
|---|---|---|---|---|
| 5 | 4 | 3 | 2 | 1 |

■ 리더 참여도 : 소그룹 지도자로서 준비 과정, 실천 과정, 평가 과정에 성실히 참여
했는지 여부

| 매우 높음 | 높음 | 보통 | 낮음 | 매우 낮음 |
|---|---|---|---|---|
| 5 | 4 | 3 | 2 | 1 |

■ 서류 제출 : 봉사 활동 참가 신청서, 설문지, 소그룹 구성 및 일정표, 소그룹 회의
일지, 소감문, 사진 자료

| 매우 높음 | 높음 | 보통 | 낮음 | 매우 낮음 |
|---|---|---|---|---|
| 5 | 4 | 3 | 2 | 1 |

■ 서류 제출 기한 엄수 : 설문지, 소그룹 구성 및 일정표, 소그룹 회의 일지, 소감문,
사진 자료

| 매우 높음 | 높음 | 보통 | 낮음 | 매우 낮음 |
|---|---|---|---|---|
| 5 | 4 | 3 | 2 | 1 |

■ 제출 서류의 문장화, 편집화

| 매우 높음 | 높음 | 보통 | 낮음 | 매우 낮음 |
|---|---|---|---|---|
| 5 | 4 | 3 | 2 | 1 |

### -개인별 평가 기준-

■ 지속성 : 최초 참여 인원이 마지막까지 지속적으로 참여하는 비율

| 매우 높음 | 높음 | 보통 | 낮음 | 매우 낮음 |
|---|---|---|---|---|
| 5 | 4 | 3 | 2 | 1 |

■ 참여도 : 소그룹 모임과 봉사 활동 과정에 적극적으로 참여하는가 여부

| 매우 높음 | 높음 | 보통 | 낮음 | 매우 낮음 |
|---|---|---|---|---|
| 5 | 4 | 3 | 2 | 1 |

■ 협동심 : 소그룹 모임과 봉사 활동 과정에서 구성원들과 얼마나 협동적으로 조화를 이루는가 여부

| 매우 높음 | 높음 | 보통 | 낮음 | 매우 낮음 |
|---|---|---|---|---|
| 5 | 4 | 3 | 2 | 1 |

■ 소감문 제출 : 소감문 제출 여부

| 매우 높음 | 높음 | 보통 | 낮음 | 매우 낮음 |
|---|---|---|---|---|
| 5 | 4 | 3 | 2 | 1 |

■ 봉사 시간 평균

| 매우 높음 | 높음 | 보통 | 낮음 | 매우 낮음 |
|---|---|---|---|---|
| 5 | 4 | 3 | 2 | 1 |

-프로그램 운영 평가-

■ 봉사자 교육 : 교육 시간 엄수

| 매우 높음 | 높음 | 보통 | 낮음 | 매우 낮음 |
|---|---|---|---|---|
| 5 | 4 | 3 | 2 | 1 |

■ 장애 체험 : 난이도

| 매우 높음 | 높음 | 보통 | 낮음 | 매우 낮음 |
|---|---|---|---|---|
| 5 | 4 | 3 | 2 | 1 |

■ 바자회 : 홍보, 아이디어, 노력, 자립

| 매우 높음 | 높음 | 보통 | 낮음 | 매우 낮음 |
|---|---|---|---|---|
| 5 | 4 | 3 | 2 | 1 |

■불우 이웃 돕기 : 대상 가정 자립 선택 정도

| 매우 높음 | 높음 | 보통 | 낮음 | 매우 낮음 |
|:---:|:---:|:---:|:---:|:---:|
| 5 | 4 | 3 | 2 | 1 |

# Ⅲ
## 덕수교회 자료

# 프로그램 진행 방법

▲ 일시 : 2002. 7. 25. 18:00~22:00

▲ 프로그램명 : 하나되어 으샤 으샤!!!

▲ 목적

    1. 공동체 활동을 통해 또래 집단 내의 친밀감을 형성한다.

    2. 조별 대항 프로그램을 통해서 조원간의 경쟁심을 유발하여
단결력과 협동심을 기르고 캠프 참여 의욕을 증진시킨다.

▲ 세부 목표

    1. 참가자들의 이름을 익히고, 자신을 알린다.

    2. 참가자간의 공통점을 발견한다.

    3. 게임에 대해서 자발적으로 참여하도록 한다.

〈표 Ⅱ-3-1〉

| 시간 | 활 동 | 진 행 방 법 | 준비물 | 인 원 | 장 소 |
|---|---|---|---|---|---|
| 10분 | 전체 프로그램에 대한 설명 | 전체 진행자가 프로그램 진행에 대한 목적과 목표, 게임 방식에 대해 설명한다. | 마이크 | 참가자 전원 | |
| 20분 | 이웃을 사랑하십니까? | ① 원형으로 손을 잡고 앉는다.<br>② 한 명의 술래가 누군가에게 가서 "이웃을 사랑하십니까?"라고 묻는다. "예", "아니오"로 대답할 수 있다.<br>③ "예"라고 대답한 경우: 양쪽 사람이 자리를 옮기는 동안 술래는 빈자리를 차지해 앉고, 앉지 못한 사람이 술래가 된다.<br>④ 5회 반복한다.<br>(상황에 따라 변동될 수 있다.) | | 참가자 전원 | |
| 20분 | ice breaking | ① 안과 밖의 원형으로 마주 보고 선다.<br>② 진행자의 지시에 따라 안쪽 | 명찰 호루라기 | 참가자 전원 | |

| 시 간 | 활 동 | 진 행 방 법 | 준비물 | 인 원 | 장 소 |
|---|---|---|---|---|---|
| 20분 | ice breaking | 원의 사람이 이동한다(예: 안쪽 원이 오른쪽으로 두칸 움직인다).<br>③ 지시에 따른 질문과 시간을 엄수하여 자신을 소개한다. | | 참가자 전원 | |
| 20분 | 환자만들기 | ① 조대항 게임으로, 조대표를 한 명 뽑는다.<br>② 제시된 한자를 3분 동안의 제한 시간 동안에 조원들이 표현하면 조대표가 한자를 맞춘다. 많이 맞추는 팀이 이긴다.<br>③ 3회 진행한다. | 호루라기 한자카드 (40개) 시계 | 20명 (2개조) | |
| 20분 | 풍선 터뜨리기 | ① 각 조원에게 번호를 붙인다.<br>② 돗자리 위에 물풍선을 하나 두고, 원형으로 섞여 서서 노래를 부르며 돌다가, 진행자가 부르는 번호에 해당하는 양쪽의 조원이 뛰어 나와 먼저 풍선을 터뜨리는 조가 이긴다.<br>③ 5회 실시한다. | 물풍선 (10개) 돗자기 호루라기 | 20명 (2개조) | |
| 20분 | 고양이와 쥐 | ① 두 명씩 짝을 지어 큰 원을 만든다.<br>② 각 팀 대표가 가위바위보로 고양이와 쥐를 뽑는다.<br>③ 고양이는 쥐를 쫓고, 쥐는 도망가다가 상대편을 붙잡으면 상대방은 쥐가 되어 도망간다. | 호루라기 | 20명 (2개조) | |
| 20분 | 우리집에 왜 왔니? | ① 양쪽팀이 한 줄로 선다. 이긴 팀이 먼저 시작한다.<br>② 앞뒤로 걸어가면서 서로 주고받으며 노래한다(우리집에 왜 왔니 왜 왔니 왜 왔니/ 꽃 찾으러 왔단다 왔단다 왔단다/ 무슨 꽃을 찾으러 왔느냐 왔느냐/ ○○○ 꽃을 찾으러 왔단다 왔단다)<br>③ 참참참으로 승부를 가려서 진 사람은 상대팀에 팔려간다. | 호루라기 | 20명 (2개조) | |

▲ 일시: 2002. 7. 26  9:00-11:00

▲ 프로그램명: 온몸으로 하나되기

▲ 목적

우리 몸의 모든 부분으로 자연을 느끼고 자연과 하나가 됨으로
심성을 더욱 풍요롭게 하며 자연과 함께 더불어 살아가는 아름
다운 삶을 살도록 한다.

▲세부 목표

1. 오감을 통해 자연의 다양성을 배움으로써 서로간의 다름과
   차이를 인정하도록 한다.
2. 시각 장애 체험을 통해 장애인을 이해한다.
3. 자연물과의 대화를 통해 자연을 느끼는 법을 배운다.

〈표 II-3-2〉

| 시간 | 활동 | 진행방법 | 준비물 | 인원 | 장소 |
|------|------|----------|--------|------|------|
| 20분 | 환자만들기 | ① 조대항 게임으로, 조대표를 한 명 뽑는다.<br>② 제시된 한자를 3분 동안의 제한 시간 동안에 조원들이 표현하면 조대표가 한자를 맞춘다. 많이 맞추는 팀이 이긴다.<br>③ 3회 진행한다. | 호루라기<br>한자카드<br>(40개)<br>시계 | 20명<br>(2개조) | |
| 20분 | 풍선<br>터뜨리기 | ① 각 조원에게 번호를 붙인다.<br>② 돗자리 위에 물풍선을 하나 두고, 원형으로 섞여 서서 노래를 부르며 돌다가, 진행자가 부르는 번호에 해당하는 양쪽의 조원이 뛰어 나와 먼저 풍선을 터뜨리는 조가 이긴다.<br>③ 5회 실시한다. | 물풍선<br>(10개)<br>돗자기<br>호루라기 | 20명<br>(2개조) | |

| 시 간 | 활 동 | 진 행 방 법 | 준비물 | 인 원 | 장 소 |
|---|---|---|---|---|---|
| 20분 | 고양이와 쥐 | ① 두 명씩 짝을 지어 큰 원을 만든다.<br>② 각 팀 대표가 가위바위보로 고양이와 쥐를 뽑는다.<br>③ 고양이는 쥐를 쫓고, 쥐는 도망가다가 상대편을 붙잡으면 상대방은 쥐가 되어 도망간다. | 호루라기 | 20명<br>(2개조) | |
| 20분 | 우리집에 왜 왔니? | ① 양쪽팀이 한 줄로 선다. 이긴 팀이 먼저 시작한다.<br>② 앞뒤로 걸어가면서 서로 주고받으며 노래한다(우리집에 왜 왔니 왜 왔니 왜 왔니/ 꽃 찾으러 왔단다 왔단다 왔단다/ 무슨 꽃을 찾으러 왔느냐 왔느냐 / ○○○ 꽃을 찾으러 왔단다 왔단다)<br>③ 참참참으로 승부를 가려서 진 사람은 상대팀에 팔려간다. | 호루라기 | 20명<br>(2개조) | |

# 제28기 성북사회봉사단 프로그램

□ 기간
- 제28기 : 2002년 5월 11일, 5월 18일, 5월 25일(토)/ 총 9시간
□ 장소
- 덕수교회 부설 사회봉사관 및 지역 사회 시설

〈표 II-3-3〉

| 회차 | 날짜 | 시간 | 활동명 | 교육 내용 | 담당자 | 준비물 회차별 | 매주 |
|---|---|---|---|---|---|---|---|
| 1 | 5.11 | 오후 2:00 ~ 5:00 | 발대식 오리엔테이션 자원 봉사 교육 | 1. 오리엔테이션 2. 발대식 3. 자원 봉사 이론 및 VTR 시청 4. 조별 활동 및 발표 5. 자원 봉사 일지 작성 6. 2회차 프로그램 안내 | 조철한 이국림 박은애 김진명 | 레터링 발대식 회순 국기 애국가 tape 자원 봉사 비디오 | 출석부 주소록 조팻말 조끼 교재 일정표 (학생/교사) 필기 도구 카메라 간식 |
| 2 | 5.18 | | 장애우 간접 체험 | 1. VTR 시청 2. 장애우 간접 체험 3. 조별 발표 4. 3회차 프로그램 안내 | 이국림 박은애 김진명 | 휠체어 목발 안대 | |
| 3 | 5.25 | | 장애우 기관 방문 수료식 | 1. 시설 방문 2. 자원 봉사 일지 작성 3. 조별 토의 및 발표 4. 수료식 | 이국림 박은애 김진명 | 수료증 (직인, 인주, 사진) 봉사확인서 (각 학교로) | |

# 성북사회봉사단 자원 봉사 교사 WORK-SHOP

□ 장소 : 덕수교회 사회봉사관 2층 사무실
　시간 : 오후 2:00~5:00

□ 프로그램 및 일정

〈표 II-3-4〉

| NO | 시간 | 내용 |
|---|---|---|
| 1 | 2:00~2:10 | 인사 |
| 2 | 2:10~2:50 | TA(교류분석)<br>- 나는 누구인가? |
| 3 | 3:00~3:40 | 성북사회봉사단에 대한 논의 |
| 4 | 3:50~4:30 | 장애우 간접 체험 |
| 5 | 4:30~5:00 | 정리 및 간담회 |

# 장애우 간접 체험 학습 프로그램 개요

▲ 목적 : 신체의 장애 상황을 직접 경험함으로써 장애우가 일상 생활을 하는데 있어 불편한 점을 이해하고 사회에 나가 실제 장애우를 돕는 방법을 학습한다.

## 1. 휠체어

소요시간: 20분

• 담당자: 000 장소:00 준비물: 000 등

• 프로그램 내용

 1) 휠체어 다루기 : 실제 휠체어에 앉은 사람을 옮기는 법, 계단에서의 휠체어 이동 등 휠체어 다루는 방법에 대한 학습

 2) 휠체어 농구 : 2인 1조, 혹은 3인 1조가 되어 휠체어 농구 경기를 한다.

## 2.시각 장애인

소요 시간 : 20분

• 프로그램 내용

1) 시각 장애인 안내 학습 : 시각 장애인의 길을 안내하는 방법 소개

2) 시각 장애인 체험 프로그램 : 2인 1조가 되어 1명은 시각 장애인, 1인은 안내인으로 역할을 교대하며 지시 사항을 실시한다.

3) 공놀이 : 다른 감각에 의존하여 소리나는 공을 가지고 활동해 본다.

### 3. 목발

소요 시간 : 20분

프로그램 내용

1) 한쪽 다리에 부목을 대고 붕대를 감은 후(장애 조건 형성) 봉
   사관 1층 현관에서 교회 입구까지 다녀오기
2) 다리가 불편할 때의 느낌들을 나누는 시간을 갖는다.


* 각 조 담당 선생님들은 학생들의 체험 시간 전 과정에 참여하여
  질서 유지를 지도한다.
* 조별 장애 우 체험 시작 장소
  1.2조 -(사회봉사관 옥상) 휠체어 코스
  3.4조 -(사회봉사관 2층) 시각 장애우 코너
  5.6조 -(사회봉사관 1층) 목발 코너

# 2002년 청소년 생명 캠프 행사 기획안

## 1. 프로그램명 : "아름다운 서강 지킴이 - 서강 생태 체험"

## 2. 행사 목표 및 목적

(1) 중학생들에서 서강 생태 체험과 환경 교육을 통해 하나님이 만드신 환경과 생명의 소중함을 깨닫게 한다.
  1) 시청각 자료와 생태 전문가의 강의를 통해 환경과 생태를 교육한다.
  2) 야외 프로그램을 통해 서강의 생태를 관찰하고 느끼는 시간을 갖는다.
(2) 생태 체험을 통해 환경을 지키고 보전하는 활동이 더불어 사는 사람들에게 우리가 할 수 있는 자원 봉사 활동의 하나임을 알게 한다.
  1) 서강 생태 체험을 통해 환경 지킴이로서 다짐하는 시간을 갖는다.
  2) 지역 사회에 돌아가서 스스로 환경을 보존할 수 있는 활동들에 대해 생각해 본다.
(3) 공동체 활동을 통해 또래 집단의 사고를 공유함으로써 공동체 의식과 자아 정체감의 발달을 돕는다.
  1) 서강에 사는 생명체에 대해 배운 것을 조별로 정리하는 시간을 갖는다.
  2) 생태 체험을 관찰하고 느낀 점을 서로 나누는 시간을 갖는다.
(4) 교회 내 자원 봉사자로 구성된 지도 교사와 청소년들과의 활동

을 통해 그리스도의 사랑을 체험토록 한다.

1) 캠프 기간 중 학생 개인 신상과 종교 현황을 파악하다.
2) 캠프 후속 모임, 이메일과 성북사회봉사단 카페 운영을 통해 학생들과의 지속적인 연계를 이루도록 한다.

## 3. 행사 개요

(1) 대상 : 성북구내 5개 중학교(경신, 홍익, 성심여, 동구여, 삼선)
   중학생 60명 : 12명*5개교=60명
(2) 일시 및 장소 : 2002. 7. 25(목) - 27(토) 2박3일 / 강원도 영월
(3) 조직 : 담당교역자 - ○○○ 사회봉사담당목사 / 교육 및 행정
   총무 - ○○○ 집사, ○○○ 간사
   교육 및 행정 보조 : 실습생 ○○○, ○○○, ○○○, ○○○, ○○○, ○○○, 조별 담당 교사 10명,
   식당 봉사 10명, 차량 및 그외 3명 ⇒ 총 32명
(4) 참가비 및 특전, 예산 : 1인 30,000원 / 자원 봉사 확인서 발급(9시간 인정), 금 사백팔십만 원정

## 4. 행사 일정표

〈표 II-3-5〉

| | 25일 | 26일 | 27일 | | 25일 | 26일 | 27일 |
|---|---|---|---|---|---|---|---|
| 07:00 | | 기상-오감 활동1 | | 15:00 | | 물놀이 | |
| 08:00 | 집합 | 아침 식사 | | 16:00 | | | |
| 09:00 | 출발 | 오감 코너2 (코너 학습) | 일지작성, 짐정리 | 17:00 | | 휴식 | |
| 10:00 | | | 청소 | 18:00 | | 저녁식사 | |
| 11:00 | | | 출발 | 19:00 | 특강 (서강이야기) | 조별 활동 및 발표 2 | |
| 12:00 | 점심 식사 | | | 20:00 | | | |
| 13:00 | 서남마을 방문 | 생태 체험2 서강에서 | | 21:00 | 조별 활동 및 발표 1 | 캠프파이어 | |
| 14:00 | | | | 22:00 | | | |

# 대학예수교 장로회 덕수교회 사회봉사관

136-020 서울특별시 성북구 성북동 243-1 Tel 741-5161~3/ Fax 745-4345

문서번호 : 덕수0504

시행일자 : 2002. 5. 4.

수　신 : 수신처참조

참　조 : 자원 봉사 담당 선생님

제　목 : 제28기 성북사회봉사단

　　　　모집에 관한 건

| 선결 | | | 지시 | |
|---|---|---|---|---|
| 접수 | 일자 시간 | | 결재 · 공람 | |
| | 번호 | | | |
| 처리과 | | | | |
| 담당자 | | | | |

　　귀교에 무궁한 발전을 기원하며 주님의 이름으로 문안드립니다.

　　1997년 4월 12일 창단된 성북사회봉사단 "토요봉사학교"가 선생님들의 적극적인 관심과 관계 기관들의 협조로 제27기까지 수료생을 배출할 수 있었습니다. 제28기 "토요봉사학교"에 참여하여 자원 봉사 활동하기를 희망하는 학생을 다음과 같이 모집합니다. 많은 관심과 추천을 부탁드립니다.

• 제28기 성북사회봉사단 안내 •

□ 봉사 기간 : 2002년 5월 11일, 5월 18일, 5월 25일

　　　　　　　토요일 오후2시-5시

□ 교육 장소 : 덕수교회 사회봉사관 및 지역사회

□ 모집 인원 : 학교별 15명

□ 교육 내용 : 이론 교육과 현장 체험 - 자원 봉사의 개념 및 필요성

　　　　　　　- 장애인 시설 방문 봉사 교육

　　　　　　　- 지역 사회 환경 정화 프로그램

□ 참가 명단 : 제28기 자원 봉사 신청자 명단은 5월 10일(금요일)까지 Fax. 745-4345 또는

　　　　　　　E-mail(gracei57@hotmail.com)로 보내주시기 바랍니다.

□ 문의 전화 : 덕수교회 Tel. 741-5161-3

　　　　　　　*수신처 : 동구여자중학교, 홍익중학교, 경신중학교, 한성여자중학교, 삼선중학교

　　　　　　　(담당 : ○○○ 목사, ○○○ 간사)

* 본 교회는 공식 자원봉사교육기관으로 본 교육에 참여시 자원봉사확인서가 발급됩니다. 3회 참석 - 9시간, 2회 참석 -6시간

* 자원 봉사를 신청한 학생은 5월 11일 오후 2시까지 본 교회 사회봉사관으로 시간을 엄수하여 참석하기 바랍니다.

성북사회봉사단장 손인웅 목사

# 봉사활동확인서

| | |
|---|---|
| | 【 동구여자중학교 】　　　　　　　　　　총22명 |
| 인적사항 | **6시간 봉사자** 1/2 정윤정, 임정수, 김정미, 김윤혜, 송미영, 황하은, 1/5 윤이나, 1/6 김현아, 이고운, 3/3 이승현, 3/6 이보람, 이현경 |
| | **9시간 봉사자** 1/1 남윤아, 전다나, 1/2 김영빈, 3/1 송정성, 장승희, 김담비, 김진주, 강예솔, 3/5 김수영, 임성아 |
| 활동 일시 및 시간 | 기간 : 27기 - 2002년 3월 30일, 4월 6일, 4월 13일<br>　　　28기 - 2002년 5월 11일, 5월18일, 5월 25일<br>　　　(매주 토 2:00~5:00) 총 9시간 |
| 활동 장소 | 덕수교회 사회복지관 / 성북구 지역 사회 |
| 활동 일시 및 시간 | 1회차 - 발대식 및 자원 봉사 이론 교육<br>　・교육 : 자원 봉사란? 비디오시청<br>　・조별 활동 : 공동체 훈련<br>2회차 - 환경 살리기<br>　・교육 : 환경 운동 비디오 시청<br>　・봉사 활동 : 지역 사회 정화 운동<br>3회차 - 시설 방문(*사회복지법인 상락원)<br>　・교육 : 장애우에 대한 교육과 시설 방문을 통한 자원 봉사 체험<br>　・수료식 : (수료증, 기념품 수여) |
| 활동 평가 | 계획에 따라 적극적이고, 헌신적으로 활동하였습니다.<br>　□ 그렇습니다　□ 보통입니다　□ 미흡합니다. |
| | 그 밖의 의견 : 동구여자중학교 학생들의 자원 봉사 활동 참여 태도가 매우 성실하며 적극적입니다. 앞으로도 좋은 봉사 활동 교육을 시키도록 많은 관심과 조언 부탁드립니다. |
| 확인기관 | **덕수교회 사회복지관 성북사회봉사단**<br>(Tel: 741-5161~3 Fax: 745-4345) |
| 확인자 | 성북사회봉사단장　손 인 웅 목사　　㊞ |

# Ⅳ
## 용인교회 자료

# 프로그램 세부 사항

〈표 II-4-1〉 3년간 실시한 프로그램의 세부 사항

| 프로그램명 | 프로그램의 세부 목적 | 프로그램 내용 |
|---|---|---|
| 수화 배우기 및 레크레이션 | ▶자원 복지 활동 교육 과정에 주의 집중을 하도록 하여 분위기를 조성한다. <br>▶자원 복지 교육 과정에 흥미를 유발함으로써 교육 과정에 관심을 유도한다. | ▶수화 배우기 <br>▶게임과 노래 |
| 강 의 | ▶자원 복지 활동의 참 의미인 사랑의 정신과 가치관을 이해하도록 한다. <br>▶자원 복지 활동의 필요성을 인식시킨다. <br>▶하나님 사랑, 이웃 사랑을 실천하게 한다. | ▶사회 사업가의 지도로 자원 복지 활동 의미와 자원 복지 활동의 필요성을 강의한다. <br>▶성경 말씀에서 왜 자원 봉사를 해야 하는 지를 학생들이 깨닫는 강의를 한다. |
| 자원 복지 활동 비디오 시청 | ▶시청각 교육을 통해 자원 복지 활동의 소중함을 이해하도록 한다. <br>▶자원 복지 활동에 대한 마음의 문 열기를 한다. | ▶비디오를 보기 전 주의해서 볼 점에 대해 이야기한다. <br>▶중증 장애인 시설 '한사랑마을'에 대한 감동적인 이야기를 시청한다. |
| 장애 체험 | ▶자원 복지 활동 대상자가 되어 봄으로써 대상자를 이해하도록 한다. <br>▶대상자를 돕는 경험을 하게 함으로써 자원 복지활동원의 자세를 이해하도록 한다. | ▶체험 코스와 방법을 설명한다. <br>▶시각 장애 체험을 하는 의의를 설명한다. <br>▶시각 장애 체험을 실시한다. <br>▶휠체어를 타 본다. |
| 소집단 모임 | ▶소집단을 구조화한다. <br>▶교육 과정에 대해 의견을 나누게 함으로써 자원 복지 교육의 목적을 재인식시킨다. | ▶기초 교육 과정(비디오 시청, 장애체험)에 대한 토론 <br>▶모임 시간 및 조장, 부조장, 서기를 정한다. |
| 자원 봉사 활동(1) | ▶교회 내의 주변 환경에서 출발하여 (쓰레기 줍기, 버리지 않기, 정리하기 등) 넓게는 지역 사회 안의 봉사까지 실시한다. | ▶소집단끼리 한 주일 동안의 활동한 내용을 체크하고 다음 시간에 발표하고 활동을 다시 계획한다. |

| 프로그램명 | 프로그램의 세부 목적 | 프로그램 내용 |
|---|---|---|
| 자 원 봉 사 활 동 (2) | ▶교회 안에서의 사랑의 운동 실천하기 (예: 선생님께 간식을 드린다. 선생님께 안마해 드린다.) 하나님 사랑, 이웃 사랑을 실천함 | ▶교회 안의 친구와 선생님, 목사님, 전도사님께 편지 쓰기와 교사들에게 편지 쓰기, '한사랑마을' 장애우에게 편지 쓰기, 독거 노인에게 편지 쓰는 (봉사) 캠페인 |
| 사랑의 캠프 | ▶자원 봉사 교육받은 것을 경험으로 자원 봉사 활동을 해 보는 총정리에 시간을 갖는다. | ▶1박 2일 동안 12주 동안 교육받은 것을 정리하며 지속적인 자원 봉사를 할 수 있도록 총정리를 한다. |

# 소집단 활동 계획안

〈표 II-4-2〉 3년간 실시한 소집단 활동 계획안

| 단계 | 세부 목적 | 활동 내용 | |
|------|-----------|-----------|---|
| 초기 단계 | 자원 복지 활동 동기 및 책임감 부여<br>민주적 의사 결정 방법으로 활동 결정<br>친밀감 형성 | 자원 복지 활동의 목적 인식화<br>소집단 진행 방법 설명<br>성원간 역할, 규칙 등을 확정<br>연락망 구성<br>활동에 대한 욕구 파악 및 활동 내용 확정<br>설문 조사 | |
| 활동 단계 | 신앙 성숙<br>대인 관계 기술 증진<br>문제 인식 및 해결 방안 모색<br>자아 발견<br>가족 사랑<br>교우 사랑하기<br>장애인 사랑하기<br>교회 사랑하기<br>목사·전도사·교사 존경하기<br>애향 정신 함양<br>발표력 증진 | 가정 활동 | 내가 할일 내가 하기<br>부모님 일손 돕기<br>자원 절약 활동<br>'효' 실천 활동 |
| | | 교회 활동 | 환경 정화, 보존 활동<br>친교 활동<br>목사·전도사·교사 존경 활동 사랑의 편지 쓰기<br>'한사랑마을' 동생들에게 편지 쓰기<br>어려운 친구 돕기 활동 |
| | | 지역 사회 활동 | 환경 정화, 보존 활동<br>사랑실천 자원 복지학교 캠프 (장소: Y 장로교회)<br>지역의 환경을 사랑하기 활동<br>자원 봉사 캠페인 활동 |
| 종결 단계 | 활동 과정 발표 및 평가<br>자원 복지 활동을 재인식<br>자원 복지 활동과 연계 | 평가서 및 종합적인 소집단 활동<br>자원 봉사에 대해 느낀 점 발표<br>자원 복지 활동에 대한 의견 교환 | |

V

기타 자료

# 봉사 활동 전·후 자원 봉사 이미지 조사

▲ 봉사 활동 전·후 자원 봉사에 대한 생각이 어떻게 바뀌었나요?
각자 빈 칸을 채워보세요.(1번 사례 참조)

〈표 II-4-2〉 3년간 실시한 소집단 활동 계획안

○ 활동 전 생각  V 활동 후 생각

| | 매우 그렇다 | 그저 그렇다 | 그렇지 않다 | 전혀 그렇지 않다 |
|---|---|---|---|---|
| 1. 시간적 여유가 있는 사람이 하는 것 | | | | |
| 2. 동정심이 있는 것 | | | | |
| 3. 겉치레인 것 | | | | |
| 4. 인기가 있는 것 | | | | |
| 5. 노는 것보다 재미있는 것 | | | | |
| 6. 책임감 있는 것 | | | | |
| 7. 보람있는 것 | | | | |
| 8. 공부가 되는 것 | | | | |
| 9. 왠지 부끄러운 것 | | | | |
| 10. 없어서는 안 되는 것 | | | | |
| 11. 돈으로 살 수 없는 것 | | | | |
| 12. 무보수적인 것 | | | | |
| 13. 강제적인 것 | | | | |
| 14. 사회에 도움이 되는 것 | | | | |
| 15. 자발적인 것 | | | | |

# 청소년 자원 봉사 적성 조사

〈조사지(학생용)〉

학　교:　　　　　학　년:
이　름:　　　　　성　별: 남 · 여
생년월일 :

## 1. 대인 봉사(Working with people)
당신의 관심과 느낌을 가장 잘 나타내는 곳에 동그라미 하시오.

| | 전혀 | | | | 아주 |
|---|---|---|---|---|---|
| 나는 일에 대해 함께 이야기할 사람들이 있는 것이 좋다. | 1 | 2 | 3 | 4 | 5 |
| 나는 다른 사람들을 감독하는 것이 좋다. | 1 | 2 | 3 | 4 | 5 |
| 나는 다른 사람들에게 일하는 방법을 가르쳐 주는 것이 좋다. | 1 | 2 | 3 | 4 | 5 |
| 나는 많은 사람들과 함께 일하는 것이 좋다. | 1 | 2 | 3 | 4 | 5 |
| 나는 다양한 종류의 사람들과 함께 있는 것이 편하다. | 1 | 2 | 3 | 4 | 5 |
| 나는 한 팀원으로서 일하는 것을 원한다. | 1 | 2 | 3 | 4 | 5 |
| 나는 경쟁적인 팀 활동을 즐긴다. | 1 | 2 | 3 | 4 | 5 |
| 나는 다른 사람들의 필요에 동정적이다. | 1 | 2 | 3 | 4 | 5 |
| 나는 규칙적인 만남을 통해 다른 사람들을 알게 되기를 원한다. | 1 | 2 | 3 | 4 | 5 |
| 나는 모든 나이대의 사람들에게 편안함을 느낀다. | 1 | 2 | 3 | 4 | 5 |

＊ 동그라미한 숫자를 모두 더하시오 (　　)점

## 2. 작업 봉사(Working with things)
당신의 관심과 느낌을 가장 잘 나타내는 곳에 동그라미 하시오.

| | 전혀 | | | | 아주 |
|---|---|---|---|---|---|
| 나는 다른 계획(project)을 설계하는 것을 좋아한다. | 1 | 2 | 3 | 4 | 5 |
| 나는 손으로 일하는 것을 좋아한다. | 1 | 2 | 3 | 4 | 5 |
| 나는 보통 방해받지 않고 일하는 것을 좋아한다. | 1 | 2 | 3 | 4 | 5 |
| 나는 상세한 것을 기억하고 더 간단한 계획을 만들 수 있다. | 1 | 2 | 3 | 4 | 5 |
| 나는 물건을 잘 고친다. | 1 | 2 | 3 | 4 | 5 |
| 나는 동시에 몇 가지 일을 할 수 있다. | 1 | 2 | 3 | 4 | 5 |

| | 전혀 | | | | 아주 |
|---|---|---|---|---|---|
| 나는 기계나 장비를 작동하는 것을 좋아한다. | 1 | 2 | 3 | 4 | 5 |
| 나는 무엇인가를 완성시키고 나의 일에 대한 결과를 보는 것을 즐긴다. | 1 | 2 | 3 | 4 | 5 |
| 나는 미술이나 기술 분야에 관심이 있다. | 1 | 2 | 3 | 4 | 5 |
| 나는 혼자 일하는 것을 좋아한다. | 1 | 2 | 3 | 4 | 5 |

\* 동그라미한 숫자를 모두 더하시오 (    )점

### 3. 기획 봉사(Working with ideas)
당신의 관심과 느낌을 가장 잘 나타내는 곳에 동그라미 하시오.

| | 전혀 | | | | 아주 |
|---|---|---|---|---|---|
| 나는 계획을 즉각 변경할 수 있다. | 1 | 2 | 3 | 4 | 5 |
| 나는 일하기 위해서 새로운 방법으로 생각하는 것을 즐긴다. | 1 | 2 | 3 | 4 | 5 |
| 나는 다른 접근 방법을 계획하고 채택할 수 있다. | 1 | 2 | 3 | 4 | 5 |
| 다른 아이디어로 실험하는 것은 즐거운 일이다. | 1 | 2 | 3 | 4 | 5 |
| 나는 보통 나 자신의 계획(project) 아이디어를 만든다. | 1 | 2 | 3 | 4 | 5 |
| 나는 다른 사람들이 새로운 기술을 배우도록 돕는 것을 좋아한다. | 1 | 2 | 3 | 4 | 5 |
| 나는 구체적인 활동보다 대략적인 생각을 하는 것을 좋아한다. | 1 | 2 | 3 | 4 | 5 |
| 나는 개념을 빨리 파악할 수 있다. | 1 | 2 | 3 | 4 | 5 |
| 나는 다른 생각이나 계획들 간의 관계를 알 수 있다. | 1 | 2 | 3 | 4 | 5 |
| 나는 장기간 동안 다른 아이디어들에 대해 브레인스토밍하는 것을 할 수 있다. | 1 | 2 | 3 | 4 | 5 |

\* 동그라미한 숫자를 모두 더하시오 (    )점
\* 내가 개발한 아이디어나 개념들은 ＿＿＿＿＿＿＿＿＿＿＿＿ 이다.

※ 브레인스토밍 : 각자가 아이디어를 내놓아 최선책을 결정하는 창조 능력 개발법.

\* 내가 좋아하는 일은 ＿＿＿＿＿＿＿＿＿＿＿＿＿＿ 이다.

\* 나는 ＿＿＿＿＿＿＿＿한 사람과 일하는 것을 좋아하지 않는다.

## 〈조사지 해석 〉

1. 대인 봉사(Working with people)의 점수가 가장 높은 경우는 다음과 같은 봉사 활동을 하는 것이 좋다.

○ 어른들에게 하는 봉사

○ 아이들에게 하는 봉사 (아이 돌보기, 가르치기, 지도하기 등)

○ 장애인에게 하는 봉사

○ 병원, 십대의 전화, 상담 등

2. 작업 봉사(Working with things)의 점수가 가장 높은 경우는 다음과 같은 봉사 활동을 하는 것이 좋다.

○ 아이들을 위해 주변 공원을 조성하고 청소하기

○ 지역 사회에 쓰러지거나 무너진 집들을 보수하기

○ 공원이나 집짓기

○ 자신의 지역 사회의 무방비 상태에 있는 사람들을 위험으로부터 보호할 수 있는 시설 만들기

3. 기획 봉사(Working with ideas)의 점수가 가장 높은 경우는 다음과 같은 봉사 활동을 하는 것이 좋다.

○ 학교나 지역 사회를 정화할 계획 세우기

○ 지역 사회를 위한 지역 감시 프로그램 조직하기

○ 지역의 초등학생들을 위한 약물 반대와 안전 놀이에 대한 공연을 하는 또래 집단 조직하기.

○ 지역 종사 단체나 자선 단체를 끌어들이기 위한 포스터나 뱃지, 티셔츠 등을 디자인하기